归侨首长

梁灵光

黄方生 著

暨南大学出版社
JINAN UNIVERSITY PRESS
中国·广州

图书在版编目（CIP）数据

归侨省长梁灵光／黄方生著．—广州：暨南大学出版社，2008.8
ISBN 978－7－81135－007－4

Ⅰ．归…　Ⅱ．黄…　Ⅲ．梁灵光—生平事迹　Ⅳ．K827＝7

中国版本图书馆 CIP 数据核字（2008）第 059634 号

出版发行：暨南大学出版社

地　址：中国广州暨南大学
电　话：总编室（8620）85221601
营销部（8620）85225284　85228291　85220693（邮购）
传　真：（8620）85221583（办公室）　85223774（营销部）
邮　编：510630
网　址：http：//www.jnupress.com　http：//press.jnu.edu.cn

排　版：暨南大学出版社照排中心
印　刷：广东省农垦总局印刷厂

开　本：787mm×960mm　1/16
印　张：19
字　数：320 千
版　次：2008 年 8 月第 1 版
印　次：2008 年 8 月第 1 次

定　价：38.00 元

1984年1月24日，广东万紫千红，风和日暖。中共中央政治局常委、中顾委主任、中央军委主席邓小平（左一），由政治局委员王震（左三）、杨尚昆（左二）陪同南下视察，经广州时广东省长梁灵光（右二）等登上专列热烈欢迎。随后，梁灵光全程陪同邓小平一行前往经济特区深圳、珠海两市和中山、顺德等地视察。

梁灵光回忆说，小平同志肯定了广东的改革开放和经济建设的成就，肯定了经济特区的路子走对了，更加坚定了我们的决心和信心。

邓小平的南下视察，像一声春雷，震撼着神州大地，掀起了改革开放的新高潮！

2004年2月间，江泽民总书记（中）由广东省委书记张德江（左二）、省长黄华华（左一）陪同，探望广东改革开放的两位开路先锋：老书记任仲夷（右二），老省长梁灵光（右一）。

中共中央政治局常委李长春（右）任广东省委书记时，和老省长梁灵光建立了深厚情谊。2003年9月，李长春从北京来信，高度赞扬老省长的革命精神和对党的事业作出的贡献，信中还说："我在广东近五年时间里，您对省委和我个人的工作一直给予很大支持……"图为2002年两人在广州珠岛宾馆合影。

2003年，梁老和中共中央政治局委员、广东省委书记张德江（右）合影。张德江曾在一次批示中说："梁老的革命精神和高尚情操是我们学习的榜样，我们这一代人有责任继往开来，把广东建设得更好！"

2003年，现任省长黄华华（左）和老省长梁灵光合影。同年10月，黄华华看了梁灵光写的《从马来西亚到江海平原》、《广东改革开放的实践与探索》和作家黄方生写的《老省长梁灵光的故事》等文章后，感慨系之，随即挥笔写道："颇受教育和启发。"

1980 年，任仲夷（左）、梁灵光欣然受命南下并肩战斗，组成最佳拍档，领导全省人民进行改革开放和经济建设，功业辉煌，开创了广东经济社会发展史上的“任梁时代”，并且探索出新经验、新观念和新路子。图为两人在 20 世纪 80 年代合影。

1996 年，时任省长的卢瑞华（右）热烈欢迎前来参加第八十届中国出口商品交易会开幕招待会的老省长梁灵光。2007 年，他又为《归侨省长梁灵光》一书的出版题词，赞扬老省长：赤子忠心。

2005年春，省委老书记任仲夷夫妇和老省长梁灵光夫妇，应旅美画家詹忠效夫妇邀请相叙。杨之光夫妇等也应邀参加。

任、梁两老都说，以往两人经常见面，但携同夫人相叙的机会很难得啊！

詹忠效先生灵机一动，举起相机拍下了历史性的瞬间，留给人们这张有着战争年代和改革开放时期双重战斗友谊的珍贵照片（左为任老夫妇，右为梁老夫妇）。

杨之光夫人鸥洋女士也认为这是一个难得的绘画题材，可以以此创作一幅油画《战友》。

2002年，老省长梁灵光（左二）和夫人朱含章（右二）、大女儿梁抗（右一）、小女儿梁丹（左一）等家人合影。

晚年，梁灵光对游览祖国名山胜迹的兴趣甚浓。图为1994年梁灵光夫妇在武汉黄鹤楼留影纪念。

梁灵光在青年时代喜欢打篮球，到了晚年常和卢瑞华、朱森林、张汉青等老同志打网球。

梁老的革命精神和高尚情操是我们学习的榜样，我们这一代人有责任继往开来，把广东建设得更好。

——张德江

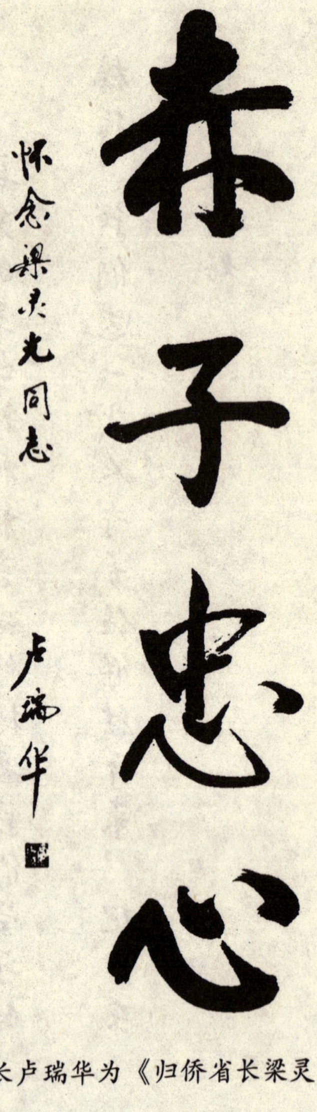

原广东省省长卢瑞华为《归侨省长梁灵光》出版题词

人物档案

梁灵光，1916年11月3日生于福建省永春县鳌顶村，2006年2月25日在广州逝世。

1932年在上海参加学生运动。1936年逃亡马来亚（今马来西亚）任中学教师，组建左翼作家联盟。1937年回国参加抗日战争。1940年加入中国共产党。1945年参加解放战争。历任新四军苏中四分区政治部主任、华东野战军第三十三旅旅长和中国人民解放军第二十九军参谋长等职。

中华人民共和国成立后，任中共厦门市委书记、厦门市市长，中共福建省委书记、福建省副省长。文化大革命期间遭残酷迫害。1977年任国家轻工部部长。改革开放后，历任中共广东省委书记兼广州市委第一书记，1981年当选广州市市长，1983年改任广东省省长兼暨南大学校长。1985年后，任中共广东省顾问委员会主任，兼香港中旅集团董事长，并继续兼任暨南大学校长至1991年。1988年当选第七届全国人大常务委员会委员兼全国人大华侨委员会副主任。

我本人是归侨，现在还有亲属在南洋。

在长期的革命斗争和社会主义建设事业中，自己与中华民族同呼吸，共命运，为人民的翻身解放和社会主义祖国的繁荣富强尽了一份绵薄之力，做了一些有益的工作。

——梁灵光

序

张德江

一部颇具特色的人物传记《归侨省长梁灵光》即将问世，作者是年逾古稀的作家黄方生同志。黄方生是归侨，他为之作传的梁灵光同志也是归侨。在灵光同志生前，他们之间的交往甚多，文字之缘也较长。在老省长梁灵光逝世一周年之际，作者怀着深厚的感情完成了这部传记，并问序于我，我欣然命笔。

梁灵光同志走完了90个春秋的人生旅程，离开我们整整一年了。这位德高望重的老共产党员、新四军的老战士、广东改革开放进程中的重要领导人之一，他的一生充满传奇色彩，有许多动人的故事。从学生时代起，灵光同志就投身于抗日救亡的洪流中，后来又奔赴沙场，参加了伟大的抗日战争和解放战争，南征北战，文武双全，屡建奇功，享有“儒将”的美誉。新中国成立后，他解甲从政，先后在福建省、中央轻工业部和广东省担任领导职务，作出了重要的贡献。梁灵光同志是1980年底与任仲夷同志一起，受命南下，先后在广州市、广东省担任领导职务的。在改革开放的征途上，灵光同志与省、市的领导同志一起，在贯彻落实中央批准的实行特殊政策、灵活措施，试办经济特区的艰苦创业过程中，敢为人先，政绩显赫，严于律己，正大光明。他给广东人民留下了深刻和美好的印象，同时也得到了海外侨胞、港澳同胞的爱戴，侨界人士都赞扬他是当代归侨的一面光辉旗帜。

灵光同志来广东后，我虽然没有在他直接领导下工作过，但接触也不少。在省委机关，在省、市的许多活动中，以至在网球场上，我们都常见面。他敦厚诚恳，平易近人，有长者之风，众所尊重，是一位令人怀念的老领导。

文学历来是传承民族优秀文化、陶冶人们高尚情操、抒发人类美好理想和推动社会进步的一个重要领域。其中以真实可信的先进人物的生平事迹为基础的优秀传记文学作品，更具有强烈的感染力。方生同志是我在中学时的老同学，他的年龄稍大于我，但写作的热情依然旺盛，人物传记《归侨省长梁灵光》，就是一个新的成果。相信这部作品将会得到人们的喜爱。

是为序。

2007 年 3 月 5 日于羊城爱绿楼

（作者张汉青，曾任中共广东省委副秘书长、广州市委副书记、广州市政协主席、广东省人大常委会副主任。是中国作家协会会员）

侨界的旗帜

——读《归侨省长梁灵光》

王荣宝

梁老逝世已一年多，但他的音容笑貌仍历历在目，归侨作家黄方生同志写了这本《归侨省长梁灵光》，嘱我写序。我是怀着对梁老的崇敬和想念之情，来读这本书，并写这篇短文，表达对梁老的深深怀念。

梁老是老领导，也是我的父辈。他是我父亲的战友，在马来西亚的时候均为马共（马来亚共产党）。抗战爆发，他心系祖国，以一颗赤子之心，回国参加抗战。在解放战争中，他又屡立战功。从热血书生到沙场儒将，梁老为国家和民族的解放贡献了他的赤胆忠心。解放后，梁老在中央部委和地方担任领导职务，为国家和地方的发展建设作出重要贡献。尤其是他在广东工作期间，解放思想，敢为人先，充分运用中央的特殊政策和灵活措施，与省委、省政府的领导同志一起带领全省人民在改革开放和建设事业中奋发前进，为全国改革开放创造了先进经验，为广东现代化建设开创了新局面，并开拓了广东侨务工作的黄金时代，对以后广东持续高速发展，打下了坚实基础。因此，广东人民对梁老有着深刻印象和深厚感情。

梁老是侨界的一面旗帜。广大海外侨胞和归侨侨眷，既为有这样的归侨领导自豪，也深深铭记他对侨界的关心和爱护。身为归侨，梁老对侨界有着特殊而深厚的感情，我国、我省的侨务事业，凝聚着梁老的许多心血。梁老曾说过："在发挥广东优势方面，我着重抓全面落实侨务政策。"在广东工作期间，为了赢得侨心，他力肃"左"毒，全面落实侨务政策，坚决纠正和平反各种冤假错案，处理好历史遗留的侨房问题，切实维护归侨侨眷的合法权益，还兼任华侨最高学府暨南大学校长8年。为了抓好侨务工作，作为省长，他不仅亲自主持召开全省侨务工作会议，作报告，提要求，更多的是轻车简从深入到乡村、街道检查视察，看望侨界群众。他虽身在高位，却平易近人，心系百姓。我父亲在“文革”期间，曾遭受不少磨难，也是在他的关心下得以平反。

正是梁老主持下的一系列爱侨、护侨的有力措施，大大激发了海外侨胞和港澳同胞的爱国、爱乡热情。一时间从世界各地回来认祖寻根、探亲观光、投资创业的乡亲空前活跃，一浪高过一浪。在改革开放初期，源源不断的侨商投资和侨捐事业，成为推动广东改革开放和现代化建设的重要动力。今天，在广东的城乡，到处可见侨资企业和侨捐学校、医院、桥梁、道路、福利院、体育文化设施。梁老主政广东期间，从根本上改变了广东原来是侨务工作重灾区的被动局面，华侨的地位和作用得到普遍认同，“海外关系是个好东西”的观点深入人心。侨务政策的全面落实，更是把海外侨胞和港澳同胞的爱国、爱乡热情，转化成广东改革开放和现代化建设的现实资源和独特优势。

梁老与侨界有着不解之缘。在全国人大，他又担任了华侨委员会的领导职务，积极组织和参与《归侨侨眷权益保护法》等涉侨法律的立法工作，维护侨益，体察侨情，关心侨胞。

岁月不居，虽然梁老年事渐高、鬓发苍白，但他爱侨、护侨的心从未改变。我仍经常在侨界组织的活动上见到他，聆听他的教诲。2005 年 8 月份，我应邀到澳门参加澳门归侨总会组织的纪念抗战胜利 60 周年系列活动，梁老作为一名抗战老兵，仍以 89 岁高龄，不辞辛劳，到场给大家作报告，令人感动不已。其时见他精神矍铄，身体康健，不料数月之后，他却安然长逝，令人极为悲痛。

黄方生同志也是一名老归侨，他是怀着对梁老的深厚感情和真挚敬意去完成这部名为《归侨省长梁灵光》的传记，为我们记录和再现了梁老的传奇一生和彪炳业绩，内容丰富翔实，感染力强，他的这种写作精神，同样令人钦佩。我想，我们如此深情地缅怀梁老，热情地歌颂梁老，就是要继承和发扬他的伟大品格和高尚情操，为侨界，为人民，为祖国，更加努力、勤奋地工作。

2007 年 8 月 1 日

（作者王荣宝系中国侨联副主席、广东省侨联主席）

高山仰止　风范长存

——深切怀念暨南大学老校长梁灵光

胡　军

今年是中国改革开放30周年，暨南大学复校30周年。值此《归侨省长梁灵光》一书出版之际，饮水思源，我们倍加怀念中国改革开放的重要见证人和参与者——广东省原省长、暨南大学老校长梁灵光同志。

改革开放初期，梁老在主政广东的同时，于1983—1991年兼任暨南大学校长，引领暨南大学向前发展。应该说，梁老和暨南大学渊源颇深，与暨南大学有两次“亲密约会”。

早在20世纪30年代中期，青年时期的梁灵光因参加爱国救亡活动，寄住在上海暨南大学学生宿舍，与暨南大学进步师生朝夕相处，共同参加抗日救亡的民主运动和争取民主自由的爱国斗争。这是他与暨南大学第一次真正的约会。在这里他不仅经受了革命洗礼，还结识了他的终身伴侣——暨南大学商学院交通管理系1937届毕业生朱含章女士。

第二次约会是在80年代初期。1983年国务院任命时任广东省省长的梁灵光兼任暨南大学校长。暨南人欢欣鼓舞，梁老也深感欣慰：“要我兼任暨大校长，这可能与我本身是归侨，且历史上与暨大有一段渊源有关。但主要还是因为我在福建、广东工作期间，与华侨、归侨有较密切的接触，在海外侨胞中有一定影响。”在兼任暨南大学校长的8年里，梁老对华侨高等教育倾注了大量心血，为暨南大学的改革发展作出了重要贡献。

党和国家非常重视华侨高等教育工作，1983年6月，中共中央、国务院颁发了《关于进一步办好暨南大学和华侨大学的意见》（中共中央［1983］24号）。梁老甫一上任就把学习贯彻落实中央24号文作为学校的头等大事，通过组织全校干部和教师认真学习、领会24号文精神，澄清了干部和教师中的模糊认识，以中央精神统一思想，提高认识，明确了暨南大学的办学性质、任务及有关方针、政策，着力把暨南大学办出特色、办出水平，为海外及港澳台培养高素质人才。

为切实贯彻落实24号文精神，梁老认真总结学校的办学经验，采取一系列措施，深化教育改革，探索侨教发展思路。一是加强对外宣传，采取适应海外、港澳台实际的做法，扩大对外招生，大幅度增加外招生的比例。如1985年和1986年报考暨大的境外考生超过2 000人，1988年外招生人数占学生总数的90%，暨大成为名符其实的“华侨最高学府”。二是确立“重视基础，突出应用”的指导思想，对专业和课程设置进行改革，加强其适外性、应用性，使侨生不仅掌握必要的基础知识、基本理论，而且具备实际应用能力，以便其学成回到居住地工作时具有较强的竞争力。

暨南大学因“文革”停办而元气大伤，梁老主持校政期间，复校工作千头万绪，困难重重，办学资金尤其匮乏，每年经费仅有1 500万元。针对当时暨南大学财务紧张的问题，梁老不仅积极在省里谋求解决办法，还利用他的人缘广泛动员华侨从经济上大力支持暨南大学。在梁老的积极努力下，暨南大学争取到校董、校友和海外侨胞、港澳台同胞的大力支持，如霍英东先生捐赠了医学院附属医院门诊部大楼，秘鲁华侨戴宗汉先生捐建了“宗汉楼”，邵逸夫先生捐建了体育馆，等等，这对改善学校的办学条件发挥了重要作用。

梁老还非常重视科研工作，强调科研工作要发挥优势，突出重点。这一期间暨大在避孕疫苗、生物医学工程、生物工程、赤潮研究等方面都取得了突出成绩，并在东南亚研究、华人华侨研究、特区经济研究等社会科学领域取得很多成果。1990年，正值暨南大学东南亚研究所成立30周年，梁老欣然题词鼓励：“为发展我国与东南亚各国的友好合作作出更大贡献。”

1991年，梁老卸任后仍一如既往地关心和支持侨教，继续担任学校董事会副董事长，为学校的发展发挥余热，还经常莅临学校指导工作。2005年11月7日，梁老还以89岁高龄出席由暨大主办的第一届亚洲大学生田径锦标赛开幕式，足见梁老对暨南大学情谊深长。

梁老虽身居要职，但待人热情大方，平易近人，乐于听取意见。他在任校长期间，每年都要为每位毕业生颁发毕业证书，在烈日下与学生合影留念，并为学生留言。1985 年我的硕士研究生毕业证书就是由梁校长亲手颁发的，此情此景仍历历在目。我一直以暨大有梁老这样的校长为荣，他的人格魅力也深深影响、激励着我。

2006 年初，梁老仙逝。暨南人深感悲痛。斯人已逝，风范长存！时间的流逝带不走我们对梁老的怀念，我们将把对老校长的深切怀念化作办好暨南大学的动力，为把暨大建设成为特色鲜明、海内外知名的研究型大学而努力奋斗，以告慰梁老校长的在天之灵。

2008 年 8 月 1 日

（作者胡军，现任暨南大学校长，教授、博士生导师）

人民心中景仰的丰碑

——为方生君《归侨省长梁灵光》叫好

曾绅

万仞丰碑在，更无山与齐。

举头红日近，回首白云低。

丰碑，巍巍丰碑，光芒四射，熠熠生辉。它矗立于天地之间，永远留在人们心里。这是海外赤子献身祖国的丰碑，这是中华儿女民族精神的丰碑！

仰望丰碑，心灵的潮水在澎湃，感情的河流在奔腾，想象的彩霞在翱翔……面对光耀照人寰的丰碑，能不使我们肃然起敬么？能不使我们深切怀念么？能不使我们放声高歌么？

古往今来，多少人向着东升旭日高唱颂歌，多少人对着皎洁明月吟咏抒怀，多少人掬起华夏泥土倾吐眷恋深情！是的，中华文明古今上下五千年，神州大地纵横九百六十万平方公里，炎黄子孙在人类漫长的历史河流中，一代又一代地繁衍生息，一代又一代地顽强拼搏，涌现了无数叱咤风云的英雄人物和甘于奉献的优秀儿女。

“俱往矣，数风流人物，还看今朝。”在空前壮烈的抗日战争和解放战争中，在波澜壮阔的社会主义建设中，在势不可挡的改革开放洪流中，更是英雄辈出，震古烁今。

优秀归侨作家黄方生君即将出版的长篇人物传记《归侨省长梁灵光》，翔实地展示了广东老省长梁灵光光辉灿烂的一生：他从小追求真理，博览群书，并显露出组织领导能力和军事指挥能力。他中学时代便投入反对日本侵略洪流，逃亡海外后依然不忘抗日救国并参加反殖民统治斗争。抗日战争爆发后，他毅然回国奔赴沙场，随后参加解放战争。他赤胆忠心，文韬武略，南征北战，屡建奇功，享有“孤胆英雄”、“沙场儒将”美誉。新中国成立后，他解甲从政，以民为本，励精图治，不论在厦门市，还是在福建省和国家轻工部，都能克服困难，打开局面。受命南下后，他遵照中央给的特殊政策、灵活措施，解放思想，敢为人先，奇招迭出，屡试不爽。他和省委第一书记任仲夷组成“最佳拍档”，政绩显赫，开创了广东经济社会发展史上百世留芳的“任梁时代”，开拓了广东侨务工作中影响深远的黄金时代。他胸怀坦荡，正大光明，廉洁奉公，两袖清风，慈祥和蔼，平易近人。他理解、呵护海内外侨界和港澳同胞。因此，他理所当然地得到广大人民的衷心拥戴，并在海外和港澳享有盛誉，大家都赞扬他是好省长、平民省长，是时代脊梁、一代清官。他，就是人民心中景仰的一座巍然矗立于天地之间的丰碑！

拂去严冬的寒意，越过飘荡的云朵，今年早春二月，我从大洋彼岸的纽约，回到祖国南陲的珠海特区。我给广州的方生君打了个迟来的新春祝福的长途电话，他告诉我自己正忙着撰写老省长梁灵光的传记。不多久，我又匆匆飞赴大洋彼岸讲学。想不到相隔短短几个月，他这部人物传记《归侨省长梁灵光》便几易其稿即将付梓了。原来，在梁灵光老省长生前，方生君与他交往多年且有文字之缘，大家又是海外归来的赤子，可谓心照神交。前些年，方生君还先后发表了《老省长梁灵光的故事》、《梁灵光抗战八年纪事》等长篇通讯。去年，在老省长不幸去世的第二天，《羊城晚报》便刊登了方生君写的《人民衷心赞扬的好省长》一文，表示深切的怀念和哀悼。接着，方生君得到老省长夫人朱含章大姐的同意和支持，怀着对老省长的深厚感情和崇高敬意，肩负强烈的使命感和责任感，夜以继日地伏案笔耕，终于完成了这部洋洋30多万言的现代人物传记，让老省长这座光辉灿烂的精神丰碑永驻人间。

老省长梁灵光走完了90个春秋的人生旅程，把自己的一切献给了中国共产党，献给了祖国和人民。但他没有居功自傲，只是说：“在长期的革命斗争和社会主义建设事业中，自己与中华民族同呼吸，共命运，为人民的翻身解放和社会主义祖国的繁荣富强尽了一份绵薄之力，做了一些有益的工作。”方生君在这部传记文学中，以恢弘的篇章，严谨的布局，鲜明的节奏，浓重的笔墨，再现了老省长富于传奇色彩的一生和许多鲜为人知的故事。方生君紧握笔杆，把握时代脉搏和老省长的精神世界，从一个个重大事件、一个个细小情节，写出了归侨老省长对祖国、对共产党、对人民的无限忠诚，写出了老省长的高风亮节，写出了老省长的丰功伟绩，可谓入木三分，感人至深。

可以毫不含糊地说，《归侨省长梁灵光》一书，是以人物的思想品格为红线，以大量史实为依据，在真人真事的基础上进行适当的艺术加工，体现爱国思想和反映高尚情操的优秀文学作品。这部颇具特色的人物传记，既有思想性、艺术性、可读性，又有史料价值，它将成为一部人民大众和海内外侨界喜爱的读物，同时又是一部值得当前国家公务员学习的生动的教材，有助于使之进一步领悟“立党为公，执政为民”和“为官一任，造福一方”的深刻内涵。

这部人物传记，是方生君从工作岗位上退下来后的第四部文学著作，也是他业余文学创作道路上的一个飞跃。原广东省人大副主任、作家张汉青先生在序言中说的好：“相信这部作品将会得到人们的喜爱。”我为方生君的这部新作大声叫好！

我深深地怀念归侨老省长梁灵光。20世纪80年代中期，我担任珠海侨刊《乡音》总编辑时，曾到澳门采访老省长梁灵光的兄长梁披云老先生。他是澳门归侨总会主席，澳门著名书法家。我写了一篇专访散文《笔中情》，并发表于《羊城晚报》，引起了各界重视。后来我到广州参加全省对外宣传工作会议时，拜访过梁灵光省长，把这篇《笔中情》奉送给他。他认真看后，亲切而热情地鼓励我说：“你是归侨作家，发表了不少作品，希望你再接再厉，为华侨文学宝库添砖加瓦！”我听后非常感动。老省长的话，记忆犹新……如今，读方生君写的《归侨省长梁灵光》一书文稿，我更加怀念老省长，但愿他崇高的精神、伟大的形象，如同巍巍丰碑光芒四射、熠熠生辉！

2007年7月6日于纽约

目 录 CONTENTS

序 张汉青 1

侨界的旗帜 王荣宝 1

高山仰止 风范长存 胡 军 1

人民心中景仰的丰碑 曾 绅 1

引 言 1

第一章 来到人间 2

儒商之家 2

“小司令”调兵遣将 3

第二章 走向社会 5

翩翩少年痛心泣血 5

满腔热望化为泡影 7

《平话》杂志遭查封 9

投入“一二·九”洪流 10

第三章 逃亡海外 13

“身在曹营心在汉” 13

组建左翼作家联盟 14

第四章 回国抗日 16

到敌人后方去 16

组建抗日武装 18

和陈毅在一起　20
“开了县长亲自带兵打仗的先例”　23
孤胆英雄擒元凶　24
“梁灵光，真灵”　27
农民得到了实惠　28
反“扫荡”　30
奇袭海门　31
创造了反“清乡”经验　32
摧毁百里“篱笆封锁线”　35
挫败“以华治华”阴谋　37
粉碎经济封锁　38
欢呼胜利　39

第五章　挥师伐蒋　42
组织50万支前大军　42
“创敌后整连歼敌正规军范例”　43
惨重的代价　45
灵甸大捷　46
敌人闻风丧胆　48
“匪首梁灵光伤重毙命”　49
在淮海战役中奋不顾身　51
强渡长江　54
攻打上海　57
“他们都是中华民族的英雄”　58
率领入闽先遣队　59
最后的战役　61

第六章　解甲从政　63
市长最佳人选　63
“这一回才真正听到共产党的声音”　65

民主建设新阶段 66
锦囊妙计反封锁 67
冒“右倾”风险避免了大开杀戒 69
在敌人的炮火中筑成中华第一条跨海大堤 71
像这样的“爱国资本家”，世上能有几人？ 75

第七章 福建岁月 78

跟中央唱对台戏？ 78
实现“筹建铁路，以图自强”梦 80
把新中国第一个水电站机组搬进山洞 82
到山区建设工业城 83
令人痛心的教训 85
出色完成支前任务 87

第八章 十年磨难 89

“福建第二号走资派” 89
七年“囚徒” 91
“历史将证明我无罪” 92
患难夫妇喜重逢 93
复职后的风波 94

第九章 上调京都 96

出任新组建的轻工部部长 96
大刀阔斧搞平反 98
改变重“重”轻“轻”旧观念 100
站柜台 102
冲破计划经济束缚 104
终结了轻工业长期徘徊的局面 105

第十章 南下羊城 108
杀出一条血路来 108
“左”毒不除，寸步难行 110
“三大高招”开全国先河 113
结束了“疍民”的辛酸史 115
先行一步不易啊！ 117
带来了最早、最大的合资企业 119
“专抓些鸡毛蒜皮的小事” 121
中国内地有了第一批五星级宾馆 124
坚决反对以权谋私 127

第十一章 主政广东 130
归侨省长第一人 130
开创侨务黄金时代 132
罕见的寻根访祖热潮 136
试办经济特区 141
全程陪同邓小平视察 144
创中华历史奇迹 147
把开发珠江三角洲设想变为现实 149
全国人大会议上的新闻人物 151
情系山区 152
旗帜鲜明反对改革开放中的丑恶现象 155
内地“招牌猪”“赶走”香港的外国猪 158
家庭主妇的菜篮子更加丰富了 159
妙计救活万头良种猪 161
“铁交椅”、“铁饭碗”年代不再 162
纳谏如流 164
发展电力事业的新突破 165
中央推广广东办电经验 168
全国第一条高速公路“难产” 169

开拓社会办体育的新路子 172
把暨大办成名实相称的华侨高等学府 174
老校长给暨大师生留下了许多难忘的回忆 178
平民省长 180
辉映千秋的“任梁时代” 183
在改革开放和经济建设中的体会 185

第十二章 修礼邻邦 188
广州与洛杉矶结成友好城市 188
难以忘怀的旧金山 190
应马科斯总统夫人邀请访菲 191
“我的祖籍在中国湖南” 194
“第一个讲闽南话的共产党高级官员” 195
广东与美国马萨诸塞州结盟 197
故友相见洛杉矶 198
“您是第一个来参观的中国省长” 199
唐宁街会晤撒切尔夫人 201
“一时今夕会，万里故乡情” 203
促进中日两国人民友好 205
参加“地方时代”国际会议 209
为广东和夏威夷友好历史增添新的一页 210

第十三章 老马嘶风 213
促成开通广州至云贵川列车 213
催发乡镇企业的腾飞 215
第一部侨务法律诞生了 216
考察十五国侨情 219
圆满解决万名新移民最大难题 221
向对外宣传部门进言 223
创办天下第一华侨城 224

江南“智多星” 228

第十四章 晚年情操 231

激扬文字 231
名山胜迹看不足 234
越秀山下的联想 237

第十五章 最后时日 239

体检项目一切正常 239
回国七十年后与世长辞 240
洒泪送别 243

附 录

梁灵光同志在广州逝世 《广州日报》 245
深切缅怀梁灵光同志 宋维轼 晁 锋 246
寄给亲爱的爸爸 梁 抗 248
给老省长画像 [美]詹忠效 251
感激梁灵光 怀念梁灵光 [巴西]黄 雄 254
海外华侨永远怀念的好省长 [马来西亚]张文谓 255
老省长梁灵光的“两大法宝” (香港) 陈建中 257
我们永远忘不了他 洪志铭 259
我最感念的是梁老 施能响 261
追寻往事泪盈眶 沈庆松 264
陪同老省长拍婚纱照 林青云 266
多想您能再亲切地叫我一声啊! 路 遥 268
人民衷心赞扬的好省长 黄方生 270
老省长给我题词、改稿和作序 黄方生 273
为老省长作传 黄方生 277
纪念归侨省长梁灵光逝世一周年 黄方生 280

后 记 281

引　言

归侨省长梁灵光南征北战，屡建奇功，文韬武略，威震华东。

他从一介书生到抗日战士，从沙场儒将到地方高官，赤胆忠心，光明磊落，一身正气，两袖清风，为了人民幸福、民族解放和祖国富强，用自己的一生谱写了“鞠躬尽瘁，死而后已”的壮丽篇章。

梁灵光在广东工作的时间虽不长，但在改革开放和经济建设中解放思想，敢为人先，励精更始，政绩显赫，深得广大人民的爱戴，并在海外和港澳享有盛誉，大家都衷心赞扬他是好省长，是中国改革开放前沿阵地的急先锋、奠基人、老功臣。

梁灵光将作为中华民族的杰出儿子、四海侨界的光辉旗帜载入史册。

第一章 来到人间

儒商之家

中国东南沿海有一个与台湾岛隔海相望的福建省，简称闽。春秋战国时分属越、楚。秦设闽中郡。汉属扬州。唐代取福州、建州各一字，设福建观察使。这大概是福建的由来。元初，为福建道，后改为福建省。

福建有“东南山国”之称，具有山海之优势。居民以汉族为主，有畲、回、满和高山等少数民族。清末开始，这里的很多人背井离乡到海外谋生，是仅次于广东的著名侨乡。

这个省的中部偏南，即泉州的西北部，有一个好地方，五代时设桃源县，后来改为永春县。县城西北有个小山村，叫鳌顶村。整个村坐落于群山之中，村民都姓梁。1916 年，初冬轻寒，草木依然挺拔翠绿，整个山村景色更显得秀丽多姿。那年 11 月 3 日，梁灵光在这里来到了人间。

梁灵光的祖屋在鳌顶山麓，背靠碧翠高山，两旁小山环抱，前面是一大片错落有致的梯田。再向前望去便是迂回曲折的山涧，依稀可听潺潺流水声。蔚蓝的天空白云飞渡，田野里稻浪翻腾。风光如画，毓秀钟灵。

梁灵光从娘胎出来的时候，并没有神话中说的什么吉兆和灵光，但他的家族却不平常。

祖父梁锡永，老祖宗分家时给他一家字号叫“泉兴”的店铺，只是后来时运不济，生意萧条。

父亲梁仍绪，排行老大。17 岁时便成了当地最年轻的秀才，蜚声遐迩。他在省城的法政大学毕业后，回永春梅峰书院任教，传播新学。他爱好文史，博览群书，手抄的名家诗文和自撰文章堆满了几案。后来弃教从商，继承父业，把父亲经营的泉兴店改为“金泉兴”，并从小镇迁到县城，生意日益兴隆，成为永春县四大商行之一。后来在福州、泉州、厦门、上海等地开设分店，经营范围也不断扩展，从京果、粮食，发展到棉纱、丝绸、百货，还开设钱庄，如日方升。

梁仍绪还应校友邀请，于19世纪20年代初到马来亚开发了好几千亩的橡胶园，成为永春县到海外投资的第一人。

梁仍绪虽是富商大贾，但生活节俭，淡泊名利，而对公益事业则仗义疏财，慷慨大方。他把挣来的钱大多用于赈济贫民，修筑道路，兴办学校。其他善事也不可胜数，如帮助乡里支付积欠多年的税款3 000两白银，还承担缴纳全乡每年各种苛捐杂税500两白银。

梁灵光的母亲潘密，也是永春人，比他父亲小5岁。在那时“女子无才便是德”的封建礼教束缚下，读书不多，斗大的字识不了几个，但心地善良，精明能干，乡邻交口称赞。

母亲生了8个儿女，其中一个女儿远嫁马来亚。长子梁披云，学名龙光，6岁读私塾，10多岁读中学，上海大学毕业后留学日本。20世纪40年代初，曾任福建省教育厅厅长、海疆大学校长，创办黎明中学，后到南洋各地从事华文教育，历时60载。在马来亚时，曾参加著名侨领陈嘉庚率领的南侨回国慰劳团。他博学多才，诗书双绝，是诗人、书法家、教育家。20世纪70年代入居澳门，历任全国政协委员、澳门归侨总会会长、国际炎黄文化研究会会长和国际儒商学会荣誉会长等职。

梁灵光排行第五，乳名旧湛。后来父亲给他起学名为涵光。到上海读书时，哥哥梁披云给他改名灵光，取自成语“鲁殿灵光”，期望弟弟将来有所建树。

“小司令”调兵遣将

在父兄的熏陶下，梁灵光从小读书用功，每次考试总是名列前茅。受教会学校影响，同校的姐弟三人都信基督教。初小毕业后到泉州读高小，宗教观念渐渐消失。

或许天性使然，梁灵光7岁的时候便硬着头皮读石印本《三国演义》，似懂非懂，反复琢磨。一些书中生动的描述、曲折的情节，引起了他的极大兴趣，从此一发不可收。凡父母给他的零用钱，就拿去书摊买古典小说，《水浒传》、《七侠五义》、《封神榜》、《薛仁贵征东》、《薛丁山征西》等，读完一本又一本，爱不释手，十足的小说迷、“小书虫”。哥哥平时买回来的书报杂志，梁灵光也聚精会神一一“消化”。读高小时偶然看到了孙中山写的《建国方略》，深为作者的宏伟构想所感动，不禁浮想联翩。对于其中许多建设方略，几十年后梁灵光还记忆犹新。大量的书籍，使他增长了知识，扩大了视野，并为他后来的文学修养打下了较坚实的基础。

梁灵光小时候读孙中山写的《建国方略》深为感动。几十年后记忆犹新，1987 年往中山市瞻仰孙中山故居。

令人惊奇的是，梁灵光从小便显露出组织领导能力和军事指挥才干。他喜欢玩耍，但与众不同，肯动脑子，会出点子，常有新花样。一次，他在家里无意中翻出不少市面不再流通的旧铜钱，课余时间分给小同学们作为军饷，一本正经地指挥大家分成敌我双方，模仿小说中描述的精彩战例进行战斗。进退攻守，调兵遣将，全由他统一指挥，军令如山，谁也不得违抗，“打”得天摇地动，“人仰马翻”。小伙伴们玩得开心痛快，忘乎所以。不知谁带的头，大家一致同意封梁灵光为“小司令”。从此以后，参加“打仗”的人越来越多，他指挥得也越有声有色，“军”威大振，“小司令”名噪一时。可是，谁也料想不到，在后来的战争年代，梁灵光真的当上了司令。

第二章　走向社会

翩翩少年痛心泣血

“天有不测风云，人有旦夕祸福。”1922 年，严冬风寒的时候，梁灵光的父亲遭本地土匪绑票，家人被迫把在县城的永春总店清盘。随后，举家避居厦门，接着父亲因病去世，在上海、福州等地商店的股权相继被侵吞，家境每况愈下，一蹶不振，全由身染肺病的母亲独自苦苦支撑。父亲的不幸、母亲的苦楚、家庭的困厄，使已经开始懂事的翩翩少年梁灵光痛心泣血。

随着岁月的流逝，梁灵光快要小学毕业了。可怜的母亲左思右想，无可奈何，打算让儿子辍学到外地学做生意，挣点钱减轻家中负担。梁灵光觉得太突然了，泪汪汪地望着慈祥的母亲。他舍不得放下课本啊，又想不出能为母亲分忧解难的办法，心里感到一阵阵惆怅，已经到了这个地步，只有听天由命了。

正当梁灵光处于何去何从十字路口的时候，哥哥披云刚好从日本留学回来，耐心地说服母亲改变了主意，同意让他把弟弟带到上海继续求学。小灵光喜出望外，挥泪辞别了亲爱的母亲，告别了养育自己的故乡。

上海简称沪，地处中国东海岸中部，长江入海口。自古为海边渔村，春秋时属吴，战国时为楚国春申君封地。唐属华亭县，宋设上海镇，元设上海县。鸦片战争后，帝国主义强迫清政府辟为商埠。1927 年设上海特别市，1930 年改为上海市。

据记载，上海原为冲积平原，两千多年前部分市区还是海浪翻滚。后来海岸东移，当时的吴松江以南的支流上海浦（今黄浦江）是往来船只泊岸地点，逐步成为闹市，故得名上海。这里的近代工业发展较早，是中国最大的工业城市和商业、金融中心，曾经是帝国主义压榨中国人民的据点，被称为“冒险家的乐园”。

梁灵光从小便和大哥梁披云骨肉情深，几十年如一日。图为2002年12月在澳门和大哥（右二）、大嫂（右一）合影。墙上挂的是梁灵光父母遗像。

梁灵光来到上海，经过短时间的补习，考入颇有名气的立德学园初中部。他虽然出身富裕之家，但受父兄的影响并无纨绔习气，对灯红酒绿的花花世界丝毫不感兴趣，除了学好功课，便埋头看课外书，尤其喜爱文学著作。学生宿舍晚上9点熄灯了，他点燃蜡烛继续看，不到深更半夜不罢休。有时候上瘾了，还在课堂上偷偷地看。初中期间，中国的几部古典名著如《红楼梦》等全部看完不在话下，还如饥似渴地读了鲁迅、巴金、茅盾、郭沫若等人的作品。进入高中以后，读书的兴趣略有不同，以阅读外国名著为主，如屠格涅夫的《父与子》、托尔斯泰的《战争与和平》、歌德的《少年维特之烦恼》、小仲马的《茶花女》、高尔基的《母亲》、奥斯特洛夫斯基的《钢铁是怎样炼成的》等，梁灵光都不轻易放过。

文学反映生活，高于生活，可以使人达到其他艺术所不可及的思想广度和深度。梁灵光的思想感情不知不觉地发生了变化，慢慢地向作品中的弱势群体和英雄人物靠拢，并开始触摸时代脉搏，似乎探索到中国和世界历史的潮涨潮落。文学的魅力，又使他萌发了将来成为作家的念头。

满腔热望化为泡影

1931 年 9 月 18 日晚，日本帝国主义大规模武装侵略中国东北。19 日占领沈阳，同时向吉林、黑龙江等地发动进攻。这就是震惊中外的“九一八”事变。由于当时国民政府采取不抵抗政策，几十万军队不战而退，致使 4 个多月内东北全境沦陷。

日寇侵华疯狂肆虐，国民政府软弱无能，震撼了已在上海初中毕业回到厦门家里的梁灵光，引起了他思想上的急剧变化，开始醒悟到“国家兴亡，匹夫有责”。梁灵光从只顾埋头读书、不闻窗外事的儒雅书生，转变为密切关注祖国命运的热血青年。

“九一八”事变后，国内形势发生了重大的变化。中国共产党号召全国人民奋起抗日，群众性救亡运动蓬勃发展，国民党内部也发生了变化，主张反击侵略的呼声日益高涨。与此同时，日本帝国主义得寸进尺，更加猖狂。

1932 年 1 月 28 日午夜，蓄谋侵占上海的日军以保护侨民为借口，出动海军陆战队从虹口租界出发向闸北中国守军发动突然进攻。十九路军英勇抵抗，上海工人举行罢工强烈抗议，各界人民积极支援前线。

这时梁灵光虽休学在家，但一直关注时局发展，始终惦念着浴血奋战的十九路军战士。他写了一首激情奔放的自由诗，大意是：一阵阵腥风血雨，一声声炮弹轰鸣，我们可爱的兄弟正在战场上英勇抵抗日本侵略军。有的被子弹穿过了胸膛，有的被炸废了四肢，依然顽强挣扎着与敌人拼命。他们张开嘶哑的喉咙高喊：为了自由，为了正义，为了受尽苦难的同胞，为了伟大的中华民族，向前进！向前进！

当时的国民党政府实行“一面抵抗，一面交涉”的对日政策，实际上却谋求对日妥协。因此，在军事上阻挠和破坏十九路军抗战，在外交上依赖美、英、法等国的调停。5 月 5 日，国民党政府同日本签订了《淞沪停战协定》。除正文外，还规定中国政府必须取缔抗日运动，将十九路军调离上海。梁灵光对国民党政府的软弱行径极为不满。

十九路军英勇抗击日军的英雄事迹，更加激励了梁灵光的爱国思想。

老省长于2000年与立德学园老同学郑得菱及黄受初夫妇合影。

1932年8月，他重返上海立德学园读高中，在校刊上发表了一篇题为“我的自白”的文章，剖析自己的内心世界，表明“要做推动历史的齿轮”。在学校里，他看进步书刊，找志同道合的同学交谈，寻求报效祖国的途径。共产党和共青团地下组织发现了他，并与他建立了联系。他接受组织的安排，以读书会、出版墙报和小刊物等形式积极开展抗日活动和传播马列主义思想。

逆潮流而动的蒋介石政权，鉴于各地爱国学生日益强烈的抗日运动的巨大的威胁，提倡复古忠君的“新生活”运动，实行强化教育，还在上海各大中学校强化特务组织，严密戒备共产党活动。

1931年梁灵光（中）在上海立德学园和同学合影。

一天上午，10多个张牙舞爪的便衣特务闯到学校，进入梁灵光的宿舍，声明要逮捕与他同房的一位同学并搜查共产党文件。幸好该同学早已闻讯离校，特务扑了个空，又找不到文件，于是封锁了学校，妄图找到蛛丝马迹。机灵的梁灵光趁特务忙于盘查其他同学之际，冒着危险把藏在别人床底下的文件转移。后来因人告密，校方以“严重违犯校规”为由，令他离开校园。

梁灵光求学心切，在一位同学的协助下，弄来一张假造的四川某中学的转学证书，改名换姓考入上海复旦大学附属中学，插班续修高中三年级下学期课程，一切都很顺利。然而始料不及的是，在经过学校毕业考试和即将参加全市会考的时候，梁灵光假造证书的事情暴露，他的毕业考试和会考资格被取消。进入高等学府深造的满腔热望顷刻化为泡影。

《平话》杂志遭查封

梁灵光继续升学的愿望无法实现了，只好暂时回到厦门家里另作打算。

他年方十八岁，正所谓“初生牛犊不怕虎”，毫无畏惧地应邀担任公开发行的《平话》杂志编辑。他负责时事短评、专论、杂文、文艺等几个专栏，分别用石岚等近20个笔名，发表了几十篇文章。文笔洒脱，言词泼辣，抨击国民党，痛斥日本军，呼唤抗日救国，赢得了广大读者的支持，在社会上产生了强烈共鸣。

值得一提的是，梁灵光发表了一篇题为“中国经济建设的问题”的论文。他指出，帝国主义摧毁了中国农村固有的手工业，破坏了中国自给自足的封建经济，民族工业也被压迫得无法抬头，不根本杜绝帝国主义侵略，不彻底改造半殖民地半封建经济基础，一切振兴农业、工业的企图将无法实现。文章还提出了中国经济建设中的根本方向和整体计划，对如何发展农业，路子怎样走，都提出很具体的意见。

梁灵光后来回忆说：“今天看来，当时我的认识虽然十分肤浅，但已初步理解到发展农业的重要性。”

一个涉世未深的青年学生，在当时能有这样大体上符合国情的见解，是十分可贵的。

1935年冬，日本扶植汉奸在河北成立“冀东防共自治政府”，控制天津以东一带，企图实现华北五省“自治”，国民党政府竟然公开承认这个傀儡政府。梁灵光怒发冲冠，挥笔疾书，发表了题为“关于华北问题”的短评，揭露日本大唱“日中亲善，经济提携”论调的欺骗性，戳穿日本实行“华北五省自治”的真面目，指出日本步步侵略的野心，呼吁全国民众“团结一致，誓死奋斗”！

日本驻厦门领事馆对《平话》的影响和梁灵光的文章，早就恨之入骨，对《关于华北问题》一文更是恼羞成怒，向厦门国民党政府递交了“抗议书”。市政府屈膝投降，查封了《平话》杂志。

投入“一二·九”洪流

《平话》杂志被封后，上海却传来了令梁灵光心花怒放的消息，政府允许具有高中毕业同等学力水平的人参加高考，只要考试合格，便可进入大学读书。机不可失，梁灵光匆忙赶往上海。不料考试前几天，接到妹妹从永春家乡发来“母亲病重，速返家”的加急电报。梁灵光不假思索丢下补习课本，立即赶回厦门，再转永春。逗留三二天后，母亲转危为安。梁灵光又连忙返回上海，但为时已晚，考试早已结束。从此，梁灵光永远失去了读大学深造的机遇，留下了终生遗憾。

这时国内形势错综复杂，斗争激烈。1933 年 9 月，蒋介石调集 100 万军队向中央工农红军发动第五次“围剿”。1934 年 10 月，红军 8 万多人撤离中央根据地，开始了举世闻名的二万五千里长征。1935 年 8 月 1 日，中共中央发表《为抗日救国告全体同胞书》，号召全国人民团结起来，停止内战，抗日救国。11 月 13 日，又发表《为日本帝国主义并吞华北及蒋介石出卖华北出卖中国宣言》。

中共中央的宣言气壮山河，极大地推动了全国抗日救亡运动的迅速发展。1935 年 12 月 9 日，在中国共产党领导下，北平（今北京）大中学校学生数千人，冲破“爱国有罪”、“抗日犯法”的枷锁，高呼“停止内战，一致对外”和“打倒日本帝国主义”等口号，举行了声势浩大的示威游行。国民党政府出动军警镇压，学生与之搏斗，许多人被打伤和逮捕。第二天，全市学生总罢课。16 日，学生和市民百万余人再次举行更大规模的示威游行，并召开大会，通过了组织民众共同抗日的决议。这就是著名的“一二·九”运动。后来，运动很快发展到大江南北，掀起了全国抗日的新高潮，为后来的抗日战争准备了条件。

在北平学生的爱国精神和高昂斗志的鼓舞下，上海学生于 12 月 18 日开始举行示威游行，正在暨南大学校外学生宿舍寄宿的梁灵光也加入了游行队伍，他们要求上海市政府积极抗日和支援北平学生爱国运动。不久，梁灵光还加入了地下党领导的暨大抗日青年团。

20日，梁灵光和上海大专院校学生2 000多人一起，冒着风雪严寒汇集上海北站，乘坐有16节车厢的火车前往南京政府请愿。南京政府惊恐万状，为了阻挠远道而来的请愿队伍进城，不惜开出特种军列，用38节车厢满载着荷枪实弹的宪兵，在京沪线无锡西部与学生请愿列车相遇。气势汹汹的宪兵拆除铁路上的轨道后，包围了学生列车，双方各不相让，对峙了一整夜。斗志昂扬的学生站在车厢上轮番高声演讲，讲述国家命运危在旦夕，呼吁国人团结抗日。

在学生演讲中，那些张牙舞爪的宪兵狼狈不堪。有的学生在讲话时故意引用蒋介石的话语，每当提到“蒋委员长”时，宪兵们照例全体立正。因频频引用，宪兵们都必须不厌其烦地立正，他们被弄得无可奈何，哭笑不得。

为了保护请愿队伍的安全，学生们自愿组成了纠察队，并派人与宪兵交涉。暨南大学有几个勇敢的女同学也参加了纠察队，站到列车前面与全副武装的宪兵怒目而视。其中有一位女同学，长着一头飘逸秀发，眼睛充满青春活力，英姿飒爽，面对前来镇压的国民党宪兵毫无惧色地宣传团结抗日，摆事实，讲道理，义正词严，表现突出，梁灵光对她十分钦佩，留下了深刻的印象。后来得知这位女生叫朱含章。也许是天赐良缘，此后两人多次偶遇，志同道合，擦出了爱情的火花。

铁路被破坏，宪兵不退让，学生请愿列车无法前进。学生们随机应变，全部步行进入无锡市区游行示威，抗议南京政府的无理阻挠。无锡市政府派出大批宪兵，把一个个学生强行推上火车，再由军队押送返回上海。

上海学生前往南京游行虽遭受挫折，但没有气馁，更多的人进一步看清了国民党政府对内镇压、对外献媚的丑恶面目。暨南大学学生率先成立了学生抗日救国会，在暨大宿舍寄宿的梁灵光以抗日青年团员身份参加活动。此后，抗日救国会的一些会议和活动，经常在他的宿舍进行。

不久，暨南大学也组织了抗日青年团，十分活跃，梁灵光成了其中的积极分子。随着国共两党斗争的尖锐化，国民党“CC派”等特务组织成员潜入学生内部，逮捕了一些共产党人和进步学生，并开始监视梁灵光。当时，他家在上海的商店已破产，经济来源断绝。他找地下党员，要求协助到革命圣地延安去。后来被告知，上海通往陕北的秘密交通渠道已被切断了，无法如愿成行。经抗日青年团组织同意，决定暂时前往马来亚等待时机。临行前，一位代号“老王”的地下党人跟他谈话，说中共与马共（马来亚共产党）并无组织上的联系，到马来亚后可根据当地实际情况开展工作（直到新中国成立后很久，梁灵光才知道这位“老王”，就是曾任周恩来总理秘书和外交部部长助理的陈家康）。

第三章 逃亡海外

“身在曹营心在汉”

马来亚，旧称马来半岛，今马来西亚的一部分，也称西马来西亚，南与新加坡相隔柔佛海峡，北与泰国接境，面积13万平方公里，比中国的广东还要小。大部分地区是山地，沿海为冲积平原，属热带雨林气候。历史上，马来亚灾难重重。从16世纪开始，相继遭到葡、荷等殖民者的侵略。19世纪20年代起，逐步沦为英殖民地。第二次世界大战时，被日本占领，当地人民进行了英勇的抗日斗争。日本投降后，英国又恢复了殖民统治。1948年成立联合邦，1957年宣布独立。1963年和新加坡（1965年退出）、沙捞越、沙巴合并，组成马来西亚，是“英联邦”成员国。1974年同中国建交。总面积33万平方公里，人口2 000多万，以马来人为主。

很久很久以前，众多福建人、广东人远渡重洋到马来亚艰难谋生，拼搏创业，在那里土生土长的许多后裔把马来亚视为自己的第二故乡。后来华侨和他们的后裔人数与日俱增，约占当地总人口的三分之一。其中具有相当经济实力和社会地位的不乏其人，著名侨领和侨商陈嘉庚、胡文虎、李光前等便是其中的佼佼者。

马来亚的华侨及其后裔遍及各城市和农村，长期以来和当地人民和睦相处，具有爱国、爱乡、爱中华民族文化的光荣传统，由他们捐资创办的华文学校遍及城乡。梁灵光的哥哥梁披云，就是于1934年应同乡好友邀请往马来亚首府吉隆坡尊孔中学任教的。第三年，又兼任当地华文报《益群报》总编辑。

梁灵光从上海回厦门坐船往马来亚前，曾与哥哥取得联系。但因《益群报》旗帜鲜明地宣传华侨团结抗日，反对内战，受到英殖民当局刁难，梁披云被迫离境转到印尼。庆幸的是，梁披云离开之前已向尊孔中学推荐了弟弟，梁灵光于1936年6月间从厦门坐船取道新加坡到达吉隆坡后顺利进入该校。

梁灵光虽然高中尚未毕业，但艺高胆大，肩负初中二年级主任重任，教授语文、数学等重点课程，还兼教小学部，每周18节课，压力不轻。待遇还算中上水平，月薪60元马币（折合中国币值约120块银元），免费在校住宿，伙食费为10多元。对工资的支配，梁灵光实行“三三制”，即三分之一寄回厦门孝敬母亲，三分之一自用，余下的储存起来。

梁灵光虽在异域他乡当老师，但“身在曹营心在汉”，念念不忘自己的主要使命。在和同学们的思想感情逐步沟通后，利用授课时结合介绍祖国面临的严峻形势，揭露日本帝国主义侵略中国的野心和罪行。他现身说法，讲得生动逼真，扣人心弦，激发了学生们的爱国、爱乡热情。

梁灵光在向同学们进行爱国主义教育时，以切身体验引导大家阅读鲁迅、茅盾、巴金等名家的文学作品，使那些土生土长的华侨后裔更多地了解中华文化和祖国历史，从思想感情上拉近与祖国的距离，使他们懂得反抗日本侵略，不仅祖国同胞责无旁贷，也是每一位华侨及其后代的责任和义务。梁灵光就这样潜移默化培养和团结了一大批进步学生。

组建左翼作家联盟

尊孔中学创办于20世纪初，是马来亚很有名气的华校，早就有马来亚共产党直接领导下的共青团组织在秘密活动（在福建、广东的归侨中，很多是该校的师生）。

从梁灵光踏入尊孔中学开始，校共青团便密切关注他的言行。一天，读高中的一位共青团负责人找梁灵光谈话后，介绍他到一间咖啡馆小楼上会见阿陈（真名陈石）。为了避人耳目，两人对坐在一个角落的座位上，悠然自得地品尝当地的特产咖啡，好似久别重逢的乡亲在倾吐衷情。梁灵光把祖国时局作了详尽的介绍，对方也仔细讲述了当地的政治环境，特别是马共与英国殖民统治者的斗争和当地反帝统一战线的情况，希望梁灵光利用自己的合法身份，在教育界和学生中建立反帝抗日组织，开展革命活动。

梁灵光如鱼得水，更加频繁地进行宣传和串联活动，争取和团结了一批思想进步的积极分子，先后按不同对象组建了雪莪兰邦反帝大同盟、华侨抗日救国会和左翼作家联盟，并被推举为这些组织的首任主席。

后来得知，阿陈祖籍广东，是马共中央候补委员、雪莪兰邦（今雪莪兰州）地委书记。按照约定，梁灵光每月与他秘密碰头一次，向他汇报工作和接受指示。梁灵光除了完成教学任务之外，就是不遗余力地开展抗日反帝工作，在文化教育界和中学生中发展成员，促进各组织的队伍日益壮大。与此同时，梁灵光还撰写许多宣传抗日文章，寄到新加坡著名侨领胡文虎创办的《星洲日报》发表，并组织发动左翼作家联盟成员向当地和新加坡的报刊投稿，以文学为武器，宣传反殖民统治和爱国抗日思想。此外，梁灵光还秘密组织读书会、举办座谈会等，讨论当前形势，传播革命思想，收到了很好的效果。

据梁灵光回忆，不少加入反帝同盟的成员，后来都成为马共的骨干。而其他成员，回到祖国后都表现不俗，有的在抗日战争中英勇牺牲，有的成为归侨作家，有的在党政机关任职。

第四章 回国抗日

到敌人后方去

穷凶极恶的日本帝国主义为了实现灭亡中国、独霸亚洲的梦想，于1937年7月7日向驻北平（今北京）西南宛平县卢沟桥的中国军队发动进攻。驻军奋起抗击，抗日战争从此开始，中华民族到了生死存亡的关头。这就是震惊中外的“七七”事变，也叫卢沟桥事变。

7月8日，中共中央通电全国，号召筑成民族统一战线的坚固长城抵抗日本侵略。15日，中共中央向国民党递交了《中共中央为公布国共合作宣言》（简称《宣言》），提出以《宣言》作为两党合作的政治基础，发动全国抗战。

8月13日，日军大举进攻上海，直接威胁国民党南京政府统治。

9月22日，国民党中央通讯社发表上述《宣言》。次日，蒋介石发表谈话，承认中共合法地位和同意国共两党实行第二次合作。这标志着以国共两党为主体的抗日民族统一战线正式形成，全国出现了国共两党共同抗日的战略态势。接着，国共两党协议，分别担负正面战场和敌后战场的作战任务，共产党领导的工农红军主力改编为中国革命军第八路军（简称八路军）北上抗日，留在南方八省的游击队改编为中国革命军陆军新编第四军（简称新四军）。

日本发动侵华战争，促使全国人民空前团结起来共赴国难，同时激起了海外炎黄子孙的抗日怒潮。正在马来亚华校任教的梁灵光，更是义愤填膺，毅然决定回国参战，和祖国人民一道抗击日本侵略者，表现了海外赤子“一寸丹心唯报国，誓将马革裹尸还”的爱国情操和民族气节。

梁灵光得到了马来亚共产党的同意和支持，做了必要的准备后，于同年10月和当地一位华侨小学校长郑枢俊结伴踏上了征途。他们从吉隆坡出发，路经新加坡，拜访了著名侨领陈嘉庚创办的《南洋商报》负责人，接受了回到祖国后任该报特派战地记者的邀请，采写抗日前线新闻。

他们从新加坡乘邮轮经南海北上，在茫茫大海颠簸了七个昼夜才到达香港。梁灵光来不及回福建看望朝思暮想的母亲，便马不停蹄地和同伴从水路前往战火纷飞的上海。

当时，日军已在杭州湾登陆，接着攻陷松江，驻上海中国军队往后撤退，只留下一个团的兵力作后卫。团长谢晋元率部顽强抵抗，日军损失惨重，仍不能攻下四行仓库。

因梁灵光一直与上海的地下党保持联系，当他抵达上海后，地下党联系人便向他转达中共中央的一份文件精神，主要介绍了当前形势和抗战方针，并号召有志之士投身到敌后，开展游击战。地下党联系人还对梁灵光说："你过去在党领导下工作了好几年，已经有些经验，可直接到敌后开展工作。"

梁灵光毫不犹豫，愉快地接受了任务，决定与一起回来的郑枢俊跨过长江北上，前往苏北涟水县。那里是郑的故乡，可能会有利于发动群众，开展游击活动。途经镇江时，梁灵光特地看望了从上海暨南大学毕业后待在家中的女友朱含章。多少年，两人相去万里，各在一方，相思不相见，海阔音信稀。如今久别重逢，喜出望外，少不了倾心吐胆，万语千言。

这时，日军已逼近苏皖，国民党中央政府已迁往武汉，到处兵荒马乱，交通紧张，衣衫褴褛的逃难群众络绎不绝。梁灵光和郑枢俊两人，好不容易才到达苏北中部的涟水县。县里的地主、劣绅多，土匪也多，当地政府消极抗战。因此，尽管梁、郑两人努力组织抗日武装，却成效不大。

转眼间，几个月过去了，1938年新春佳节将至，梁灵光利用空隙前往宝应县见女友朱含章（前不久举家从镇江迁来宝应），得到女友一家大小的热情款待。在欢度节日的时候，梁、朱一对恋人互相表达了永结连理、百年偕老的心声。朱含章的父母亲为他们的美满婚姻举杯庆贺。

春风送暖，草木翠绿，千家万户新桃换旧符。新年刚过，梁灵光依依不舍地告别了未婚妻朱含章，前往江苏省政府所在地淮阴市。通过郑枢俊的关系，两人一起担任该省战时动员委员会视察委员，负责检查督促各地组织群众进行抗日活动。

此前，江苏省政府代主席兼战时动员委员会主任韩德勤的心腹鲍淑明，曾书面请示韩德勤，拟任梁、郑两人为视察委员，韩疑惑不解，问鲍：“他们两人在南洋教书安安稳稳的，怎么跑回来干这个冒险的事?”鲍回答道：“可能他们两人在南洋活得不耐烦了!”韩听了哈哈一笑，左手搔搔后脑，右手提笔在报告上批了“同意”两字。后来，鲍淑明说起此事，梁灵光不禁哑然失笑。

组建抗日武装

1938 年 5 月，著名的鲁南台儿庄战役歼灭日军万余人，这是抗战以来中国军队在正面战场取得的最重大的胜利，又一次粉碎了“日军不可战胜”的神话。

不甘心失败的日本侵略军调整了部署，集结兵力攻占了苏北重镇徐州，苏北一带形势危急。梁灵光和郑枢俊等抓住机会组建了一支抗日武装队伍，江苏省政府给予“江苏省民众抗日自卫第一支队”番号（简称抗支队）。省政府代主席韩德勤派同乡吴卫久任支队长，郑任副支队长，梁任支队政治处主任。后因吴卫久被任命为如皋县县长，整个队伍随即南进如皋。吴卫久忙于政务，郑枢俊又经常因故前往上海，梁灵光成了支队的实际负责人。吴卫久见梁灵光表现不错，还给了他一个“如皋县战时动员委员会组织部长”的头衔，主持委员会日常工作。梁灵光利用自己的特殊身份，与中共江北特区委员会的陈伟达等保持密切联系，并把从上海来的一批共产党员和抗日青年吸收到抗战支队政治处，以县战时动员委员会名义，发动群众支持抗日前线。

抗战支队是临时组建的队伍，成分复杂，素质不高，封建关系根深蒂固。梁灵光还开始意识到吴、郑的动机不纯，抗日不力，在他们的控制下很难把抗支队改造成为坚强的抗日力量。刚好陈伟达送来了信息，说离如皋县不远的南通市唐家闸一间工厂的工人抗日热情很高，正在酝酿成立武装，并物色了王治平等几个骨干分子，但必须有一个正式番号，才能在地方上站住脚跟开展活动。梁灵光大喜过望，协助他们很快取得“抗战支队南通第一独立分队”番号，由王治平任队长。这支以工人为主体的队伍，纪律严明，积极抗日，附近一些厂家和开明地主也竭力支持，捐钱捐物，初步解决了部队的日常供给和武器装备。参加支队的人数不断增加，有农民、职员、学生，还有女工人，迅速发展到成立第二、第三分队，后来又组建了中队。这支队伍，经常袭击小股日伪军，打击滋扰地方的土匪，团结友军共同抗日，配合敌占区工厂工人破坏敌人军需生产。为了便于领导，梁灵光还设法把这支队伍并入实际上由他自己指挥的抗战支队第二大队。

随着形势的发展，抗战支队升格为旅级编制，下设两个总队。梁灵光任第二总队队长，该队设在苏南的海门。总队下设三个大队，其中第二大队工农出身多，进步青年多，较高觉悟的人多，有的干部和士兵是中共党员或参加过红十四军，是梁灵光重点培养和主要依靠的力量。

梁灵光很有创造性，不单抓军事，还在农村中举办农民识字班，帮助农民提高文化水平，成立农民消费合作社，减轻农民经济负担，以及组织儿童团、农民自卫队等，搞得朝气蓬勃。

在海门，梁灵光还有一件大喜事。1939 年 4 月，在战火纷飞中相恋多年，又曾天各一方的青年情侣梁灵光和朱含章洞房花烛，喜结良缘。身为抗战支队的“上层人物”，梁灵光只在县政府办了两桌酒席，邀请几位同事和朋友。含章的父亲和弟妹都从宝应县远道而来参加形式简朴但幸福甜蜜的婚礼。由于局势紧张，朱含章的父亲和弟妹们在县城住了几天便回宝应去了。从此，梁灵光有了自己幸福的小家庭，朱含章跟随丈夫参加了抗日斗争。

抗日战争中，梁灵光和朱含章结婚。后来长女出生，取名梁抗。

然而，斗争并不是一帆风顺，归侨也不全是一片丹心。和梁灵光一起从马来亚回来参加抗日的郑枢俊，自 1939 年春节被江苏省政府任命为海门县长后，忘记了报效祖国的初衷，权力欲望急剧膨胀，亦步亦趋向国民党顽固势力靠拢，制造了亲者痛仇者快的事件。

郑枢俊原任抗支队主要负责人，其中第一大队是他一手纠集起来的，大多数是他的同乡，视为自己的“嫡系部队”。这支队伍，还混进了不少流氓、土匪和反动会成员等社会渣滓，抢掠钱财、强奸民女等事时有发生，影响极坏。梁灵光曾多次与郑商量，建议把这个大队进行一次彻底整顿。郑不仅不同意，反而对梁怀恨在心。

1939 年 10 月间，树树秋声，山山寒色。郑枢俊终于下毒手了，他趁梁灵光因公离开海门的机会，勾结国民党右派控制的保安队，并煽动他自己直接指挥的第一大队，向驻扎在海门凤凰桥的第二大队发动突然袭击。第二大队战士一时不明真相，被迫放下武装，整个队伍随之解体。同一天，省保安旅又对第二大队选送到外地培训的 10 多名班排干部进行包围缴械。

梁灵光回来后见状十分气愤，严词责问郑枢俊背信弃义，违反了抗日救亡的大方向，郑理屈词穷。

和陈毅在一起

在波澜壮阔的全民抗战中，长城内外，黄河上下，到处燃起了抗日烽火。1939 年 9 月第二次世界大战爆发后，国内形势发生了重大的变化，抗战进入了相持阶段。日本侵略军改变了策略，对国民党以政治诱降为主，以军事打击为辅。国民党顽固派则采取消极抗日、积极反共的方针。共产党坚持与国民党既联合又斗争，以斗争求团结的政策，以巩固共同抗日的局面。

1940 年初，中共中央指示新四军：“向南巩固，向东作战，向北发展。”根据这一指示，由陈毅任司令的第一支队辖下挺进纵队渡过了长江，到达江苏中部的江都，建立了向北发展的桥头堡。同年 4 月 1 日，八路军黄克诚率部南下抵达河南的淮北，准备与挺进苏北的新四军汇合。为了阻止八路军继续南下，国民党顽固派头子韩德勤急忙把抗战支队改编为由他直接指挥的苏北游击第二纵队，下设第一、二支队。第一支队由他的亲信任队长，第二支队由梁灵光任队长（根据中共文件中关于不在友军发展党员的规定，此时梁尚未入党）。第二支队下辖2个大队5个中队，经梁灵光的挑选和支持，在这些大、中队中大多由中共党员担任领导或者建立了党的组织，整个队伍素质较高，有较强的战斗力。

1940年4月，韩德勤电令苏北游击第二纵队北上泗阳，并调动保安部队到盐阜地区，准备和八路军、新四军进行较量。根据当时形势，梁灵光领导的第二支队有三种选择：第一，拒绝北上，留在原地坚持游击战；第二，武装起义，投奔新四军，但路途遥远，国民党处处设防，不易通过；第三，听从调动，随大部队北上，靠近八路军或新四军时，见机行事。经反复比较，梁灵光决定，在选择北上的同时，组织部队起义。为了具体落实起义时的联络方法、地点、信号等，经中共泰州工委介绍，梁灵光见到了新四军挺进纵队政委叶飞。叶飞说可以发电报和八路军联系，并要梁尽快做好起义的具体部署。出乎意料的是，在梁还没有回到部队时，支队第一大队在和八路军接触后便在战场起义，后续部队第二大队中几个中队干部对情况变化估计不足，未能及时起义，反而被国民党韩德勤亲信带领的两个营袭击，造成流血事件，死伤多人。

这次流血事件后，梁灵光一时无法返回驻地，叶飞要他暂时留在新四军挺进队。在一次军人大会上，梁灵光应邀发言介绍苏北情况。他说，在目前的苏北地区，日伪军力量暂时处于优势，其次是以江苏省政府主席兼鲁苏战区副司令韩德勤为首的国民党顽固派，再次是以李明扬、李长江为首的政治上动摇不定的地方实力派，而新四军力量依然较为薄弱。我们必须遵照中共中原局的指示，发动群众，开展工作，壮大队伍，增强实力。

由于日军对挺进队所在的吴家桥地区进行大举扫荡，挺进纵队转移到附近的两李（李明扬、李长江）的防区郭村。韩德勤趁机煽动两李于1940年6月调动13个团兵力向挺进队发动进攻。叶飞利用两李部队互不配合的弱点，指挥只有一个多团的挺进纵队采取积极防御、灵活机动的战术，逐个击退来犯之敌。在昼夜兼程200余里前来增援的苏皖支队的配合下，挺进纵队主动出击，消灭了两李部队的3个团。数天后，在两李部队担任八支队长的共产党员陈玉生等率部起义成功。挺进纵队和其内外夹攻，把两李部队打得狼奔豕突。

7月初，陈毅司令来到了郭村，对郭村之战作了精彩的总结。他说，战役和战术上的胜利，不等于战略上的胜利。我们要打开苏北的局面，非把韩德勤打败不可。要打败韩德勤，必须争取两李中立，不要逼他们过甚，逼得他们投靠韩德勤。这一仗，究竟把两李打到韩德勤那边去，还是拉到新四军这边来，这就要看我们的政策和策略的威力了。

这是梁灵光第一次聆听陈毅作报告，他茅塞顿开，深受启发，原来打胜仗了，还有那么多学问。

为了祝贺挺进纵队接连取得的胜利，政委叶飞特地邀请陈毅和梁灵光等人到一家小馆子吃饭。陈毅兴致勃勃，卷起袖子，亲自下厨做了一个颇有四川风味的回锅肉，色香味俱全，大家吃得津津有味，赞不绝口。陈毅笑道："好，下次再打胜仗，我请大家吃更丰富的四川菜。"

在梁灵光的心目中，曾参加南昌起义，并和朱老总一起率部上井冈山的陈毅，经验丰富，谋略过人，品格高尚，意志顽强，是自己的长者和楷模。梁灵光还特别钦佩陈毅的口才，说他作报告口若悬河，深入浅出，生动活泼，很受群众欢迎，每次都收到很好的效果，是善于做群众工作的宣传鼓动家。

陈毅的工作特别忙，一方面要领导抗日根据地的建设和广泛开展抗日统一战线工作，另一方面还要做好反击国民党顽固势力进攻的准备。但是，他性格开朗，兴趣广泛，常忙里偷闲，吟诗、下围棋、打篮球样样都行，说是可以在紧张的战斗生活中陶冶情操，放松神经，利于再战。驻地附近的中学有一个篮球场，陈毅喜欢找叶飞、吉洛（姬鹏飞）和梁灵光等一批战友到那里打篮球。比陈毅小10多岁的梁灵光，年轻气盛，身强体壮，读中学的时候就是一个不错的篮球运动员，敢冲、灵活、投篮命中率高，本想在首长们面前表现一下，但又怕碰撞首长，不小心伤了他们，显得缩手缩脚。陈毅看他这样子，不禁用带浓厚四川口音的普通话说："小梁，怕啥子，上嘛，拿出你的真本事！"

一天傍晚，打完了一场球，大家准备吃饭去了，陈毅还不过瘾，硬拉着大家回来非再打一场不可。尽管他年过40，依然全场奔跑，进攻、防守、投篮、抢篮板，样样都少不了，且毫无倦意。直到天黑了，看不清球的影子了，他才罢休。

“开了县长亲自带兵打仗的先例”

1940 年 7 月，全面抗战进入了第三个年头。日本帝国主义侵略军由于战场逐步扩大，战线随之拉长，军力、物力、财力大量消耗，特别受到各地的敌后战场的严重威胁，不得不放缓对正面战场的进攻，将进攻重点转移到敌后解放区。与此同时，共产党领导的抗日军队迅速发展，由 3 年前的 4 万人猛增到 50 万人，根据地和游击区不断扩大，总人口近 1 亿。在广大敌后，抗击着半数以上的侵略军和几乎全部伪军。抗日战争已发展为中国历史上从来没有过的全国范围的反侵略战争。

在苏北地区，形势的发展同样很快，共产党直接领导的抗日武装力量和根据地迅速扩大，建立了统一领导苏北的苏北区党委和如皋中心县委。

1940 年 8 月，时入残夏，仍值伏天。草木苍苍，蜂蝶同舞。20 多岁的青年梁灵光迎来了永远难忘的日子：他被任命为如皋县县长，接着光荣地参加了中国共产党，从一个爱国归侨青年成为一名共产主义战士，踏上了新的征途。

万事起头难。如皋县政府成立之初，人手少，工作忙，千头万绪。“新官上任三把火”，梁灵光走马上任后的第一把火就是花大力气发动群众，组织群众开展抗日民族统一战线工作，把一切积极因素调动起来，抗击日寇和反击顽固势力。一次，他以中心县委和县政府名义召开各阶层代表会议，到会的代表十分踊跃，许多群众闻讯也纷纷赶来旁听，共 1 000 多人，连通道上也站满了人，整个会场挤得水泄不通。梁灵光作了国内外形势报告，并阐述了共产党的统一战线政策和减租减息政策，号召各界人民一致对外，奋起抗战，坚决打败侵略者。他的报告富于鼓动性和感染力，各阶层的听众很受鼓舞。当晚，群众自发举行规模空前的大游行，大家高举红旗、火把，沿途高喊“打倒日本帝国主义”等口号。参加游行的人数不断增加，群情激昂，声势浩大。

梁灵光因势利导，派出工作队下乡发动群众建立农抗会，改造和建立区级政权，实行减租减息。紧接着，开始筹备组织各级抗日武装。很快，县和各区、乡普遍组织了抗日武装队伍，还有一大批青年参加了新四军，全县出现了抗战新局面。

新四军和地方抗日武装的日益壮大，以及苏北根据地的不断扩大，激怒了国民党顽固派韩德勤一伙。韩对新四军恨之入骨，多次口出狂言，要将新四军赶下长江喂鱼，气焰十分嚣张。

1940 年秋，韩德勤出动 5 000 兵力向新四军驻地发动猖狂进攻，被我军打得落花流水，仓皇而逃。我军还收复了如皋西北的姜堰市，建立了以黄桥为中心的抗日根据地。一个月后，韩德勤不甘心失败，又调动国民党八十九军等 17 000 人，分兵几路扑向黄桥。新四军 3 个纵队 9 个团共7 000 多人，由陈毅、粟裕指挥迎战。经过两昼夜激战，获得空前大捷，歼灭韩德勤主力部队八十九军三十三师、一一七师、独立第六旅、保安三旅和保安五旅大部分兵力，共 11 000 多人，八十九军中将军长狼狈逃跑时掉进河里淹死，独立第六旅中将旅长自杀，还有一个师长当了俘虏。这就是抗战史上的“黄桥决战”。

在这次决战中，如皋县长梁灵光不单发动群众筹集粮食支援前方作战，组织抗日自卫队袭击顽军，还亲自带领县抗日武装配合主力作战。他不怕牺牲，身先士卒，冲锋陷阵，在枪林弹雨中，表现了一个共产党员的高尚品质和优良作风。在他的指挥和鼓舞下，县抗日武装打了一个大胜仗。后来在苏北区党委召开的总结会上，党委副书记陈丕显热情赞扬梁灵光：“开了县长亲自带兵打仗的先例。”

孤胆英雄擒元凶

黄桥决战的胜利，使得新四军的军威大振，新四军接着解放了苏北广大地区，通扬运河以西大部分地区也在新四军控制之下。1940 年 10 月，陈毅率领苏北指挥部机关和直属部队北上海安，与南下的八路军黄克诚部队胜利会师，打开了华中抗战的新局面。

为了适应继续向东南发展新区的需要，新四军苏北指挥部决定成立南通中心县委代替原来的如皋中心县委，在党内还新成立了军政委员会。在一次研究确定新区人选的会议上，梁灵光挺身而出，主动请求到情况复杂的南通县去开辟新的根据地。上级考虑到他年轻有为，在任如皋县长时成绩显著，同意他的请求，并任命他为南通县县长兼保安旅长。

南通地处长江入海口北岸，既有战略意义，又是鱼米之乡。可是，困难也不少。一方面，这里的国民党顽固势力和封建地主势力较为集中，国民党县长何润章兼任保安旅长，集军政大权于一身，有相当实力。另一方面，县里的中共地下党员少，而且都不在军政部门，群众基础也比较薄弱。

当新四军准备派梁灵光任该县县长兼保安旅长的消息传出去后，何润章惊慌失措，立即召开国民党军政头目和地方土豪劣绅会议，决定武力对抗，宣布县政府所在地北兴桥镇实行戒严，命令部队进入战备状态，并在各交通要道挖战壕、叠沙包和架设铁丝网，企图与新四军决一死战。局势紧张，恶战一触即发。

梁灵光临危不惧，镇定自若，借鉴古人“知己知彼，百战不殆”的用兵之法，对该县情况进行深入调查研究，决定运用抗日统一战线政策，并发挥前不久黄桥决战威力，采用“稳定局势，力争合作，利用矛盾，各个击破”的方针。

梁灵光发现县保安旅内部存在着国民党江苏省主席韩德勤亲信泗阳派和南通县地方派的深刻矛盾，便在敌人内部进行策反工作，争取了在保安旅一团中具有实力的地方派的一位中校的支持，还商定了具体步骤，准备里应外合。

兵贵神速，机不可失。当时的情况不断变化，形势发展很快，来不及做更多的准备工作。梁灵光要求领导尽早下达命令前往接管，说：“何润章正在磨刀霍霍，趁他与曾镇压红十四军的反动地主陈又奇等封建势力尚未勾结起来之前，应及早行动，否则斗争就会更加复杂。”为了保证工作的顺利进行和梁灵光的个人安全，南通中心县委领导原来打算调遣一个全部盒子枪装备的侦察连送梁上任。梁灵光沉思片刻，充满信心地说：“为了避免误会和打草惊蛇，还是不带兵为好。”

1940 年隆冬的一个下午，朔风凛冽，寒气袭人。24 岁的梁灵光带着一名秘书和一名警卫，骑着破旧的自行车，从驻地出发前往 30 多里外的北兴桥镇。在那位国民党南通县保安旅中校的掩护下，梁灵光不顾个人安危，神色镇定，顺利通过层层设防，进入何润章的办公室。梁灵光的突然出现，使往日气焰嚣张的何润章大惊失色，不知所措。与此同时，那位中校下令解除了县警卫排武装，切断了办公楼同外界的一切联系；保安旅旅部武装也被缴械，保安旅的副旅长和一名团长被扣押。当何润章未知真相，惊魂未定的时候，梁灵光向他郑重宣读了关于接管南通的命令。何润章见大势已去，回天乏术，露出了苦笑，言不由衷地说：“你们来得很好！”

那天晚上，为了防止何润章逃跑，梁灵光、警卫员洪刚和他同住在一个房间里，警惕地注意着一切动静。深更半夜了，传出“格、格、格”的响声，梁灵光侧耳细听，暗中观察，没有发现异常迹象。过了一会，响声更大了，且连续不断。梁灵光不敢大意，起床巡视，终于发现这响声来自何润章睡着的铁床，原来这个曾不可一世、气焰嚣张的县长在不停地发抖。的确，他害怕了，回忆当天发生的一切，不仅身边最可靠的警卫排被缴械，保安旅武装也没有了，副旅长和一名团长等亲信又被扣押起来，一切赖于反抗的力量土崩瓦解了，下一步恐怕就轮到自己了。他越想越怕，感到自己安危难料，生死未卜，身不由己地发抖不止。

第二天上午，梁灵光公开宣布新四军正式接管南通县，并把何润章扣押起来。何润章等地方顽固势力妄图反抗的阴谋彻底破灭了。消息传开，全县人民欢欣鼓舞。孤胆英雄擒元凶的故事，从此广为传颂。

经过几天的筹备，梁灵光在县行政会议上宣布南通县抗日民主政府正式成立，由梁灵光任县长兼保安旅长，同时进一步阐明党的相关政策和县的施政纲领。

就这样，梁灵光兵不血刃，迅雷不及掩耳地胜利接管了南通，开辟了新的解放区。

这是年轻的梁灵光抗战以来第二次当县长了。新的人民政权给人们耳目一新的感觉。与上一次当县长时不一样的是，除了坚决贯彻执行党的方针政策和上级指示外，梁灵光采取了一些具体的新措施：

一曰政治民主。在政权机构领导人员中，共产党不包办代替，实行“三三制”，共产党员、进步分子、中间人士各占三分之一。

二曰留去自由。旧政府工作人员，既往不咎，实行留去自由，悉听尊便。

三曰澄清吏治。一切工作人员必须清廉奉公，不得徇私枉法。

四曰为民申冤。经认真甄别后，释放被旧政权关押的无辜百姓。

这些措施，得到了人民群众的欢迎和拥护，南通县群众奔走相告，赞扬抗日民主政府带来了新气象。

“梁灵光，真灵”

1941年至1942年，是抗日战争最艰难的岁月。在德国法西斯发动侵略苏联战争后，日本偷袭珍珠港，挑起了太平洋战争，掠夺了美、英很多殖民地，整个世界卷入了空前的战争灾难，使中国的抗日战争和世界人民的反法西斯斗争结合在一起。

日本帝国主义为了把中国变为它在太平洋战争中的后方基地，更加疯狂地对中国沦陷区进行掠夺和对解放区进行进攻。

与德、日的暂时胜利相互呼应，中国国民党内部反共、反人民和投敌活动十分猖獗。1941年1月4日，新四军军部及1个支队9 000多人由云岭出发北移，6日在皖南泾县茂林地区遭国民党军80 000余人伏击，血战7昼夜，除2 000余人突围外，2 000余人壮烈牺牲，其余4 500余人被俘，军长叶挺谈判被扣，副军长项英等突围中遇难。这就是蒋介石蓄意制造的破坏抗战的“皖南事变”。新四军遭到了重大挫折，但很快在苏北盐城重建队伍，坚持抗战。中共中央军委任命陈毅为代军长，刘少奇为政治委员。新四军整编后，改为7个师1个独立团。苏北指挥部所属部队改编为新四军第一师，并兼苏中军区，由粟裕任师长兼司令，刘炎任政委。

梁灵光对国民党顽固派制造“皖南事变”的罪行无比愤慨，并意识到日后的斗争都会变得更加残酷。他想，新建立的南通抗日民主政权，处于日、伪、顽三面夹击之下，要坚持斗争，必须建立一支政治可靠、力量强大的人民武装。

他刚接管的南通县保安旅内部复杂，存在很多不稳定的因素。原国民党保安旅的那位中校任新编保安旅一团团长，在接管旧政权时立了功，但个人野心大，想当旅长，还到处散布流言蜚语，挑拨离间，后来发展到与伪军、土豪劣绅相勾结，妄图密谋杀害梁灵光后自封旅长，再率部叛变投敌。

梁灵光和县委一班人研究决定，在我方军事力量相对较弱的情况下，先发制人，打对方个措手不及。在一次军事会议上，梁灵光宣布了那个中校团长等人消极抗日、积极反共、阴谋叛变的罪行，随即把他们扣押起来送到军分区军法处。审讯结果，罪证确凿，他们受到了最严厉的惩罚。这次行动，计划周密，措施果断，不费一枪一弹，清除了抗日队伍隐藏的定时炸弹。老百姓交口称赞新政权为民除害，并赞扬说："梁灵光，真灵！"

保安旅在处理县内部潜伏的反动势力后，进行了整编，成立县警卫团，梁灵光兼团长，由两位共产党员分任副团长和政委，加强了对警卫团的领导。后来根据中共中央关于实行主力部队地方化的指示，新四军一师三旅九团与南通警卫团合并，仍命梁灵光兼团长，韩念龙任政治处主任。警卫团下设4个营、1个独立营。这个独立营能征善战，在打击日伪军、消灭土匪和保卫政权中发挥了特别重要的作用，被当地群众称为"老虎营"。

在加强县的主力部队警卫团建设的同时，县委、县政府还把建设和发展区、乡武装作为根据地建设的一项重要内容。起初，由于缺乏经验，存在"拉夫"现象，人员素质不高，有的地方还混进了一些土匪、流氓，甚至发生过内外勾结偷袭部队、拖枪叛变和枪杀干部等事件。经过数次血的教训，县委、县政府在发展地方武装中注意了对成员的审查，加强对部队的领导和思想工作，使部队在斗争中得到巩固和发展。经过春、秋两次反"扫荡"及多次考验，全县武装队伍有了长足发展，到1941年冬共有民兵自卫队30 000余人，第二年初又成立了县人民自卫总队，队伍素质和战斗力也大大提高。

农民得到了实惠

在新的南通县政府成立后，身为县长兼保安旅长的梁灵光，主要直接抓武装斗争、政权建设和统战工作。县警卫团的充实和扩大，各区自卫队的建立和壮大，使梁灵光松了一口气，从而把工作重点放在进一步开展抗日统一战线和加强根据地政权建设上。

梁灵光不搞唯我独尊、孤家寡人，而是主张门户洞开、任人唯贤，把一批愿意与共产党合作的、坚持抗日的旧县政府工作人员和教育界知名人士挽留下来，让他们心情愉快地发挥才干。对地方上的开明士绅和具有正义感的上层人物，梁灵光亲自登门拜访，向他们阐述共产党的抗日民族统一战线政策，以诚相见，以理服人，期盼他们以民族前途、国家命运为重，尽早加入抗战行列。为了利于更广泛地团结各阶层人士共同抗日，县政府召开了首次临时参政会议，成立了南通县临时参政会。紧接着，各区的参政会相继成立，吸收了更多的各界进步人士参加新政权工作，增进了共产党与党外人士的了解，结成了更加广泛的抗日统一战线，促进了各项工作的开展。

从1941年春开始，南通县展开声势浩大的减租减息斗争。这是调动广大农民抗日积极性和巩固根据地政权的一项重大举措。减租减息，被称之为“二五减租”和“分半减息”，就是农民缴交地租按抗战前的租额减去25%，放贷人利息不得超过1.5%，当地习惯叫“双减”。因为可以减少农民的负担，调动他们的生产积极性和抗日积极性，又调整了各抗日阶级的经济利益，团结一切可以团结的力量支持长期抗战，这一措施首先得到了广大农民群众的支持和拥护。

然而，由于长期受封建思想意识束缚和地方封建势力压迫，一些农民顾虑重重、忧心忡忡，怕减租后地主不给租田，新四军走了地主要倒算。一些不法地主又在此时趁机造谣惑众。

面对这些情况，县政府抽调一大批经过培训的干部组成工作队分赴各地，协助基层党组织和民运工作组，大张旗鼓宣传减租减息的意义，提出“减租为了抗战”，“实行二五减租，改善人民生活”，“拥护抗日民主政府，执行二五减租法令”等口号，并发挥党员和佃农积极分子的作用，走家串户发动群众。前些时候已参加工作的梁灵光的妻子朱含章，也带领一个工作队深入到穷苦农民中去，钻进茅屋，个别串联，讲解政策，耐心启发，收到了很好效果。她回到家里，还得到县长丈夫的私下表扬。

广大农民发动起来了，一些开明地主也主动实行减租，但也有的采取两面手法，公开减租，暗中却以收回租田相威胁。对边缘地区的减租减息，县政府采取比较灵活的措施，特别是靠近敌占区的地方，一般不采取群众斗争的办法，而是由参加各级参政会或各级政府中的开明绅士起带头作用，以推动工作的开展。

不断深入的减租减息运动，使广大农民得到了实惠，而且使许多贫苦农民第一次度过春荒，对建立不久的民主政权更加信赖和拥护，抗日斗争的积极性更加高涨。各地的农民抗敌协会如雨后春笋纷纷建立起来，由各界人士分别组织的教抗会、妇抗会、青抗会等各种抗日团体也陆续建立，呈现出全民抗战的喜人景象。

反“扫荡”

从1941年春开始，随着抗日形势的变化，张牙舞爪的日伪军将主要矛头对准新四军和抗日军民，日益频繁地对苏中根据地进行“扫荡”、“清剿”，妄图把根据地扼杀在摇篮之中。

梁灵光所在的南通县处于根据地前沿，日、伪、顽三面夹击，一些乡镇村落还与敌占区犬牙交错，斗争尤为尖锐、复杂。在县委、县政府的领导下，全县军民团结一致，斗志昂扬，随时准备配合新四军与来犯之敌进行你死我活的较量。

面对军事上占有优势的日伪军气势汹汹的大举“扫荡”，梁灵光利用天时、地利、人和的优势，采取灵活机动的战略战术，能打则打，战而胜之；不能打则跑，保存实力。县委、县政府领导随部队行动，时分时合，来无影，去无踪，跟敌人“捉迷藏”。

那年酷暑的一天，日伪军600余人进占南通北部的小镇五总埠，企图在此建立据点。趁敌人未站稳脚跟，梁灵光率领警卫团战士配合新四军三旅主力突然袭击。经昼夜奋战，攻入敌人阵地，毙伤日伪军80余人，俘虏30余人，打得日伪军丢盔弃甲，抱头鼠窜，取得了反“扫荡”的第一次胜利。可谓旗开得胜，大快人心。

又一次，数百名日伪军由水陆两路准备偷袭南通中部的余西镇。梁灵光获得情报后，派出警卫团二营选择有利地点进行伏击，打得敌人措手不及，毙伤和俘虏敌军百余人。

境内的金沙镇是伪军三十二师六十四旅的大本营。该旅头目心狠手辣，曾杀害共产党干部、抗日志士和无辜群众近百人。人民群众对他恨之入骨。警卫团在余西战斗后乘胜北上，向金沙镇发起猛烈攻击。经几个小时的激战，当晚进入镇内，攻占了伪警察署，活捉了伪警察局局长，全歼伪自卫队，俘虏伪军200余人，给伪军六十四旅一个沉重的打击，铲除了伪军大本营。

从日伪军开始“扫荡”至同年冬天止，南通县警卫团作战20多次，屡获全胜，消耗了日伪军的有生力量，鼓舞了人民群众的抗日情绪，同时锻炼和壮大了抗日武装，保证了根据地各项工作的顺利进行，得到了军分区的多次嘉奖。

奇袭海门

抗日战争进入1942年，依然炮火连天，硝烟弥漫，斗争形势更加险恶。日本帝国主义为了实现“以战养战”计划，对我沦陷区的掠夺和对我解放区的进攻更加疯狂。

6月间，日伪军侦悉新四军一师师部和部分机关驻在南通以南、长江北岸的海门县，于是集中2 000余兵力，由日军少将南浦襄吉、伪军苏北行营主任臧卓亲自率领，采取弧形包围战术向海门、启东地区大举“扫荡”，找寻新四军决战。新四军苏中军区、一师联合发出指示，要求各地抗日武装积极寻找战机，主动向日伪军发起攻击，借此牵制敌人，减轻海门、启东地区压力。

在得知日伪军将从南通增派大批援兵的路线后，经过多次反“扫荡”战斗的梁灵光等警卫团领导运筹帷幄，决定抓住战机，设下天罗地网，选派二营在日伪军必经之路进行伏击。战斗打响，敌人毫无准备，我军居高临下以密集炮火发动攻击，以秋风扫落叶之势打垮了敌人增援部队的一个团兵力。

为了进一步减轻海门、启东地区压力，梁灵光又决定采用孙子兵法中的“围魏救赵”之计，主动出兵奇袭日伪兵力较为薄弱的海门县城茅镇。这里的日伪军并不多，而且驻地分散，出于防备需要，他们在镇内的大街小巷都设了路障。

6月28日晚，梁灵光亲自率领警卫团二营和三营七连共4个连，冒着风雨，长途跋涉直奔茅镇，在邻县自卫团的配合下打响了战斗。警卫团和战士们胸怀抵抗日本侵略、解放中华民族的坚强意志，手持土枪、长矛、大刀和缴获的武器，前仆后继，奋勇作战，突破防线，攻入茅镇，打死打伤日伪军近百人，俘虏伪军警70多人，缴获机枪、步枪一大批。

战斗取得了初步胜利，但并未最后结束。据俘虏交代，茅镇战斗打响后，日军用24辆大卡车运送的大批增援部队正在途中。梁灵光当机立断，命令警卫团战士迅速撤出战斗。当他们押着俘虏，踩着泥泞道路撤退的时候，不到半个小时便发现一大批敌人在跟踪追击。梁灵光马上布置一个班进行阻击，战士们以一当百奋勇作战。结果，大部队安全转移了，担任阻击任务的战士寡不敌众，全部壮烈牺牲。这次奇袭，虽未能攻克茅镇，但地方武装攻入县城，在苏中四分区还是第一次。

从7月至9月间，南通警卫团还配合新四军打了好几场硬仗、恶仗，一次又一次地挫败了日伪军的“扫荡”。其中一次战斗，俘虏日伪军多达500余人，缴获机枪6挺、长短枪345支。

随着反“扫荡”的胜利，南通全县的斗争形势趋向好转，县警卫团也得到了扩充，指战员由原来的几百人发展到1 600多人。

创造了反“清乡”经验

南通抗日根据地的反“扫荡”取得了很大的胜利，但在1943年春，更艰苦的反“清乡”斗争又开始了。梁灵光面临着新的挑战和考验。

1943年在南通。

对于“清乡”这个似乎有点怪诞的词语，梁灵光并不陌生，在读历史书时他就知道，清末曾国藩镇压太平天国运动时，就曾采用“清乡”的办法。日本帝国主义为了推行“以战养战”策略，早在1940年就向伪国民政府主席汪精卫提出配合日军对抗日根据地进行“清乡”的建议。于是乎，大汉奸汪精卫以“清乡”为“国策”，在1941年初成立了“清乡”委员会，自封“委员长”。

日本侵略军首先在苏州、常州、无锡等苏南地区“清乡”，然后企图把“清乡”扩展到华中乃至华南更广阔地区。汪精卫与日军狼狈为奸，于1942年12月发出“训令”，确定“清乡”从苏南扩展到苏北包括南通、海门、启东在内的南通地区，面积3 600平方公里，人口270万。日伪投入的兵力15 000余人，其兵力之众多、部署之密集，在整个华中敌后战场是罕见的。

“兵来将挡，水来土掩。”中共华中局和苏中区党委及时制定了反“清乡”斗争的方针策略。苏中区党委还要求各地把反“清乡”作为压倒一切的中心任务。

南通地势险要，加上是苏中区党委和分区党政机关常驻之地，能不能击退日伪进攻？怎样才能战而胜之？想到这些，梁灵光更加感到肩上的担子分量重。

根据苏中区党委要求，为了适应反“清乡”斗争的需要，南通县政府采取了四项措施：

第一个措施，调整领导班子。梁灵光仍然任县长，兼警卫团团长和团党委书记，县委书记周一峰重新兼任团政委。

第二个措施，精简机构。县委、县政府合署办公，除留少数人员外，大部分疏散转移到基层坚持工作。梁灵光以身作则，把担任县委民运部长的妻子朱含章转移到乡下。

第三个措施，调整县警卫团部署。团部和各营选择有利地点，分兵把守，严阵以待。

第四个措施，重组全县行政区域。撤小区并大区，以扩大对敌回旋余地。

从1942年至1943年3月，全县还广泛深入地开展了“三冬”（冬学、冬耕、冬防）运动，进一步激发了人民群众的抗日热情，把他们组织起来，武装起来，扩大和加强了民兵、自卫队等抗日武装建设。

梁灵光他们还善于因地制宜，发动群众改造地理环境，为开展游击战创造有利条件。比如，挖断公路，或把大路改成小路，阻止敌人汽车前进；在河道筑暗坝、打暗桩或锯倒两岸树木，阻挡敌人船只、汽艇通过；拆大桥为小桥，改固定桥为活动桥，以便敌来拆桥，敌去搭桥。

为了打乱敌人的“清乡”，鼓舞群众的斗志，梁灵光他们还抓住时机主动出击，展开军事和政治攻势。1943 年 3 月，驻金沙镇伪军调防，而接防的日伪军尚在途中。抓住这个短暂的时机，由金沙区抗日武装担任警戒，区干部带动乡基干民兵和群众数千人冲进镇内，按照事前分工，彻底摧毁了敌人的营房、碉堡和其他军事设施，并对另外一部分伪军进行思想教育，分化瓦解，最后，一位营长弃暗投明，500 多人弃枪逃跑。

日军极其阴险、毒辣、残忍。他们改变了以往“扫荡”的模式，分兵几路同时出动，在方圆几十里范围中侵占大小市镇，切断交通，严密封锁，到处搜捕共产党员和抗日干部，还强拉壮丁，奸淫妇女，杀害无辜，抢掠钱财，焚烧民房。滔天罪行，罄竹难书。他们一旦得手，便不再撤退，而是分兵构筑大小据点，把根据地分割成许多小块，企图把新四军和抗日武装赶尽杀绝。

面对日伪军空前规模、凶狠的“清乡”，梁灵光采取“避实击虚”和“你打你的，我打我的”战术，率领县警卫团和抗日武装，躲开敌人强大之处，攻其力量薄弱之处，与日伪周旋。在各区抗日武装的配合下，警卫团机动灵活开展游击战，突然袭击日伪军防御薄弱的据点，打他个措手不及。在许多情况下，警卫团的独立营和个别连队，以及各区队、各乡民兵，则抓住时机各自为战，使日伪军腹背受敌，四面楚歌。

在战争中，优良的武器装备很重要，但最关键的因素是为正义而战的人。除县警卫团等主力外，区队、民兵的武器装备都是很差的，土枪、土炮、手榴弹、长矛，甚至钉耙、铁叉、扁担、菜刀、匕首等就是他们克敌制胜的武器。他们隐蔽在群众之中，发挥熟悉自然环境的优势，创造了许多新战术，巧妙地杀伤敌人；有的人还把点燃的鞭炮丢进煤油桶，响声震耳，吓得敌人以为新四军主力部队前来袭击了，惊恐万状，不得安宁。

日伪开始“清乡”后，那些卖国求荣的汉奸、特务，狗仗人势，猖獗一时。广大人民群众看在眼里，恨在心里，普遍开展锄奸斗争，把那些满手沾满人民鲜血的日伪走狗，一个个送到“阎罗王”那里“受审”。

在乡村，一些反动地主、恶霸、地痞、流氓和坚持反共的国民党人员，或趁机反攻倒算，或与日伪军相勾结。

南通上空黑云翻滚，战火连天。

1943年南通警卫团领导合影。右起：政治处副主任贾鸿、政委周一峰、团长梁灵光、政治处主任韩念龙、参谋长殷逸。

“清乡”和反“清乡”斗争在继续，形势在发展。南通县及时作出新的部署，全县武装力量以县警卫团为核心，以各区、乡基干民兵为主体，广泛开展游击战，上级党委还派来了短枪支队支援斗争。在外线作战的部分警卫团则配合新四军频频出击，取得了反“清乡”斗争的一个又一个胜利。苏中区党委在某文件中指出：这一胜利“不仅给敌伪精神上一大打击，而且为中共华中局和苏中区党委创造了反‘清乡’经验，提高了苏中区党委坚持敌后艰巨斗争的信心”。

摧毁百里“篱笆封锁线”

日伪军在南通地区的“清乡”严重受挫，但不甘心失败，于1943年10月开始了“延期清乡”，不仅在每个县组织一至两支以日军为主体的机动部队，而且在一些农村集市修筑据点，进一步加强军事“驻剿”。在战术上，实行“新策略”，采取“机动清剿与分散驻剿相结合”，“以游击对游击”的方法。他们十分狡猾，或便衣伪装小股活动，或冒充抗日军政人员刺探军情，或组成“突击组”抓捕共产党员、干部和民兵，或收买动摇分子，培植内奸。

灭绝人性的日军机动部队日夜出动，手段十分残忍。仅10月9日至21日，日军就在南通县各地抓捕群众560多人，其中有的被活埋、剥皮，有的被“点肉灯”、“灌肚肺”，有的被戳钢针、施电刑，有的被挥动的马刀乱砍，连孕妇、小孩也不放过。这些日子里，南通县日月无光。

经过两三个月的“延期清乡”，日伪军又实行“高度清乡”，进一步向根据地腹地蚕食，甚至在一些根据地增筑据点，实行分割封锁，压缩抗日军民的活动范围。根据地面临着反“清乡”以来最困难的局面，导致一些干部、群众的思想产生了波动，有的人经不起严峻的考验，放下了武器，甚至投降、变节。

尽管如此，南通军民还是高举抗日旗帜，坚持在原地进行艰苦的斗争：你打你的，我打我的，扬长避短，声东击西。10月间，抗日武装部队配合新四军主动出击，一举攻克南通市以北李堡、丰利两镇，毙伤日伪军近千人，俘虏370多人。南通警卫团出其不意，进行伏击战，痛歼日军机动“清剿”队，当场击毙日军大队长。其他抗日武装灵活作战，不断歼灭敌人，摧毁据点，积小胜为大胜。

在反击“清乡”斗争中，最能显示人民战争威力的莫过于粉碎日伪军的“篱笆封锁线”。当时，日伪军为了切断“清乡”地带内外联系，围歼抗日武装，兴师动众建起了长达100多里的“篱笆封锁线”。在整个封锁线上，重兵把守，哨卡林立，据点密布，切断了内外联系和陆海交通。日伪军认为这是“强固封锁”，并妄称：“篱笆打成功，清乡便成功。”

这条封锁线给抗日武装斗争带来了极大困难，并且对当地农民生产、生活造成许多麻烦，常常发生农民因种田、放牛羊穿越篱笆而惨遭杀害的悲剧，人们怨声载道。在日伪军修建封锁线过程中，当地群众采取多种方法进行破坏，武装部队和民兵则神出鬼没地袭击监工的日伪军，使日伪军叫苦不迭。

在苏中区党委的统一部署下，1943年7月，声势浩大的反封锁斗争高潮的序幕拉开了。梁灵光接到通知后，做好了充分的准备，并命令主力部队参加战斗。初夏的夜晚，繁星满天，清风拂面，辽阔的田野在静穆的沉睡中，只听见青蛙还在轻轻地歌唱。突然，闪亮的信号弹划破夜空，总攻击开始了。在新四军主力部队和地方武装的掩护下，沿途几个县的三四万群众齐声呐喊冲向封锁线，齐心协力，势不可挡，有的拔木桩、拉篱笆，有的锯电杆、收电线，有的破坏道路、推倒哨所、火烧篱笆。百里封锁线上，人声沸腾，火光冲天，枪声不断。日伪军被吓破了胆，有的抱头鼠窜，仓皇逃命；有的龟缩据点，心惊胆战。日伪军惨淡经营了三四个月的长达100多里的“篱笆封锁线”，一夜之间被彻底摧毁了。这次声势浩大的破击战，震动了整个苏中，鼓舞了广大军民，后来延安的《解放日报》对此作了长篇报道，一些革命史书和中共党史著作也记载了这一事件。

挫败“以华治华”阴谋

南通抗日根据地的开辟和发展，经历了整整三年的艰难岁月。正是这三年，考验了梁灵光的意志和品格，增长了梁灵光的智慧和才干。

伯乐善于发现千里马。苏中区党委善于发现和选拔人才。1943年秋，梁灵光奉命上调苏中四分区专署（包括南通、海门和启东三个县，简称四专署）任专员，肩负更重的任务。这时四专署的主要工作，就是发动和组织各级政权和抗日武装，继续与日伪展开各种形式的斗争。

日本帝国主义发动的侵华战争，践踏了中国的大好河山。中国人民浴血抵抗，在战略上打乱了日本侵略军与德、意法西斯战略配合的黄粱美梦。

日本侵略军自食其果，在太平洋战争中碰得头破血流，急于从中国战场抽调兵力前往支援。同时，日军为了打通平汉、粤汉铁路，又从苏中地区调走了部分军队，原先的军事优势每况愈下，显得力不从心。他们像陷于绝境的野兽在作垂死挣扎，祭起“以华治华”新招，加紧在占领区实行伪化统治，大量抽调壮丁，组织“自卫团”，规定凡年满18岁至40岁的男性都要登记受训。

“以华治华”与反击“以华治华”，是在新的形势下的斗争形式。四专署针锋相对，通过各地党政机关和地下党员对群众进行强有力的思想政治动员，充分揭露日伪阴谋，同时提出“抽丁成功，人财两空”，“若要不抓丁，只有去当兵”等通俗口号，并组织爱儿会、保丁会等组织，开展反抽

壮丁斗争。这些措施很有效，日伪军下乡抓丁时，见青年和中壮年人都跑了，只能抓一些老弱病残来凑数。抗日武装对极少数死心塌地为日伪军抽丁卖力的伪乡保长之徒，则杀一儆百。结果，日伪的抽训壮丁效果甚微。相反，许多农村青壮年提高了抗日热情，经过现实斗争考验，纷纷参加了民兵、农抗会、工抗会等抗日群众组织。

在反击“以华治华”的斗争中，梁灵光等还秘密采取“真伪莫辨”的策略，发挥当地的“两面派”的作用。这些人既在日伪机构担任一定职务，又与我方保持联系。他们当中，有的是我方打进去的，有的是拉过来的，也有的是见风使舵、脚踏两船的。除了充分发挥打进去的“两面派”的作用外，区别不同情况使其他“两面派”为我所用。这些工作，对了解敌情、阻挠“以华治华”和减少群众损失等方面，起了不可替代的作用。

与此同时，四专署军民继续坚持抗日武装斗争，不断打击、消耗日伪力量，保卫和巩固了抗日民主政权，彻底挫败了日伪“以华治华”阴谋。

粉碎经济封锁

在挫败日军“以华治华”阴谋后，梁灵光把工作重点转移到加强基层政权建设上，竭力打破长期以来封建势力在农村的统治，改造沿用多年的乡政权和保甲机构，发挥人民政权的政治优势，使根据地基层政权得到巩固和加强。

可是，屡遭失败的日伪军野心不死，他们黔驴技穷，便对根据地加紧经济封锁和军事分割。这样一来，原先就很贫困的根据地雪上加霜，群众最基本的物质生活极其困难，四分区的财政来源大幅度减缩，连党政军的供给也陷入窘境。

梁灵光他们面对现实，集思广益，除了采取生产自救、厉行节约和反对贪污浪费、加强财务管理等一系列措施外，就是严于自律，发扬红军艰苦奋斗的精神，对脱产的党政军民全部实行低标准的供给制，不论男女老幼，不论职位高低，人人节衣缩食。梁灵光和大家同甘共苦，在饮食方面，每人每天的伙食只有 4 钱油、4 钱盐、1 斤菜、1 斤半粮（主要是杂粮），每个月半斤肉。主力部队要打仗，因此略加优待，每天增加油、盐各1钱，每月多半斤肉，粮食以大米为主。在服装方面，军队、地方都一样，每年单衣2套、棉衣1套，2至3年被单1条。在生活费方面，每人每个月原来1元，后来改为一般干部、战士1元，营连级干部3元，团级（含团级）以上5元。虽然物质条件很差，生活很艰苦，但大家上下一心，同仇敌忾，毫无怨言。

天遂人愿，经过艰苦复杂的斗争，四专署军民终于使日伪的经济封锁阴谋成为泡影，群众渡过了难关，党政干部和部队的给养有了保证，还筹集了经费、粮食和布匹等重要物资，为取得抗日战争的胜利创造了条件。

欢呼胜利

从1943年初起，在国际反法西斯战争取得重大胜利的同时，中国广大抗日根据地渡过了严重困难，走向恢复和发展的新时期，各地抗日力量逐日上升，开始了对日本侵略军的局部反攻。梁灵光所在的苏中四分区也度过困难时期，开始反击日伪军。

这一年的春天，四分区主力部队配合新四军打了一次大胜仗，歼灭日军近500人、伪军500余人。接着，四分区地方武装向日伪据点频频发动进攻。群众性的游击战也更加活跃，不但能对付伪军，对小股日军也敢于刺刀见红，奋不顾身地进行肉搏战。曾猖狂一时的日伪军，而今犹如惊弓之鸟，心神不宁，惶惶不可终日。

据当时不完全统计，1944年6月至10月秋季反攻，四分区的军民共进行大小战斗456次，攻克、逼退日伪据点近70个，毙伤日伪军1 500余人，俘虏日伪军1 200余人，摧毁敌人碉堡200余座，缴获枪炮、击毁车船数以千计，取得了重大胜利。

1945年春，四分区各县广泛开展评选、表扬抗战英雄模范活动，举行了盛况空前的庆功大会。梁灵光在会上作了总结发言和形势报告，号召全区军民再接再厉，争取抗日斗争的最后胜利。

为了缅怀和纪念抗日战争中英勇牺牲的烈士，苏中四地委、四专署和四分区共同决定建立烈士亭。消息传开，各地群众纷纷出谋献策，捐资捐物，盼望早日建成，告慰先烈英灵。在很短的时间里，庄严肃穆的烈士亭便竖立在东台县三仓河畔。梁灵光和四分区司令等联合为该亭撰写了碑文（该烈士亭至今保存完好，而且扩建成规模宏大的烈士陵园。原苏中军区司令、新四军一师师长粟裕的部分骨灰也安葬在陵园内）。

正在此时，不断传来国际反法西斯战争取得重大胜利的消息。1945 年 5 月 2 日苏联红军攻克柏林，8 日德国投降。6 月 30 日，美军攻占日本冲绳岛。8 月 6 日，美国向日本广岛投下第一颗原子弹；8 日，苏联对日宣战；9 日，毛泽东发表《对日寇的最后一战》文章。紧接着，朱德连续发布命令，命令各地人民军队向日寇发动全面反攻。

玩火者必自焚。在中国和国际反法西斯力量的共同打击下，日本侵略者终于无可奈何地承认失败的结局，于 1945 年 8 月 15 日宣布无条件投降，9 月 2 日在投降书上签字。中国人民历时 8 年的抗日战争以全面胜利告终。

画家陈坚创作的日本投降场面的油画《公元一九四五年九月九日九时 · 南京》。

中国战场是反对日本侵略军的主战场。中国人民对世界反法西斯战争的胜利作出了不可磨灭的历史贡献。

中国人民在长期的抗日战争中，谱写了惊天地、泣鬼神的壮丽史诗，永留史册。

归国华侨青年梁灵光在这次极其壮烈的战争中英勇善战，演绎了诸如孤胆英雄擒元凶、奇袭海门、身先士卒冲锋陷阵打日寇等许多动人事迹，为抗日战争的胜利立下了汗马功劳。

梁灵光在欢呼抗战胜利之余，深情地说："是抗日战争的滚滚洪流，使我远渡重洋回到祖国的怀抱，从一介书生成长为一名战士。是苏中军民勇于牺牲、无私奉献的精神给我巨大的力量。我深深地怀念那些曾经生死与共的人民，怀念着长眠江海平原上的战友！"

作为抗日战争的见证人，梁灵光认为，侵华战争的责任应由日本极少数军国主义分子承担。在这场战争中，中国人民深受其害，日本人民也是受害者。我们要牢记历史，但不要延续仇恨。我们要以史为鉴，面向未来，中日两国人民应世世代代友好下去。

组织 50 万支前大军

从“七七”卢沟桥事变开始，经过 8 年的抗日战争，中国共产党领导的抗日武装力量空前壮大，正规军和民兵共达 300 万，解放区人口约 1 亿。经过战争的磨炼，国民党统治区的人民革命力量和爱国民主运动也得到进一步发展。

中国人民无不渴望在抗战胜利后，建设一个和平、民主的新中国。但是，蒋介石妄图依靠美国的支持恢复其大资产阶级、大地主的反动统治。中国面临着两种命运、两个前途的关键时刻。

1945 年 8 月 13 日，毛泽东在延安干部会议上作了《抗日战争胜利后的时局和我们的方针》的报告，指出：“抗日战争的阶段过去了，新的情况和任务是国内斗争。”“目前这个斗争表现为蒋介石要篡夺抗战胜利果实和我们反对他的篡夺的斗争。”“我们就必须以革命的两手去反对反革命的两手。”

蒋介石发动内战的方针已定。为了避免发生国内战争和争取和平民主，中共中央决定和国民党进行谈判。1945 年 10 月至 1946 年 1 月，国共双方先后签订了《国共代表会谈纪要》、《国共双方关于停止冲突、恢复交通的协定》等文件。蒋介石出尔反尔，从 1946 年 2 月开始制造多次军事摩擦，6 月 26 日 30 万大军分四路向中原解放区大举进攻。接着，又在晋南、苏北、胶东、辽南等地，向解放区全面进攻。在中国共产党的领导下，解放区军民奋起自卫反击，揭开了伟大的中国人民解放战争序幕。

1946 年 7 月中旬，国民党军第一绥靖区司令官汤恩伯指挥 5 个整编师 15 个旅 12 万人，向苏中解放区发动进攻。华中野战军 3 万余人，在司令粟裕、政委谭震林指挥下，以一当十，英勇作战。在1个多月里，连续作战7次，均获全胜，歼敌5万余人。这就是解放战争初期著名的“苏中七战七捷”。

梁灵光所在的分区，是这个战役的主战场。他除了组织地方武装配合主力战斗外，夜以继日发动各县群众全力支援前方战斗。在支前工作中，刚分得土地的农民热情空前高涨，出现了许许多多感人的场面：有的全家大小一齐出动，有的夫妻共同奔赴前线，有的父子、母女、兄弟、姐妹争相上阵。这些农民在枪林弹雨中，不顾个人安危，或输送炮弹，或抢救伤员，或供给粮食，或递送茶水，到处呈现军民团结一家亲，奋勇战斗杀敌人的景象。据不完全统计，仅南通、如东、如皋等几个县，就出动支前农民50万人次，供应各种粮食10多万担。

“创敌后整连歼敌正规军范例”

苏中战役打响后，中共中央华中局宣布在苏中新成立九分区地委和专署，任命梁灵光为司令兼专员，洪泽为地委书记兼政委。

此前，华中野战军司令粟裕找梁灵光进行亲切的谈话，说：“目前我军正在和国民党打仗，从形势发展看，主力部队在苏中战役后，可能作战略转移。在一个相当长的时间内，坚持敌后斗争要靠地方武装。因此，组织上决定由你到新成立的九分区担任司令。”

梁灵光对这个决定感到突然，坦诚地回答说：“我不是军事干部出身，离开南通警卫团也已三年了。如果要我搞武装工作，到主力部队去锻炼学习还可以，到九分区独当一面，困难较大，请组织上考虑。”

粟裕司令热情鼓励这位尚未满30岁的青年说：“我了解你，你抗战时期先后担任过如皋、南通两县县长，还兼过警卫团团长，又担任过四分区专员，比较熟悉九分区辖下的南通、如东、海门、启东和崇明等几个县的情况，干部、群众也比较了解你、信任你，这对坚持原地斗争有利啊！”

梁灵光听完首长一席话，以党和国家的利益为重，以解放战争的需要为重，愉快地接受了光荣而又艰巨的任务。他在心里对自己说，小时候，小伙伴们闹着玩封我小司令，没想到长大了真的当了司令。好好干，别辜负组织和首长的期望。

和几年前梁灵光单枪匹马接管南通县时几乎没有两样，在解放战争炮火中诞生的九分区也是个空架子，一切都得脚踏实地从头做起。除了党委书记洪泽和少数随行人员、警卫人员外，其他领导干部和工作人员都还没有到位。武装力量也不尽如人意，原来的主力和警卫团在苏中战役前被新四军带走了；各县的地方武装大多上升为主力部队，县警卫团分别剩下两三个连，一个连也不到200人；各区区队多数只有个把班。整个九分区脱产武装不到2 000人。总的情况是：兵少，干部缺，作战经验不足，战斗力量较弱。新上任的梁司令正在苦思对策的时候，粟裕从其他分区调来一个营的兵力，作为武装骨干，定番号为“九分区特务营”。

在战争时代，要坚持敌后斗争，新成立的九分区必须尽快组建和壮大地方武装；没有强大武装只有挨打。

风华正茂、谋略过人的梁灵光和洪泽商量后，在号召全区军民面对暂时强大的敌人时做好坚持原地斗争思想准备的同时，以开展土地改革为切入点，广泛深入地发动群众，掀起了青年参军支援解放战争的热潮，为新四军和地方部队补充了大量兵源。仅如东县，不到1个月时间，参军青年多达5 000人，其中3 000人输送到华中野战军一师，一师首长陶勇十分高兴。余下的2 000人补充到分区和各县警卫团。

九分区的兵有了，而且相当充足，就是没有武器，还不能形成战斗力。梁灵光冥思苦索，忽然眉头一皱，计上心来，决定给野战军一师首长陶勇写封信，请求大力支援。他在信中说，九分区地方部队人是有了，但缺少武器。出乎意料的是，一师很快送来了轻机枪50挺、步枪1 000支。尽管这些都是一师在苏中战役中缴获的，但对九分区来说却是如获至宝，求之不得。梁灵光不亦乐乎。

全面内战爆发后，蒋介石凭借自己的优势集中全部正规军80%的兵力300多万人，采取速战速决的战略方针，向解放区发动全面进攻，妄图在3至6个月内实现“统一”全中国。那时，人民解放军的兵力和武器装备还处于劣势，只能采取积极防御的作战方针，集中优势兵力在运动战中各个击破敌人。根据这样的战略方针，粟裕率领的华中野战军在取得苏中战役胜利后，奉命大踏步北撤，会同山东野战军聚歼进犯淮阴的国民党军队。

华中野战军北撤后，九分区地区的国民党军队以为有可乘之机，不时深入我中心地带“清剿”。为了鼓舞部队和群众的斗志，为了削弱敌人有生力量，梁灵光等九分区领导决定，给来犯之敌一个迎头痛击。

经过缜密侦察，梁灵光摸清了敌人的活动规律和兵力部署。1946 年 9 月 23 日，在野战军北撤后 10 多天，九分区特务营和如东县警卫连战士设埋伏于如皋南马塘，突击全副美式装备的国民党号称“荣誉师”二师二团的 1 个加强连。刚接火，敌人措手不及，乱作一团，伤亡过半。敌人无心恋战，退守到一个村庄，又被士气旺盛的我方部队包围全歼，逼得敌方连长拔枪自杀。

这一仗，打得干脆利落，不仅全歼敌人，还缴获美式枪炮一批。华中军区来电嘉奖：“创敌后整连歼敌正规军范例。”

惨重的代价

九分区部队在南马塘首战告捷后，继续扩军备战，于 1946 年 10 月成立了分区的第一个主力团，梁灵光定番号为“七团”，为的是要继承和发扬抗日战争时期新四军一师三旅七团的光荣传统。新建的七团，下设 3 个步兵营，2 个直属连，近 2 000 人。大多数干部是原有武装队伍的骨干，有的是从各县选调的。战士中，大部分是翻身农民，政治素质高，斗争意志强，但普遍缺乏军事知识和实战经验。还来不及得到系统训练，就进入了反“清乡”斗争。

新四军主力的北撤，使新成立的苏中九分区面临极大的困难和考验。国民党调集正规军 6 个团兵力集结九分区境内，由第一绥靖区司令官李默庵坐镇南通指挥。接着又调来国民党六十五师、四十九师和二十一师各一部，大兵压境，来势凶猛。

七团成立不久，国民党军队侵占南通中部的西亭镇，梁灵光等决定趁敌立足未稳，打他个措手不及。11 月 1 日夜，战斗打响，至拂晓全歼敌人杂牌军 100 余人，而敌军主力依然用猛烈炮火固守据点。七团指战员缺乏攻坚经验，火力组织得不好，加上有些新战士过于紧张，未能充分发挥武器的作用杀伤敌人，甚至手榴弹盖还没有揭开就匆忙扔了出去，虽激战多时仍未能攻克敌阵。晌午，敌军援兵赶到，梁灵光只得命令七团撤出战斗。此次，我方伤亡连长以下 100 余人。在几天后的一次攻打刘桥据点的战斗中，俘虏了杂牌军 200 余人。可是后来遭遇敌人袭击，陷入敌人包围圈，七团二营伤亡、失踪 160 余人，付出了惨重的代价。

不经一事，不长一智。青年司令梁灵光不埋怨、不气馁，他和分区、七团的领导们认真总结了这两次战斗失败的经验教训：首先是在思想上受前不久南马塘战斗胜利的影响，过高地估计了自己的战斗力，准备不够充分，面对装备精良、训练有素的国民党正规军却掉以轻心。其次是在战斗组织上也存在缺陷，导致伤亡较大。再次是认识上跟不上变化了的客观情况，抗日战争时期主要是民族矛盾，而现在的战争主要是国内阶级矛盾，除了国民党正规军，还有反动地主、地方恶霸、土豪劣绅等组成的还乡团、自卫队，他们相互勾结，盘根错节，社会基础比过去广泛，是一支不可掉以轻心的土顽杂牌军。

今后的仗怎么打？分区和七团领导们认为，一定要吸取以往成功的经验和失败的教训，在作战指导思想上，避强打弱，各个击破。在战术上，先打杂牌军，把敌人正规军“眼睛戳瞎，手脚砍断”。

灵甸大捷

1946 年冬至 1947 年春，是苏中九分区对敌斗争最艰苦的岁月。国民党占领了九分区辖下的大部分地区并控制了大部分人口。敌人重点“清剿”的南通县，被分割为几块，区乡政权也大部分被打垮。但是，再强大的敌人也并非无懈可击。

按照既定的“避强打弱、各个击破”的作战指导思想，七团在南通警卫团的配合下，选择南通、如东交界的敌人薄弱地带，于 2 月 29 日打了一次伏击战，歼敌保安队 3 个排，我方仅伤亡数人。3 月 18 日，分区炮兵连和七团主力，配合南下的华东野战军十一纵队九十三团，一举攻下南通东部重镇三余镇，全歼守敌省保安队和还乡团共 400 余人，缴获机枪 18 挺、步枪 200 余支。3 月 26 日，以七团为主力，华野部分兵力配合，攻打敌人的一个中心据点聚星镇。因部署周密，步炮兵协作，士气高昂，激战 10 多小时，以极小的伤亡全歼守敌自卫队等杂牌军 130 余人。这几仗很鼓舞士气，大家都说是打了一个翻身仗。

在攻打聚星镇的战斗中，有一个惊险的插曲，就是亲临前线指挥的分区司令梁灵光差点不幸身亡。原来攻下聚星镇后，他从前沿阵地走到街上巡视，刚好七团战士押着一批俘虏过来，一个民兵出于义愤，抢上来抡起手榴弹狠狠地敲打一个俘虏的脑袋，突然间手榴弹头断了，掉在梁灵光和那个俘虏身边。幸好是个瞎火的手榴弹，没有爆炸，否则肯定会出人命啊！连不惧怕枪林弹雨的梁灵光，也被意外事故吓得出了一身冷汗。

接下来，分区主力又先后打了几个胜仗，并从外线转入内线与敌军周旋。各县武装也抓住有利战机进行伏击、狙击，把一些国民党正规军和杂牌军打得叫苦不迭。

江苏中部的初夏，大地上已散发出阵阵的热气。一望无际的黄海正起着早潮，湛蓝的海水卷起城墙高的巨浪向如东县狂涌过来，一个接着一个，不断地冲击海岸，发出沉雷般的巨响，好像千军万马向敌人冲锋陷阵。

此刻，苏中九分区司令梁灵光正运筹帷幄，拟订一个重大的对敌作战方案。他主持召开了分区作战会议，决定出其不意攻打长江北岸的灵甸港，既可支援东南部的反“清剿”斗争，又可打乱敌人对中部的“会剿”。

梁灵光亲自率领七团主力从如东出发，会合附近县的警卫团越过敌人封锁线直扑灵甸港，另一部分警卫团则牵制增援之敌，当地县委负责组织担架、筹集粮草。5 月 29 日深夜，信号弹划破夜空，负责主攻的七团三营九连战士，人人如猛虎下山，个个似蛟龙出海，把仍在梦中的敌人打得晕头转向，至次日凌晨，全歼守敌保安大队 1 个连。其他部队按预定计划分别加入战斗。虽然敌人的电话线已被我方切断，但猛烈的枪炮声响彻大地，附近的国民党正规部队闻讯急忙调动兵力增援。这批人数不少的敌人援兵进入伏击圈，被我军炮火包围，抱头鼠窜，几次突围，徒劳无效；不到 1 小时战斗便结束。

这次灵甸之战，共毙伤敌副营长及其以下 80 余人，生擒 4 个连长及其他官兵 440 余人，缴获机枪 37 挺、步枪 255 支、子弹 2 万余发和一大批军用物资。

这是九分区七团成立以来取得的最大胜利，打出了军威，振奋了士气。七团通过这次既攻坚又打援的战斗，部队的综合素质大大提高。

华东野战军司令陈毅等首长闻讯，发电给梁灵光说：“你部在灵甸战斗，歼敌甚众，万民振奋，特电嘉奖。希继续努力，不断积小胜为大胜，并作充分准备，配合主力反攻！”苏中军区领导也来电嘉奖：“你们这次战斗之速，意义之大，缴获之多，值得各分区向你们学习。”

敌人闻风丧胆

进入1947年，在美国扶持下的国民党军队仍然处于进攻态势，人民解放军居守势。但是，各方面情况已经显示出解放战争的战略反攻、战略决战即将来临。

6月30日，刘伯承、邓小平大军12万人，突破蒋军防线，在鲁西300里地段上强渡黄河，向大别山挺进，揭开了全面战略反攻的序幕。与此同时，陈毅、粟裕大军在豫皖苏边区展开反攻，其他各大战场也转入攻势作战，取得了辉煌战绩。

随着解放军各大战场形势的发展，苏中九分区逐渐掌握了战争的主动权。

在“七七”卢沟桥事变10周年的时候，梁灵光等分区领导发表了《为纪念“七七”告本分区各界人士书》，号召全区300万同胞坚定信心，再接再厉，参军参战，拥军劳军，歼灭敌人，配合反攻。这以后，七团和各县、区武装连续打了几个胜仗。

岁岁中秋，今又中秋。1947年的秋日胜春潮，九分区到处洋溢着欢乐气氛。梁灵光他们在传统的中秋佳节晚上，隆重举行了九分区成立周年暨祝捷大会。会场上，红旗招展，鼓乐喧天。当地的民兵、妇联、农会等群众组织，送来了一大批慰问品。其中有两面丝绸红旗，分别写着“不朽之功”和“劳苦功高”八个大字，表达了人民群众对分区、对七团的衷心爱戴和崇高敬意，分外引人注目。

壮烈的解放战争，削弱了敌人，壮大了自己。九分区司令部公布了九分区成立一年来的辉煌战绩（区以下未统计）：大小战斗218次，毙、伤、俘敌共4 200多人，缴获六〇炮、重轻机枪近200挺（门），其他枪支、弹药等难以统计。九分区还组建了新的主力部队八团，增强了战斗力。

11月，趁华东野战军十一、十二纵队再次南下的绝好时机，九分区七、八团除了配合作战外，还频频单独作战。

12月25日夜，寒风刺骨，雪花纷飞。七团指战员在全歼岔河守敌后，乘胜偷袭南通县北部重镇石港，展开激烈的巷战，先后击退敌人6次反扑，至次日下午4时全歼守敌。这两次战斗，共歼敌2 600余人，创造了七团在5天内歼敌人数最多的新纪录。苏中地委《江海报》发表社论指出，这两次战斗的空前胜利，歼灭了敌人的有生力量，使如东、通如、南通解放区连成一片，为九分区的坚持斗争和反攻敌人打下了坚实基础。

分区司令梁灵光亲自创建和精心培育的七团，勇敢强悍，战功显赫，声振苏中，使敌人闻风丧胆，惊恐万状。

“匪首梁灵光伤重毙命”

在苏中所向披靡，使敌人胆战心寒的九分区七团，早已受到华东野战军首长青睐。1948年春，梁灵光奉命率领七团编入华野十一纵队新组建的三十三旅，从地方部队上升为华野主力部队，由梁灵光任第一任旅长。

梁灵光淡泊功名，并没有因被提升而高兴。对他来说，这意味着将要离开战斗了整整10年的江海平原，离开已结下深厚感情的九分区的父老乡亲，离开许多朝夕相处、生死与共的战友们。情似长江，恩如黄海。他的内心有无限眷恋。

2003年老省长梁灵光（中）视察福建海防十二师（原华野十一纵队三十三旅，淮海战役后改称二十九军八十七师，解放福建后改为海防十二师）。

临别，梁灵光在夜阑人静的时候，特意翻阅了九分区部队对敌作战的统计资料：从 1946 年 8 月分区建立到 1948 年春的一年半时间里，全分区武装队伍共毙、伤、俘敌 1.6 万余人，脱产武装从原来的 1 600 多人发展到 1.8 万余人。这些数字看似枯燥、微小，但对那时候的一个分区来说，却是振奋人心的。

上级首长吉洛（姬鹏飞）在苏中区党委扩大会议上对九分区给予高度的评价：在敌人的疯狂进攻下，九分区坚持原地斗争，武装队伍从小到大，由弱到强，战绩显赫。

20 世纪 90 年代，梁灵光（右二）和吉洛（姬鹏飞）、许寒冰夫妇（前排左三、左四）在上海与原苏中四分区老战友合影。

回顾九分区的战斗历程，身为司令兼专员的梁灵光心情激荡，好像黄海波涛一样起伏翻腾。他没有居功自傲，而是把取得胜利的原因，归结为党中央和各级党委的正确领导，九分区众多指战员的英勇战斗，以及广大人民群众的倾力支持。

从 1940 年末赴南通组建武装部队到 1948 年初即将离开地方部队为止，

梁灵光在战场上前后经历了8个春秋，对于如何在敌强我弱的不利条件下战而胜之，他有自己的切身体会：要坚决贯彻毛泽东的人民战争思想；要牢固确立“坚持原地斗争”和“积极斗争”的战略方针；要采用机动灵活的战略战术；要有过硬的思想政治工作和顽强的作战作风；要善于从战争中学习战争。

梁灵光就是从战争中学习战争，并逐步成长的沙场儒将。他是出身儒商之家的一介书生，参战前从来没有学过军事知识，也没有打过仗，但如今却文武兼备，智勇双全，令人赞叹。有人问他：“你是怎么学会打仗的，有何成功秘诀?”梁灵光笑着答道：“我是被逼上梁山的，是遵照毛主席的教导从战争中学习战争，是靠党的领导和群众的支持。”

风趣的梁灵光还告诉他人一件有趣的事：“我从未进过军事学校或受到系统军事训练，只是在战争中锻炼学习。1948年11月打下南通县西部的刘桥镇后，缴到上海出版的报纸，上面刊登着题为‘匪首梁灵光伤重毙命’的消息，我在敌占区的报纸上已‘死’过了好几次了，我们都觉得好笑。当时在上海的一些同学都很惊讶，说我什么时候学过军事呀，怎么成了‘共军匪首’了?”

在淮海战役中奋不顾身

经过3年激烈、艰苦的斗争，中国人民解放战争形势从1948年秋开始发生了重大变化。

9月，华东野战军取得济南战役的胜利，歼敌10万余人，标志着人民解放军大规模围歼国民党主力和攻克大城市的开始。紧接着，东北野战军夺取辽沈战役的胜利，歼敌47.2万余人。至此，全国战局发生根本性变化，国民党总兵力由最高峰时的430万人下降到290万人，而人民解放军总兵力则由解放战争初期的127万人增加到300余万人。11月14日，毛泽东在《中国军事形势的重大变化》的评论中指出：“现在看来，再有一年左右的时间，就可能将国民党反动派政府从根本上打倒了。”

还在济南战役期间，华东野战军代司令员粟裕就向中共中央军委建议发动淮海战役。中央采纳他的建议，决定整个战役由刘伯承、陈毅、邓小

平、粟裕、谭震林5人组成总前委统一指挥。

这是一次同蒋家王朝进行的一次战略性的决战。时任华东野战军十一纵队副参谋长、主持司令部日常工作的梁灵光，自始至终参加了这次战斗。对这个战役，梁灵光刻骨铭心。他回忆说："参加淮海战役，是我个人军旅生涯的又一个转折。解放战争头两年，我在华中九分区任司令员，打击的对象主要是国民党的地方武装，战斗的形式主要是游击战，即使攻坚战，也是小城镇和据点。而淮海战役，则是我第一次作为野战主力的一员。参加这样一个规模空前的大兵团作战，我获益良多。我作为纵队副参谋长，在纵队司令胡炳云、政委张藩的领导下，主要负责部队的组织战斗和后勤保障等工作。"

淮海战役是以苏北的徐州为中心，纵横跨越江苏、山东、河南3省的广大地区。从1948年11月6日解放军围歼黄百韬兵团开始，至1949年1月6日歼灭杜聿明集团结束，历时2个月。参加作战的，我方有华东野战军、中原野战军，加上地方部队，总兵力约60万人；敌方共集结兵力超过80万人。这是一次极为惨烈的大决战，我军伤亡13.4万余人，歼灭国民党军55.5万余人，并击退由蚌埠北援之敌。

淮海战役取得了伟大的胜利，使长江以北的华东、中原大部分地区得到解放，使国民党的统治中心南京和全国最大的城市上海等都处于解放军的直接威胁之下。国民党反动统治集团从此陷入土崩瓦解状态，风雨飘摇，预示着蒋家王朝的没落已为期不远了。

淮海战役拉开序幕前，梁灵光所在的华东野战军十一纵队早在10月下旬便奉命北上，11月初开始为歼灭黄百韬兵团打了几个外围战。12日，十一纵队日夜兼程到达徐州东面的山区邓家楼一线占领制高点，修建阻击阵地打击东进增援之敌。这一带的山丘几乎都是石头，十分坚硬，铁锹、铁铲都无济于事，只好就近搬来石块垒起简易工事。第二天上午，敌军便在飞机、重炮、坦克掩护下，连续不断向我军猛攻。这一仗关系到能否围歼黄百韬兵团，乃至关系到整个淮海战役的成败。十一纵队全体指战员在环境恶劣、敌众我寡、伤亡惨重的情况下顽强作战，不少阵地都是短兵相接，刺刀见红，一天争夺好几次。每个人带的干粮都吃完了，就轮流到山沟里弄点山芋、野果充饥。山芋、野果吃完了，吃野菜、树叶。就这样，大家好像铁打的硬汉，不怕饿，不怕累，不怕死，斗志昂扬，坚持阻击了近10个昼夜。妄图冲破防线的国民党邱清泉和李弥兵团寸步难行，无可奈何地看着等待他们支援的黄百韬兵团在22日晚被全部歼灭，黄百韬也命送黄泉。在这次战斗中，十一纵队指战员连续作战，英勇无比，经受了严峻考验，顽强地坚守阵地，共歼灭敌人6 400余人，胜利地完成了淮海战役总前委交给的光荣任务。

当围歼黄百韬兵团之际，华东野战军决定以8个纵队阻击徐州之敌南下，并命十一纵队转移阵地，以配合4个兄弟纵队堵击敌人的2个兵团北上。十一纵队决定由梁灵光召集各旅传达华野和纵队的部署，限3天内到达指定地点。梁灵光说，任务紧急，时间一刻也不能耽误，否则南北两线3个兵团的敌人靠拢会贻误大局。时间就是命令，十一纵队不顾敌机的轰炸扫射，不顾行军的饥饿疲劳，也不顾一些人马的伤亡，连续3个昼夜急行军，每天行程60公里，终于按时赶赴目的地，和兄弟纵队一起痛击敌人，粉碎了敌人南北两线靠拢计划。

12月初，国民党杜聿明集团放弃徐州逃窜，十一纵队又是急行军三天三夜进行平行追击和迂回截击。接着，执行总前委对杜聿明集团围而不打的指示，除以一部分兵力控制阵地外，其余部队转入战地休整。

一次，梁灵光差一点在梦乡中一命呜呼。那天早上，梁灵光和纵队政治部主任惠浴宇还在睡梦中，突然一阵震耳欲聋的爆炸声，伴随着剧烈的震动，他们几乎从门板床上掉下来，屋顶上厚厚的黑烟灰不断掉到他们的脸上和被盖上。两人下意识地相看一眼，只见对方都像个非洲黑人，不禁哈哈大笑。他俩到外面查看究竟，发现房子外面不到100米的地方，有个深约八九米、直径约三四十米的大窟窿，是国民党重型轰炸机投下的500磅炸弹炸的。老惠笑着说："大概是我俩命大，只要稍偏一点点，我们都去马克思那里报到了。"梁灵光说："还是先让蒋介石去阎罗王那里报到好。"两人又是哈哈大笑。

淮海战役的最后阶段于1949年1月开始。强大的华东野战军趁敌军疲惫动摇之际，向已被我军包围的杜聿明集团军发起总攻击。其中十一纵队和八、十二纵队，由西南向东北进攻。1月3日，十一纵队召集旅以上干部具体研究作战方案，第二天开始以排山倒海之势，过关斩将。10日拂晓，在千百门大炮集中猛烈轰击下，与兄弟部队攻入敌阵，消灭全部残余之敌，并生擒徐州"剿总"副司令杜聿明。淮海战役至此胜利结束。

在这场惨烈的战役中，梁灵光亲临前线，奋不顾身，不惧炮弹纷飞，不怕硝烟弥漫，夜以继日地参与指挥战斗，为整个战役的胜利作出了贡献。

强渡长江

中国人民解放军继 1948 年下半年取得辽沈、淮海战役胜利后，1949 年初又夺取平津战役的胜利。国民党军已成为强弩之末，蒋家王朝摇摇欲坠。蒋介石一面玩弄和平谈判阴谋，一面加强长江防线，企图赢得喘息时机，重振军备，东山再起。1949 年 4 月 20 日，国民党政府拒绝在国共双方和谈代表团拟定的国内和平协定上签字。21 日，毛泽东、朱德共同签署《向全国进攻令》。

中国人民解放军第二、三野战军和地方武装共 100 万人，在邓小平、刘伯承、陈毅、粟裕、谭震林组成的总前委领导下，以木帆船为主要渡江工具，在西起江西湖口，经过安徽，东至江苏江阴，长达 500 余公里的战线上，分西、中、东三路强渡长江，揭开了战略追击的帷幕。解放军所向披靡，突破国民党军长江防线。4 月 23 日，解放南京，宣告蒋家王朝的灭亡。接着向南挺进，5 月 3 日解放杭州，14 日解放武汉，22 日解放南昌，27 日解放上海。6 月 2 日，解放崇明岛。至此，渡江战役胜利结束，共歼灭国民党军 43. 7 万人，为进军华南、西南，加速全国解放创造了有利条件。

梁灵光参加了这次举世闻名的战役。他所在的华东野战军十一纵队在淮海战役后于 1 月下旬进驻苏中休整。2 月，华东野战军奉命改为第三野战军，下辖七、八、九、十共 4 个兵团。原十一纵队整编为二十九军，隶属十兵团，梁灵光升任军参谋长。

按照三野部署，二十九军于 3 月间到达长江北岸的如皋地区全面开展渡江前的准备和训练。为了利于战斗，专门成立了渡江司令部，梁灵光被任命为渡江总指挥。在进行地形侦察、征集船只和水手，以及选定登陆地点的同时，各师、团根据各自任务确定训练重点。

长江，中国第一大河。源于青海西南边境，从上海流入东海，全长

6 300公里。湖北宜昌以上为上游，水急滩多。宜昌至江西湖口间为中游，曲折发达，多湖泊。湖口以下为下游，下游江面宽阔，水深莫测，波涛汹涌，滚滚东流。大军强渡天堑，非有大批船只不可。二十九军决定发挥梁灵光曾长期在这一地区工作比较熟悉情况的优势，由他和后勤部门一起负责征集船只和训练船工，以及渡江前的后勤保障。

梁灵光和后勤部队在各地方政府和支前机构的竭力支持和配合下，深入发动群众，征集了大小船只744艘，其中汽船25艘。

刚刚获得解放的广大人民群众，纷纷以实际行动拥护和支持解放军渡过长江打倒国民党反动派，出现了许多感人肺腑的场面。在众多船工中，有一位年仅16岁名叫王凤英的小姑娘，表现很突出。征集船只的同志认为她年纪小，不要她家的船，也不舍得让她参加作战。她却说："你们这些同志别嫌我年纪小，我都16岁了。我常年生活在小木船上，从小就跟着父母水上漂、浪里滚，撑篙、划桨、摇橹、掌舵和游泳样样都行。为了打老蒋，我非参加不可。"征集船只的同志见她那么顽强、懂事，拗不过她，只得同意了。到了部队，她训练很刻苦，很快学会渡江作战的战术要求，并担任第一批渡江民船的班长。在战斗中，她冒着敌人的枪林弹雨，无所畏惧地以最快的速度往返数次运送部队渡过长江。小姑娘的勇敢、智慧和娴熟的技术，使战士们为之折服，梁灵光更是赞不绝口。战役胜利结束后，小姑娘王凤英被记特等功，还获得"渡江英雄"光荣称号。

1949年4月21日，中国历史上最大规模的渡江战役开始了。二十九军的渡江地段是三野渡江地段的最东段，江面较宽，江中有岛屿阻隔。该岛以西地段落潮时有硬沙滩100多米，涨潮时船可靠岸。该岛以东地段，落潮时有沙滩300多米，大都是陷滩，不便登陆，且港汊、河汊多，不利部队向纵深挺进。长江南岸，敌人除了构筑要塞守备工事外，还在沿江边构筑了地堡和交通壕，自以为是"铜墙铁壁"。

根据兵团的指示，二十九军作了周密部署，数百艘木船沿江排开，指战员们气昂昂、雄赳赳待命出发。那天早上，天公不作美，一直刮着强劲东南风，江水汹涌，浪花激荡，靠人力和风力行驶的小木船根本无法渡江，众将士心急如焚。

形势危急，怎么办？二十九军渡江总指挥梁灵光神色不变，镇定自若，在指挥所里召集各师、团指挥员共商对策。说来也怪，到了傍晚，风向大变，由东南风转为利于渡江的东北风。不少战士风趣地说，这是马克思在天之灵的帮助。二五六团首先渡江，霎时间，江面上呈现了千帆竞发、百舸争流的雄壮威武的场面。紧接着，二五七、二五八团也渡江成功。八十五、八十七师等各部队，先后于次日凌晨渡过天堑。梁灵光眼见全军胜利渡江，不禁心花怒放。

二十九军乘胜向南追击溃败之敌，于24日攻占曾有“小上海”之称的无锡市。大部队进城那天，全城主要通道和大街小巷挤满了手持彩旗欢迎子弟兵的群众，欢呼声，爆竹声，此起彼伏。还有不少热情的妇女挤开人群给子弟兵送上家里拿来的各种慰问品。下午，在城中公园举行万人欢迎解放军入城大会，会后举行了盛大游行，整个无锡沉浸在从来没有过的欢乐气氛之中。

二十九军马不停蹄挥师南下，势如破竹，于29日攻占苏南重镇苏州市。

从开始横渡长江到解放苏州，二十九军经过8个昼夜的连续作战，歼灭国民党二十一军、一二三军和江阴要塞守备总队各一部分兵力，计毙、伤、俘敌近2 000人，接收投降者300多人，解放了无锡和苏州，胜利地完成了突破长江防线和追击敌人的艰巨任务。

渡江战役，终于画上了圆满的句号。

在人民解放军于23日占领南京后，毛泽东当天下午看到了印有“解放南京”几个特大号字的《人民日报》号外，很高兴地写下了气势磅礴、内容深刻的律诗《人民解放军占领南京》：

钟山风雨起苍黄，
百万雄师过大江。
虎踞龙盘今胜昔，
天翻地覆慨而慷。
宜将剩勇追穷寇，
不可沽名学霸王。
天若有情天亦老，
人间正道是沧桑。

攻打上海

人民解放军渡过长江以后，以秋风扫落叶之势，勇猛追歼溃敌。第一、二、三、四野战军分别向中南、西南和东南沿海挺进。

蒋介石犹如被围困的野兽，还在垂死挣扎，命令汤恩伯死守上海，并亲自策划了淞沪防御计划，妄图长期固守。

梁灵光所在的三野十兵团二十九军参加了这次解放上海之战。具体任务是，会同二十六军、二十八军，像三个箭头一样由西向东发动攻击，攻占上海北面的宝山、吴淞后，与九兵团的两个军形成对黄浦江出口处的封锁。

部队出发前，梁灵光的老首长、十兵团司令叶飞特别指示，一定要发扬二十九军前身华中野战军七纵队在苏中战役“七战七捷”的战斗作风，坚决打好淞沪攻坚战。

上海战役开始的时候，二十九军只投入两个师和一个团的兵力，从苏南的支塘镇出发，向东南进发，主攻位于长江南岸、上海边沿的浏河镇和郊区的宝山镇，另一部分兵力留守苏州。5 月 12 日，部队开始行动，攻占浏河后继续推进。13 日黄昏，向敌军重要据点月浦镇冲击。

月浦之战极为激烈，敌人从陆上的阵地和长江上的战舰集中几百门大炮猛烈轰击我进攻部队，并派飞机向我轮番轰炸、扫射，隐蔽在树林、草丛和坟头的所有地堡一齐猛烈开火。我军二六〇团指战员勇猛冲杀，多次进攻，占据几座地堡，攻克月浦前沿阵地，守敌伤亡惨重，我方也付出了很大的代价，全团步兵仅剩下 120 多人。

14 日清晨，阵地上依然硝烟弥漫，守敌凭借坚固的钢筋混凝土堡垒和有利地形负隅顽抗。傍晚，兄弟部队增兵支援，分三路进攻，敌方腹背受敌，溃退逃窜。次日拂晓，陆地上的敌人猖狂反扑，停泊在长江的 10 余艘敌舰同时向我阵地倾泻大量炮弹，敌机也向我方轰炸扫射，并在几辆坦克掩护下，先后五次向我阵地冲击。战斗结束，我军牢牢地守住了阵地，但整个月浦镇都是残垣断壁，成了一片废墟，主攻的二六〇团指战员大部分英勇牺牲。

二十九军几天来连续作战，每攻占一个据点，抢夺一个碉堡，解放一个市镇，无不是浴血奋战。亲临前线指挥的二十九军参谋长梁灵光回答兵团司令叶飞的询问时，心情沉重地说：“我军伤亡2 000多人。”叶飞大吃一惊。

与此同时，三野各兵团，向上海市区步步逼近，已成钳形包围之势。

25日午夜，三野发出向上海总攻令。二十九军主力一路攻击江湾机场，由宝山县一路歼灭据城顽抗之敌。至26日拂晓，战斗胜利结束，全军共歼敌1.26万人，并缴获敌舰1艘。

26日，上海全市解放。汤恩伯集团除小部分从海上逃窜外，大部分被歼。第三野战军共歼敌15.3万余人。

“他们都是中华民族的英雄”

在上海战役中，留给梁灵光参谋长最深刻的印象是争夺月浦镇东南面的小高地之战。

这个高地不仅可以直接威胁着已被我军占领的月浦镇，更重要的是它是吴淞口、宝山县和江湾机场的天然屏障。因此，在向上海发起总攻之前，必须拿下这个高地。

5月23日，上海战役总攻开始。当天下午6时，二十九军从高地的西北、西南和正北三面向高地发动进攻。我方的山炮群和炮兵营分别以密集的交叉火力，实施摧毁性射击和压制射击，并用强大火力阻隔增援之敌。接着，用榴弹炮连续排射。然后，在浓烟滚滚之际，各营、连的爆破组战士如脱缰之马从掩体冲向敌阵，并爆破各种障碍物。随着声声巨响，一群群步兵直插敌人碉堡。冲在最前面的是二五三团二营教导员宋林奇和副营长郭百俭带领的四连和五连，战士们各自施展熟练的炸碉堡技术，有的迅速爬上敌人碉堡再从枪眼扔下手榴弹，有的用携带的长竹竿挑着集束手榴弹往碉堡里送，爆破声此起彼伏，震耳欲聋。在四处浓烟滚滚中，战士们冲锋陷阵，勇往直前，只用2个多小时便结束战斗，共摧毁敌人碉堡16座，歼敌1个营，彻底粉碎了敌人吹嘘的“钢铁阵地”。

敌人不甘心失败，第二天早上出动1个多团的兵力，在9辆坦克和猛烈炮火掩护下分四路向高地连续反扑，意欲夺回失去的阵地。守卫高地的二营指战员奋勇抵抗，但伤亡惨重。余下的70多名指战员无所畏惧，誓与阵地共存亡，决不后撤一步，逐个据点、逐个碉堡与敌人展开激烈的争夺战。共产党员宋林法，身上5处负伤，流血不止，几次昏倒在地，苏醒过来又拿起武器坚持战斗。后来，二五三团一营二连前往支援，经过昼夜奋战，终于打垮了敌人的疯狂反扑，坚守了阵地，赢得了向上海发动总攻的有利条件。

参与指挥这场战斗的梁灵光对自己的战士感到衷心的敬佩。他在回忆这次不寻常的战斗时，深情地说："这些战士最可爱，不愧是中国人民解放军的战士，不愧是中国共产党的党员，他们都是中华民族的英雄，是他们用鲜血染红了我们的党旗和国旗。"

率领入闽先遣队

时年30的梁灵光，风华正茂，威武坚强。在参加淮海战役、渡江战役和上海战役后，又接受了新的作战任务。

1949年6月初，正随二十九军撤出上海市区休整待命的梁灵光，应召火速前往苏州三野十兵团司令部接受命令。来不及寒暄，兵团司令叶飞便开门见山地说："党中央、毛主席决定提早解放福建，我已向三野请缨，让我们兵团打回福建去。"

打回福建去，早日解放故乡，正是梁灵光期盼已久的。

按照中央原定部署，1949年秋冬先攻占与浙江毗邻的福建北部一些地区，1950年再解放福建全省。但是，仅月余时间，解放军渡江后，势不可当，连克南京、上海等江南名城，形势发展比预料快。上海战役刚结束，毛泽东就以中央军委名义致电三野："你们应当迅速准备提早入闽。"三野决定由十兵团两个军的兵力向福建进军。叶飞对福建情况了如指掌，深感兵力不足，建议十兵团三个军全部投入战斗。他的建议，获得三野和中共华东局的赞同。

叶飞对梁灵光说，进军福建最大的困难，一是交通运输，二是粮草供应。兵团决定，派遣一支精干队伍先期入闽，做好各项准备，迎接大军。我考虑，你是福建人，对情况比较熟悉，便于开展工作，所以把你调出来，把先遣入闽的重任交给你。

梁灵光深深地感受到，这是兵团对自己的信任和期待。他二话不说，立即行动，很快组建了共200多人的入闽先遣队。具体任务是，在福建地下党和人民群众的支持下，进行侦察，了解敌情；筹集粮草和油、盐、蔬菜，并运到部队集结地点；组织民兵按大军作战路线修桥铺路，至少能通过驮载骡马；动员组织部分民工，以备战时之需。

古人云，军以粮为本，无粮则亡。这次十兵团军南下福建部队约10万人，随军地方干部1.5万人，马匹8 000多。供应10多万人马所需的粮草，任务不轻啊！

6月7日，梁灵光率领的先遣队分乘10多辆大卡车和中、小吉普车从苏州出发。梁灵光的妻子朱含章和抗日战争中出生的大女儿梁抗也随军南下。他们沿着苏嘉公路于当晚抵达浙江北部的嘉兴市，然后转乘火车到达杭州。他们急速行军，经浙江南面的衢州、江山，直抵福建最北边的浦城。因公路、桥梁常被敌机炸毁，先遣队到达建阳后转乘10多艘小木船，于14日到达中共闽浙赣省委机关所在地建瓯市。

福建历史上是个缺粮的省份，加上国民党地方政府横征暴敛和败兵过境大肆抢掠，农民家中粮食无几，又值青黄不接季节，要在闽北筹集10多万人马至少1个月的粮草，大大超过当地人民的负荷。且闽北山区重峦叠嶂，村庄分散，人烟稀少，村间小路盘绕山腰，弯曲狭窄，大都不能通车。小溪、小河虽不少，但水浅滩多，能行船的没有几条，很难大批调运粮食。

因为闽北是山区，筹粮队员必须经常爬山越岭，涉溪跨涧，风餐露宿。当时正值雨季，常常有滂沱大雨铺天盖地地压下来，队员们身上被淋得湿透，脚下道路泥泞。此外，国民党“忠义救国军”与当地的土匪、恶霸相勾结，白天破坏我军筹粮，晚上则恫吓、杀害我筹粮工作人员，有时还纠集武装匪特袭击我公路沿线的粮站。

纵然如此，我筹粮工作人员不怕艰难险阻，甚至冒着生命危险，千方百计积极完成任务。截至7月中旬，不到20天的时间，共筹集大米350多万公斤，柴草450多万公斤，马料60万公斤，还有5万公斤的油、盐。

随着先遣队各项工作的基本完成，十兵团10多万人马按照先遣队提供的路线图分两路大举入闽。梁灵光在建瓯向兵团叶飞司令等汇报了先遣队入闽的经过和工作，首长们都给予充分的肯定和热情的赞许。梁灵光在圆满完成任务后，奉命回到二十九军。

最后的战役

梁灵光为了中华民族的解放和广大人民的幸福，从抗日战争到解放战争，始终意气激昂，鏖战沙场，英勇克敌，功高不傲。如今，他在参加淮海、渡江、上海三大战役后，又将回到久别的故乡，投入福州战役。

已成惊弓之鸟的蒋介石对福建极为重视，曾对亲信说："福建非常重要，没有福建就没有台湾。"在我军发起渡江战役以前，蒋就派亲信李以劻到福州兼任美式装备的第十五师师长。加上渡江战役南逃的国民党军，全境守军达15万之众。就在我军先遣队抵达建瓯后的第七天，蒋介石还乘"美龄号"专机到福州召开军事会议，部署"固守福州"计划。

我军第十兵团对福州战役的具体部署是：二十八军为中路，沿闽江两岸向下游推进，攻占福州；二十九军为右路，从西向东迂回，攻取福州以南地带，阻止泉州北援和切断福州南逃之敌；三十一军为左路，歼灭福州以东和以北守敌，切断敌人海上退路，然后协同二十八军围歼福州顽敌。同时，考虑了其他应变计划。

根据兵团部署，梁灵光所在的二十九军制订了具体的作战方案，投入战斗的八十五师、八十六师为主力，八十七师为军预备队。

"出奇制胜，变化如神。"二十九军从西向东的钳形大迂回作战，是根据形势变化以出奇兵取胜。从8月5日开始，二十九军3个师分别由福州西北的南平和西面的龙溪等地出发，以日行百里的急行军速度翻山越岭。这一带，高山连绵，小道崎岖，车不能走，马不能驮，炮不能拉，战士们没有被困难吓倒，他们除了荷枪支，还背粮食、挑子弹，每个人负荷30公斤以上。山炮不便拆，便由几个战士抬着走。机关干部放下暂时不用的行李物品，只携带战时急用的弹药。

白天走路难，晚上宿营难。在山区地带，村庄分散，人烟稀少，部队很难找到住房，只好在树林中露宿，不但常遇大雨满身湿透，而且常遭毒蛇猛兽伤害，还有成群结队的山蚊叮人，不少人因此患了疟疾，还有的人喝了高山流下的冷水，水土不服，又泻又吐，病号不断增加。有的人身体原本很结实强壮的，可是经过几天的山地急行军，脚底起泡了，小腿也肿了。

二十九军的指战员们克服了重重困难，经过五六天的艰苦行军，以神奇的速度、顽强的作风，向福州以南一带的守敌展开猛烈进攻，攻克了福清等3个县城，并阻击了南逃之敌。此役二十九军歼敌万余人，俘敌将级军官15名，缴获各类大炮80多门、枪支4 600余支。

这场战役，十兵团打得很成功。8月17日，十兵团解放福州市，整个福州战役共歼敌5万余人，胜利完成了预定作战任务。

福州战役，是梁灵光十多年军旅生涯中参加的最后一场战役。福州战役，给梁灵光的漫长征程画上了圆满的句号。

梁灵光，海外归来的赤子，一寸丹心唯报国，百战沙场碎铁衣，骁勇无畏，功勋显赫，河山可见，日月可知。

第六章 解甲从政

市长最佳人选

福州战役刚结束，人民解放军第三野战军第十兵团风驰电掣一般，分两路向闽南挺进，参加即将开始的漳（州）厦（门）战役。二十九军沿福厦公路从莆田抵达泉州，准备攻打厦门。

要攻占素有“海上花园”之称的厦门岛，和强渡长江一样，需要大量的船只才能渡过海峡。梁灵光曾出色地组织船只强渡长江，如今，二十九军决定让他再一次承担征集船只的重任。

梁灵光接受命令，驾轻就熟，全力以赴。不过几天以后，他忽然接到中共福建省委的紧急电话，要他立即赶到福州。行装甫卸，第十兵团司令兼福建省政府副主席的叶飞便告诉他说：“中央和省委决定，把你从二十九军调出来，到厦门去当市长。”

解甲从政，当市长，回到阔别多年的厦门工作，一切都来得那么突然，梁灵光事前没有丝毫思想准备。他感到很惊奇，为什么人才济济，偏偏挑上自己？

原来是南洋著名侨领陈嘉庚前不久在北京出席中国人民政治协商会议第一届全体会议的时候，恳切地向中央领导提议，说厦门快要解放了，那地方的海外华侨众多，又是鸦片战争后“五口通商”的口岸之一，在海外影响很大，希望派一个能干的闽南人到那里当市长，好让海外华侨放心，让厦门人民放心。

中央很尊重多年来为中国人民的抗日战争、解放战争和建设厦门作出了特殊贡献的陈嘉庚老人家的意见，同时深感厦门这地方虽小，但确实重要，将来还要担负支援解放台湾的任务，市长人选必须十分慎重。中央征求福建省委的意见。叶飞向省委推荐梁灵光。他说梁灵光是闽南人，会讲闽南话，又是来自南洋的归侨，了解侨情，加上经过了10多年战争考验，既带过兵，又有地方工作经验，文武双全，很合适。此外，梁灵光的兄长在闽南德高望重，颇具影响力。省委同意叶飞的推荐，认为梁灵光确是最佳人选。

叶飞征求梁灵光对省委决定的意见，习惯了部队生活的梁灵光忽地立正敬礼，说："服从中央和省委的决定。"叶飞微笑着回个军礼说："中央已把林一清从黑龙江调来任厦门市委书记，你们回到泉州抓紧组建市政府领导班子，积极筹备接管厦门。"

10多年前，梁灵光一片丹心回国杀敌，这是他人生旅途的第一大转折。现在，服从命令，解甲从政，可以说是他人生旅途的第二大转折。这样的转折，引得他浮想联翩。在国民党统治时期，自己和家人曾在厦门生活过，自己一度担任专栏编辑的《平话》杂志给国民党厦门市政府强行查封，后来又是被迫从厦门远走南洋，这些辛酸往事历历在目。而今，厦门即将解放了，自己又回来了，和厦门人民一道当家做主了。梁灵光心潮澎湃，思绪犹如海峡的巨浪在翻腾。

当他心怀对未来的憧憬返回泉州的时候，惊奇地发现，原来省委早已着手组建厦门市委、市政府的领导班子了。

接管厦门的干部队伍，来自五湖四海，有苏南老区调来的，有从军队转业的，还有闽南地下党输送的。他们移师厦门北部的同安镇集训期间，邀请地下党的干部详细介绍厦门的政治、经济、军事以及历史、地理、民俗等情况。尔后，根据中央关于接管城市工作的指示精神，结合厦门的具体情况，制定了《厦门市接管方针与任务》，并对可能出现的问题研究了对策。参加接管的人员，从9月下旬的200多人，逐步增加到10月中旬的400多人，区、局两级领导班子成员也已基本配备齐全，只待解放军攻下厦门，接管队伍，便可进岛开展工作。

“这一回才真正听到共产党的声音”

1949年10月1日，毛泽东在北京天安门向全世界宣布中华人民共和国成立。举国欢腾，普天共庆。从此，中国进入了历史发展的新时代，开创了古老历史的新纪元。

共和国成立的喜讯，给南下的人民解放军极大的鼓舞。在叶飞司令的指挥下，十兵团以两个军为主力，于15日下午向厦门发起猛烈进攻，17日上午全岛解放。前后三天，实际一天多的激战，歼敌5万余人，创造了解放军用木帆船强渡海峡天险，对重点防守的要塞岛屿进行大规模登陆的成功战例。

硝烟尚未散去，身为首任市长的梁灵光当天下午首批进岛，其余400多名接管人员于同一天陆续渡过波澜激荡的海峡，登上刚刚解放的厦门。第三天，按照既定方案，分政务、军事、公安、财政、文教等部门有条不紊地开始全面接管。

梁灵光首先从接管国民党旧机构、旧人员入手。他向留在岛上的全体旧人员、旧警察共1 000多人作动员教育报告。他讲全国解放战争的形势和任务，讲蒋家王朝覆灭的必然性，讲人民政权的性质，讲共产党的宗旨和对待旧人员、旧军警的政策，也讲厦门解放后面临的困难和可能遇到的问题，希望大家认清形势，顺应潮流，自我反省，洗心革面，回到人民一边来，为建设新厦门作出应有的贡献。

梁灵光主持的这次教育报告和学习讨论会，历时一天半，收到了很好的效果。他站在讲台上，身材魁梧，面貌端庄，眉毛粗黑，双目炯炯有神，给人一种恩威并行的感觉。每场报告开始时，台下都鸦雀无声，人们都在期待着聆听这位年轻、英俊的厦门解放后的首任市长别开生面的讲话。梁灵光从容不迫地用正宗闽南话打破了静悄悄的场面，人们不禁啧啧称奇，不少不明底细的人都在琢磨：“嘿，新市长也会讲我们的家乡话。”梁灵光没有像一些旧官僚那样，居高临下地训话，而是围绕说服、教育的宗旨，用通俗的语言，摆事实，讲道理，分析政策，解惑释疑，使听众茅塞顿开，耳目一新，反应强烈。他们都说，从来没有听过这样好的报告，这一回才真正听到共产党的声音，以前听人说什么“共匪、共妻、共产”、“共产党面目狰狞”，我们都被骗了。

经过教育，争取团结了绝大多数旧人员、旧警察，使得各项接管工作顺利进行，大多数单位运作正常。这次共接收120个单位，有国民党中央直属机构，也有省、市机构。对接收人员进行初步审查后分别妥善安排，允许其留去自由。接收的物资不少，主要有黄金、美元、银元、港币，还有大批枪支、子弹、汽车、汽艇、飞机等。

厦门是各帝国主义侵华的一个立脚点，也是国民党在华南地区进行特务活动的中心，这里的地方黑势力和流氓团伙也十分猖獗，还有国民党败退时来不及逃往金门的散兵游勇3 000多人，受伤被俘的2 000多人。这些人员对被解放后的厦门社会治安构成很大威胁，凶杀、抢劫、盗窃、贩毒和贩卖军火等案件屡屡发生。治安不稳定，人心难安定。市政府根据“首恶必办，胁从不问，立功受奖”的原则，采取一系列有效措施，终于把社会秩序稳定下来。

民主建设新阶段

刚解放的厦门，是国民党留下的烂摊子，许多问题亟待解决，加上处于海防前线，还要承担战备支前任务，这给厦门市政府很大压力。

梁灵光在1950年1月中旬举行的厦门市第一届人民代表大会上致开幕词说：“厦门市解放近3个月，我们摧毁了国民党反动政权，建立了人民自己的政权，现在接管工作告一段落，正在逐步开展各项建设工作。我们过去的工作，有很大的成绩，但缺点、问题也是存在的。我们虚心听取各位代表的意见，以便改进今后的工作，这是会议的第一个任务。”

梁灵光继续说：“要把一个旧的半殖民地半封建社会的厦门，改造成为一个新的人民民主的城市，这不是一件轻而易举的事情，这当中必然会碰到许许多多的困难，特别是目前金门、台湾尚未解放，蒋军不断对我进行封锁袭扰，厦门还处在战争状态。但是，我们用不着怀疑、悲观和失望，也不要过于急躁，希望在极短时间内就搞出个翻天覆地的局面来是不现实的。目前国际、国内形势对我们有利，只要我们认清困难，群策群力，下定决心克服困难，我相信在共产党和毛主席的领导下，我们一定会像赢得解放战争的伟大胜利那样，赢得建设战线上的重大成就，新厦门将一步步地走向繁荣昌盛。”

1950 年，梁灵光任厦门解放后第一任市长时在厦门市第一届人民代表会议上致辞。

梁灵光向来自各界的 200 多位代表说：“我们这次会议的另一个重要任务就是根据本市的目前状况，制定出厦门今后一段时间的方针和任务，使市政府和全市人民有个更加明确、具体的目标，从而积极努力去实现。”

这次会议，决定了厦门市工作的方针与任务，号召全市人民团结起来，克服困难，积极支援解放金门和台湾，粉碎敌人封锁，建设新厦门。

梁灵光还是第一次参加这样性质的会议活动，看到了新生事物的产生和成长，感慨犹深。他说：“厦门市第一届各界人民代表会议的召开，标志着人民民主建设工作进入了一个新的阶段。”

锦囊妙计反封锁

上海、福州等地解放后，龟缩台湾的蒋介石在美国的支持下，凭借海空优势和地理环境，用战舰 、飞机和大炮对台湾海峡和我东南沿海实行军事封锁和禁运。美国还宣布冻结我国在国外的一切私有财产，东南亚某些国家也相应对我国采取限制措施，加上人民解放军进军金门受挫，蒋介石一时得意洋洋、忘乎所以，不停地叫嚣着要以金门为“前哨阵地”实现“反共复国”。

厦门是位于福建东南沿海的一个孤岛，与金门一衣带水，与台湾隔海相望，处于海防最前线。蒋介石实行军事封锁、禁运，厦门首当其冲。

厦门几乎没有农业，工商业基础薄弱，交通只靠海运。厦门解放后，盘踞金门的国民党军用炮火封锁港口，海上交通中断，进出口贸易急剧减少，工业萧条，典型的消费性商埠的虚假繁荣随之消失了。

厦门，面临严重的困难，面临严峻的挑战。

怎么办？梁灵光市长斩钉截铁地说：“只有一条路，团结一致，艰苦奋斗，打破封锁，复工复业，尽快改变这种困难局面。”

厦门市政府设计和采用了三个锦囊妙计：

第一个妙计：疏通侨汇。

厦门旅外华侨众多，归侨、侨眷占全市总人口的三分之一强，每年侨汇占全国外汇收入的40%。侨汇是厦门经济的一个支柱，直接关系厦门经济的稳定和发展。新的政权本应放宽政策，争取更多侨汇，由于经验不足，急功近利，却采取了一些强制性措施想把所有的侨汇全部硬吞下来，银行兑换价又偏低。结果，适得其反，侨民不满，侨汇下降。后来及时调整政策和汇率，并改进服务措施，还允许原币存款、原币汇兑。这个妙计很有效，获得了海内外的好评，厦门侨汇逐步回升，仅两三个月，便增加27倍，比该市解放前还多。到了1950年，福建全省侨汇恢复到2 800多万美元，其中90%以上是从厦门进来的。

这条联结海内外的渠道疏通了，侨汇增加了，不仅满足了归侨、侨眷的经济生活需求，还有一部分投入生产建设，对促进经济的复苏和发展起了很大的作用，还激发了广大侨界人士的爱国、爱乡感情。

第二个妙计：开辟航运。

过去厦门与外地沟通全靠航运，远洋航运多为英、荷、日轮船所控制，厦门解放前被相继撤走。当地船务行虽有几十家，但规模不大，档次不高，都是机帆船、木船，只能走内海、内河。规模大一点的只有三几家，可上浙江，下广东，载重吨位却有限。

市政府邀请工商界知名人士和进出口商代表共商对策。他们发现了盘踞海口岛屿的国民党军进行炮火封锁时紧时松的规律，试着由一个经验丰富的人在夜里乘小轮船冲过封锁线。

首航成功，大家信心倍增，办法也更多了。航运开始逐步恢复，不仅当地船务行增辟了通往汕头等地的航线，一些外籍轮船也加入了往返厦门、香港的货运行列。进出口的恢复，对厦门的复工复业、经济发展、社会稳定和侨汇增长，起了关键性的作用。

第三个妙计：扩大物流。

通过贸易公司向上海、广州和福建各地输出土特产，从海外和内地购进工业原材料、生活必需品；还举行了第一届物资交流大会，参加交流的商品有4 500多种，成交4 400多宗。这些措施，大大开拓了市场，对发展工商业、满足人民物质生活需要功不可没。

另外，市政府在平抑物价、稳定市场和改善劳资关系等方面，也做了大量的工作。

梁灵光市长曾这样说："厦门正是在敌人的重重封锁和禁运中，开始恢复生产、发展经济的。虽然起步艰难，但是我们充满了胜利的信心。"

毛泽东当年在《别了，司徒雷登》一文中写道："封锁吧，封锁十年八年，中国的一切问题都解决了。"

厦门没有被封锁扼杀，而是在封锁中不断前进！

冒"右倾"风险避免了大开杀戒

正当厦门致力于冲破封锁、恢复生产，财政经济开始好转的时候，美国发动了侵略朝鲜的战争，同时把它的第七舰队开进台湾海峡，阻止我人民解放军挺进台湾。海峡两岸形势又一度紧张起来。

朝鲜战争爆发后，中国发起抗美援朝运动，暂时解除了渡海解放金门和台湾的两个战役。蒋介石企图浑水摸鱼，欲派兵参加侵朝战争。美国出于全球战略考虑，不同意蒋的要求，改为提供20个师的武器装备和10亿美元的经济援助。后来，美、蒋还密谋对我厦门、汕头等沿海地区进行大规模进犯。于是乎，蒋介石狐假虎威，壮起胆子来，叫嚣着"一年准备，两年反攻，三年扫荡，五年成功"。

在海峡形势日趋紧张之时，福建境内匪特活动也更加猖獗。厦门处于海防前线，是美、蒋进攻的主要目标。厦门政府除了充分备战，还要开展反特防奸斗争。

国民党特务头子毛森逃走前布置了一批潜伏特务。厦门解放时，他们流窜到漳州、泉州内地山区。后来内地开展剿匪斗争，他们又改头换面潜回厦门大肆活动，竭力拉拢流氓、地痞、敌伪人员成立了"东南人民反共救国军"等名目繁多的反动组织，妄图举行武装暴动。这批亡命之徒甚至

明目张胆地行凶作恶，谋财害命。

厦门政府在镇压反革命分子中，杀掉了几个罪恶昭著的首恶分子，对那些罪行较轻而又愿意悔改者给予宽大处理。

当时，原市委书记已调离厦门，梁灵光一人身兼两职，既管党政又管公检法，牢牢坚持镇压与宽大相结合的原则，对杀人严格控制。对镇反工作，省公安厅抓得很紧，要求厦门定期汇报。有一次，省公安厅批评厦门“右倾”，迟迟不报判刑名单，对反革命分子“打击不力”。于是，厦门公安局报了一个100人的判刑材料。上面很快批下来，其中24人被判死刑。批文下发到市委、市政府，梁灵光十分惊讶，公安局上报这份材料，一下子杀这么多人，怎么没有经过市委讨论？经查问，原来是公安局顶不住上头的压力，怕担“右倾”的罪名，就急急忙忙上报了。

梁灵光坚持原则地说：“市公安局上报的材料没有经过市委讨论，应重新审查。”他提出由一位副市长负责，组织公检法机关联合成立审查小组，对案件逐个审查，重新作出结论。该副市长甚感为难，犹豫不决，梁灵光问他有什么困难，该副市长坦率地回答：“抗战后期在胶东整风的时候，人家说我有‘右倾’思想。现在我来复查这个案子，改变省委、省政府的决定，人家会怎么看呢？”

梁灵光说：“我们共产党员对党负责，也对人民负责，这是一致的。要打消各种顾虑，秉公办事，实事求是。你去审查，该怎么样就怎么样，有问题我承担。”

该副市长说：“那好，我坚决遵照书记指示，认真审查。”

就这样，按照党的有关政策和实事求是的原则重新审查后，发现在已判决的24人中真正够得上死刑的只有1人，否定了23人。这下问题大了，与省委、省府原来的批文相比天差地远，此事非同小可，怎么办？梁灵光召集市委委员（当时未设常委）认真研究讨论，决定如实向省里写报告，并派专人送到福州汇报。最后，省里重新作了研究，同意厦门的意见，只判1人死刑。

对这件事，梁灵光每次想起记忆犹新。他说：“厦门的镇反运动，我们是很认真负责的。现在看来我们还是应该那样做。人命关天，如果稍有私心杂念，不坚持原则，只怕别人说‘右倾’，顾忌上面批评，把24人都杀了，那就会造成重大的失误。当然，那23人不是没有罪，而是罪不至死。”

梁灵光在镇反运动中公正无私，依法而治，敢冒“右倾”风险，避免了重大失误和大开杀戒，深受人们赞赏，人们都说共产党人就应该这样。

在敌人的炮火中筑成中华第一条跨海大堤

在厦门任市长兼市委书记期间，梁灵光功业卓著，而使他自己感到最值得骄傲和自豪的，就是在敌机轮番轰炸、扫射下，闽南人民冒着生命危险筑成中华民族史上第一条跨海大堤——厦门海堤。

当时兴建海堤，出于两种考虑：首先，是海防战备需要。厦门处在对敌斗争的最前线，一旦打起仗来，遭到敌人袭击，岛上部队便会因海峡阻隔难以得到及时增援，居民也难以及时疏散。其次，是改善交通和发展经济的需要。厦门与外界平时全靠船只往来，潮水退了就无法通行，这很不方便，制约了经济发展，岛上居民苦不堪言，都期待着人民政府改变局面。

早在20世纪30年代梁灵光侨居马来亚时，曾多次走过跨越柔佛海峡连接马来亚半岛和新加坡岛的海堤，堤上可行汽车和火车，这给他留下了深刻的印象，也给他很大的启发。

1950年秋，陈嘉庚从南洋回故乡集美定居，梁灵光常渡海登门拜访。两人都是归侨，又是同乡，彼此感到特别亲切。他们有一个不谋而合的想法和共同的话题，就是像修筑马来亚连接新加坡之间的海堤那样，筑一条把厦门和大陆连接起来的海堤。

梁、陈两人共同的经历、共同的构想，形成了共同的意见。经专家、教授们的初步勘探研究，认为建海堤是可行的。再经三个月的实地勘探，他们提出了“抛石为堤”的方案，在厦门的高崎和大陆的集美筑一条高集海堤，又称厦门海堤。

市委、市政府把筑堤方案逐级上报。不少人认为，在海峡“抛石为堤”，技术难度大，过去从未有过，很可能变成“石沉大海”。筑堤方案报到交通部后真的“石沉大海”，一年多过去了仍杳无消息。

1950年美国侵朝战争爆发，中国人民志愿军赴朝作战，台湾海峡形势

骤然紧张起来。毛泽东主席致电中共华东局陈毅，提出厦门必须“加强纵深工事”，“务必长期确保厦门”。于是，陈毅从上海亲临厦门检查战备工作。梁灵光抓住这个千载难逢的机会，向陈毅汇报战备工作时，不忘提出兴建厦门海堤。

梁灵光说：“厦门是前沿阵地，不论是支援解放金门、台湾，还是长期确保厦门，都要有一条大堤与大陆相连。同时，现在厦门被封锁，国民经济和群众生活都很困难，有近万劳动力找不到就业门路。兴建海堤，不单是国防的需要、解决交通困难和发展经济的需要，还可以以工代赈，安排就业，解决近万人的暂时困难，一举多得。”

在抗日战争时期，梁灵光就是陈毅的老部下、老战友，彼此再熟悉不过。此刻梁灵光毫无拘束，讲得理直气壮，振振有词。

陈毅听得不觉笑了起来，说：“你这老梁真会想办法、钻空子。”最后表示完全同意梁灵光的意见。

可是，梁灵光心里似乎还不踏实，怕老首长日理万机给忘记了厦门的这件大事。临别那天晚上，月色朦胧，风平浪静，梁灵光特地陪陈毅坐一只小轮船经过高崎与集美之间的海面视察。很巧，刚遇上退潮，海面只剩下约200米宽，两岸露出一大片沙滩，梁灵光指点着说：“就在这里建海堤。这里两岸的距离最近，潮水也有个特点，不是一边流，而是从两边流过来在此交汇，当地人称为‘八卦水’。这里的海沙不是一年一年地减少，而是一年一年地增加，对建堤非常有利。”

陈毅边听边看，高兴地拍着梁灵光的肩膀说：“好，回去以后，我就给你们去讲。”后来他到北京汇报战备情况，在政治局会议上提出兴建厦门海堤，毛泽东点头同意。但财政部一时拿不出钱，事情被搁置起来，又一次“石沉大海”。

梁灵光并不灰心，1952年底见到陈毅，旧事重提，请求解决。陈毅说：“我再找毛主席讲讲，这是他亲自定的嘛！”后来陈毅到北京公干，又跟毛主席讲。毛主席说：“厦门海堤一定要修。好，简单一点，钱交给你，由你陈毅负责。”

消息传到福建，叶飞、梁灵光眉开眼笑，拍手称快。省里随即成立由梁灵光为主任的高集海堤工程建设委员会。就这样，海堤工程开始启动了。梁灵光还是拿出战争时代亲临前线指挥作战的作风，带领一批工程技术专家分三个小组到现场进行前期勘察，前后历时16天。

兴建跨海大堤，中国史上前无古人。中央和华东局没有哪个部门愿意承担这个设计任务，连苏联专家也摆手摇头。怎么办？只好自力更生，由福建人自己来设计。

1953年夏天，厦门海堤正式动工。只见海峡两岸彩旗飘扬，锣鼓喧天，盛况空前。万人建堤大军披星戴月，汗如雨下。海面上，浪头重叠，千帆竞发，橹桨齐飞。采石场里，炮声连天，号子高亢。整个海堤工地，热火朝天，宏伟壮观。

厦门海峡风大浪急，遇上台风季节，海潮冲击力更大。据外国资料记载，堤基两边的护坡必须采用2立方米大的石块堆砌，才能抗击强大的海潮冲击力。当时没有起重机，又没有大卡车，靠人力搬几吨重的土石块到海里堆砌根本不可能。于是，工程技术人员和工人们创造了"条石砌坡"的土方法，既节约了大量人力、物力，又砌出了高质量的海堤。

施工到了最后阶段，如何封住堵口？这又是一个技术难题。海堤将合拢堵口时，堤身两边的水位相差很大，水流加速，急泻直下，形成巨大的漩涡。新加坡连接马来亚的海堤堵口时，采用事先制造好的开底大轮船，用大石块装满了船，到了堵口把船底打开，石头便往下掉，如此反复不知多少次才封住堵口。厦门没有也不会制造这样庞大的开底船。大家又动脑筋，七嘴八舌，集思广益，想出了一个"行船抛石 "法。他们计算好，在刚退潮时开始进行，运载巨石的木船鱼贯而来，驶至合拢堵口时，借着湍急流水冲力，控制一边船舷倾斜接近水面，船上石块顺势全部落水，船工趁着巨石落下阻挡漩涡之际，驾驶空船飘然而去。每一只船通过堵口时间虽然短暂，但险象环生。如果船工临场表现不佳，对船的倾斜度掌握不好，或石料落水后掌握不好时机，都可能船毁人亡。

天公保佑，一切平安无事。不到1个小时，倾倒下去的无数巨大石块露出了水面，合拢堵口成功了。数以万计的建堤大军和数不清的观众，不禁欢呼雀跃，热烈庆祝堵口成功。许多好水性的青壮年渔民自告奋勇，纷纷跳下海游到堵口处，把堆放在上面的石块进行适当调整。

在兴建厦门海堤过程中，闽南人民不仅攻破了一个又一个技术难关，创造了人间奇迹，还表现出了不怕牺牲的高尚品质，有的甚至献出了宝贵的生命。国民党反动派不甘心在福建、厦门的失败，更不愿意看到福建、厦门的发展，他们除了进行军事封锁，还派出一批又一批飞机在海堤工地上空俯冲下来，轮番轰炸、扫射，造成不幸遇难的技术人员、干部和民工多达150余人，受伤的更多；其中有1只支援海堤的船只被炸沉，伤亡70人。民工们抚着亲人的尸体，流着悲痛的泪水，怀着强烈的愤怒，把工地当战场，用“早日筑好海堤，支援解放台湾”的实际行动回击敌人。

1988年老省长梁灵光（中）在厦门海堤纪念碑前与当年战友张维菲（左）及丁德荞（右）合影。碑上题字“移山填海”为朱德手迹。

厦门海堤全长2 212米，可通汽车、火车。中央拨款1 300万元，实际支出800多万，节约400余万。从正式动工到基本建成，仅两年三个月。新加坡连接马来亚的海堤，工程量只有厦门海堤的四分之一，而且全是机械化施工，也用了两年多的时间。新、马工商贸易考察团参观厦门海堤后，无不敬佩地说：“相比之下，还是厦门的海堤伟大！”

梁灵光深有感触地说：“厦门海堤是我国跨海筑堤的首创之举，也是闽南人民移山填海、改造自然的伟大力量的象征！它的建成，不仅从根本上改变了厦门孤岛交通阻隔的状况，适应海防斗争的需要，而且大大地促进了厦门经济的发展。”梁灵光生前回忆此事，依然显得春风满面：“厦门海堤建成至今，整整40个年头了。它像一座海上长城，巍然屹立在风浪之中。作为建设者之一，我为它感到骄傲和自豪！”

像这样的“爱国资本家”，世上能有几人？

自接管厦门之日起，梁灵光就十分重视巩固和壮大最广泛的爱国统一战线，努力加强海内外儿女的团结，充分发挥各方面的积极性，不断推进厦门建设。

梁灵光在接管厦门后的《四十天工作检查》中，便谈到了加强厦门的统一战线问题。他说，统一战线的对象，一是华侨资本家，二是工商界资本家，三是自由职业者，四是一般民主人士。

厦门是一个侨乡，又是一个小岛，华侨资本家、小资本家多，没有什么大资本家。资产稍为雄厚的，在该市解放前夕都跑到香港或海外去了。对那些留下来的，梁灵光高举爱国主义旗帜，团结他们，让他们发挥自己的作用。当时厦门之所以能够冲破敌人的海上封锁，在较短的时间内恢复了交通和生产，渡过了难关，很重要的一条就是厦门市委、市政府正确执行统一战线政策，争取了爱国工商界人士大力支持。

在统一战线中，梁灵光结交了不少朋友，进行了许多很好的合作。

马来亚华侨黄重吉，福建永春人。抗战胜利后，他怀着满腔爱国热情，把自己经营的10多家小工厂的全部设备陆续搬了回来，打算在厦门创办工厂。可是，这些设备进港后却被海关扣压下来，长达两年之久。黄重吉不服，三番五次向南京政府交涉，都毫无结果。厦门解放了，梁灵光决定让市政府立即批准放行其全部设备。两个政府，两种态度，天壤之别。黄重吉看在眼里，记在心上，激发了他对人民政府的信任感。他表示要抓紧安装，尽快投入生产，誓与人民政府共渡难关。后来他的几个工厂对厦门恢复经济发挥了很大的作用。厦门的一家发电厂被国民党飞机炸毁，全市停电，晚上一片漆黑。黄重吉想方设法进口发电机，除发电自用外，还自愿承担部分地区的供电任务。

蔡衍吉，厦门工商界知名人士，很有爱国心。抗美援朝时，他发动工商界踊跃捐款，购买了4架战斗机支援志愿军赴朝作战。厦门刚解放，市政府遇到困难，入不敷出。蔡衍吉建言献策，请求梁灵光派人去向工商界作报告，宣传新中国的税收政策。在他的带动下，各行各业都建立了纳税互助组织，制定和执行集体缴税制度，保证了政府税收。政府发行爱国公债的时候，梁灵光聘请他担任劝购公债委员会主任。他积极配合，还主动承担工商界购买公债的任务。有人写信恐吓他，威胁他，他毫不动摇，仍坚持工作，超额完成了任务。1951 年，市里推选他作为厦门工商界代表上北京参加国庆观礼。1952 年，在厦门市二届一次人民代表大会上，他当选为副市长。梁灵光说，我们就是要团结一批进步人士和中间分子，适当吸收一批党外人士参加人民政府工作，给予一定的经济优待和政治地位。

林梦飞，原国民党厦门警备司令部少将参谋，厦门解放前夕与地下党取得联系，弃暗投明。在厦门反封锁斗争中，他和几个同伴共同建立了船务行，租用了外国轮船，冒着危险从香港运入工业生产急需的原材料，又把本地的土特产运到香港和海外，为恢复和发展生产立下了汗马功劳。而在他要办工厂却缺乏资金时，政府给予支持。梁灵光认为，像这样愿意和我们合作的爱国民主人士，越多越好，我们理应团结他们，予以保护和支持。

同梁灵光交往最密的党外人士，是爱国华侨陈嘉庚。

陈嘉庚是深孚众望的华侨领袖，梁灵光早年在马来亚的时候便对他的创业精神和爱国精神十分敬佩，但无缘一见。梁灵光在马来亚的哥哥梁披云与陈嘉庚志同道合，过往甚密，抗战时曾跟随陈嘉庚回国劳军，并到延安慰问中共领导人和抗日军民。

1950 年初，陈嘉庚在北京参加全国政协会议和赴东北一带视察后回到厦门，梁灵光等市委、市政府领导前往码头迎接。这是陈嘉庚时隔 29 年后第一次重新踏上熟悉而又陌生的厦门的土地。斗转星移，物是人非，陈嘉庚老人家怎么能不触景生情，感慨万千呢？在他下榻的招待所里，他用家乡的闽南话亲切地询问梁市长哪里人，多大年纪了，以前干什么工作。当他得知梁市长是本地人，又是南洋的老朋友梁披云的胞弟时，十分激动，高兴极了，紧紧握住站在眼前的 30 多岁的市长的双手，久久不放，泪花不禁夺眶而出。

市政府特地为陈嘉庚先生荣归故里举行隆重的欢迎大会。梁市长请他讲话。那时，他年过古稀，在外拼搏也多年了，但乡音未改，言辞间充满热爱祖国、眷恋故土之情。

不久，陈老先生返新加坡处理产业，结束了海外业务，于 1950 年秋回到厦门的集美定居，落叶归根，安度晚年。

梁灵光常登门造访陈嘉庚。陈老关心国家大事，关心厦门的经济建设和社会发展，关心故乡人民的幸福和疾苦，对许多事情坦诚地讲出自己的看法。比如，对厦门执行侨务政策、开展镇压反革命运动、兴建海堤，甚至街道环境卫生等，他都提出很多很有价值的意见。兴许是大家乡土情深的缘故，或是大家都有浪迹异域的共同经历，抑或是梁灵光的胞兄与老侨领有过一段深交，他们之间的谈话总是那样亲切，那样随和，那样真诚，互相尊重，互相理解。为了祖国的繁荣昌盛，为了厦门的美好未来，他们赤诚相待，肝胆相照。

陈嘉庚早年倾资兴学，名闻海内外。他回国定居后，仍然一本初衷，表示要以晚年精力投身于扩建厦门大学和集美学村。从1951年起，他多方筹备资金扩建厦大。当时，蒋军飞机不断袭扰、轰炸厦门，海峡局势紧张，厦大与国民党占据的大担、二担岛相距不到千米，随时有被炮击、轰炸的危险。梁灵光征求陈嘉庚的意见说，厦大对面就是国民党占据的岛屿，什么事情都可能发生，不安全，是否以后再动工扩建？“在我有生之年，一定要把厦大建好。蒋帮如果把它炸毁，你们再修就是了。”陈嘉庚坚定地回答。

陈嘉庚一言既出，驷马难追。厦大的建南大礼堂、图书馆、生物楼、物理楼、化学馆、游泳池、运动场和教师宿舍等31座庞大的建筑物，就是在这几年间建造起来的。

1961年8月，陈嘉庚先生在北京逝世。弥留之际，他叮嘱身边的亲人说：“第一，万一不幸，子孙不穿麻孝；第二，灵柩运回厦门，葬集美墓地；第三，丧事从简，一星期内归土。”遗体从北京运回来时，梁灵光和厦门市委书记林一心代表中共福建省委、省政府到火车站迎接，然后护送灵柩到墓地。

梁灵光记得，在厦门解放初期，陈嘉庚先生在一次谈话中曾这样自豪地说过：“是的，我是资本家，但我是爱国的资本家，我把所有的钱财都贡献出来了。”

梁灵光对被毛泽东赞誉为“华侨旗帜，民族光辉”的陈嘉庚先生怀有深厚的感情和无比的敬意。陈嘉庚先生逝世后，梁灵光深切地怀念，含着泪水说：“像陈嘉庚先生这样爱国爱乡、无私奉献、克己洁身的‘爱国资本家’，世间能有几人？”

跟中央唱对台戏？

1952年底，在全国范围基本上肃清了国民党时期残留下来的各种反革命分子，出现了前所未有的安定局面，巩固了国家政权，保证了国民经济恢复任务的胜利完成。

那年冬天的一天上午，到处沐浴着温暖的阳光。福建省委书记叶飞把梁灵光叫到福州，两位老战友亲切握手，嘘寒问暖。接着，叶飞说："三年国民经济恢复后，我国第一个五年计划即将开始，工作重点要转移到工业建设上来。省委刚成立工业部，我兼部长。省委还决定，把你从厦门调来任省政府工业厅长，我们互相配合。"

就这样，梁灵光走上了新的岗位，立即着手参与编制福建省第一个五年计划纲要草案。福建地处海防前线，全国"一五"计划重点在东北，优先发展重工业，156个重点工程中没有一个放在福建。同华东几个省相比，福建的工业、交通业基础最为薄弱。民间流传这样一句话："福建手无斤钢，路无寸轨"，形象地描绘了福建没有钢铁、没有铁路的落后状况。

梁灵光到福建省任职前，曾有几个人加班加点，两天两夜不睡觉，做出个计划草案送到华东局，却没有一个项目被列入国家计划。到了1953年，省委、省府确定"一五"期间以发展农林业生产为首要任务，同时有计划地发展地方工业，稳步地进行私营工商业和手工业的社会主义改造。通过各方面的努力，这个计划在实施中取得了喜人的成绩。

梁灵光每接受新的任务，都要深入调查研究，仔细独立思考。随着时间的推移，他对福建的工业状况有了进一步的了解。在他看来，工业基础差不等于没有资源优势。首先，福建是典型的亚热带海洋性季风气候区，非常适宜亚热带经济作物和林木的生长，将给轻工业的发展提供丰富的资源。其次，福建山地多，是南方的重要林区，具有发展林产化学加工的巨大潜力。再次，福建江河纵横，海域辽阔，有不冻不淤的良港近10个，有利于捕捞、养殖、海运业和水产加工、海洋化工、食品工业和海盐业的发展。另外，当地还有丰富的水力、矿产资源。

如何发挥福建的资源优势，加快地方工业的发展呢？梁灵光独具慧眼，一语惊人。

1955年，梁灵光在一次省委工作会议上说，福建地方工业应该走“以轻为重，以轻养重”的发展道路。话音刚落，与会者议论纷纷。有人质问道：“全国以重工业为重点，你怎么提以轻工业为重点呢？这不是标新立异，跟中央唱对台戏吗？”梁灵光从座位上站了起来，从容不迫地说：“我们福建一无资金，二无设备，三无燃料，不能像鞍山、上海那样办钢铁厂，搞重型机械生产。我们要实事求是，自力更生，量力而行，以轻工业为重点，因为轻工业投资少，积累快，可以尽快增加地方财力，待有条件后再逐步搞些重工业。这就是‘以轻为重，以轻养重’”。梁灵光继续说：“重点发展重工业，并不能理解为可以忽视轻工业。中央也一再强调，应当认真研究当地的经济特点和具体情况，从实际出发来制定地方工业的发展计划，充分发挥地方的积极性和创造性。”梁灵光的发言，获得热烈的掌声。经过与会者的充分讨论，“以轻为重，以轻养重”的方针，得到了省委的肯定。在“一五”后期，福建地方工业发展就放在轻工业建设上，选择糖、纸、盐三项作为重点。

1956年初，国家食品工业部曹鲁副部长到福建视察。梁灵光向他汇报创建制糖工业基地的设想。他说，福建制糖始于唐，至清代得到大发展，土糖作坊遍布沿海各地，生产赤砂糖、白砂糖、片糖等10多个品种，远销海内外。如果能在主要甘蔗产区建几个大型糖厂，再建一批小厂代替作坊，大小并举，综合利用，既制糖，又生产酒精、木糖醇，废渣还可造纸，那么福建可成为我国蔗糖生产的重要基地。曹副部长频频点头赞许。

后来，国家计委批准兴建日榨量1 200吨的仙游糖厂，并同时建一座日产8吨高纯度酒精车间，总投资1 500万元，列入福建“一五”重点工程。仙游糖厂经一年半时间建成投产，成为全国一流的大糖厂。

泉州糖厂、云霄糖厂等也相继建成投产，造纸、海盐等产业都发展迅速。

在“一五”期间，福建轻工业为国家积累资金 5 629 万元。“二五”期间，发展更快，为国家积累资金上升到 5.7 亿元。

尽管重工业不是建设重点，但也从实际需要和可能出发，先后兴建了一批工厂，每年产值平均增长 26.7%。

“以轻为重，以轻养重”方针带来了意料不到的效益，既促进了社会经济发展，也为地方工业的进一步发展打下了坚实基础。

实现“筹建铁路，以图自强”梦

梁灵光在兴建厦门海堤中立下了汗马功劳，在修筑鹰厦、南福铁路中同样功不可没。人们都衷心称赞他是从根本上改变厦门交通落后状况和结束福建“路无寸轨”历史的功臣。

福建人，尤其是旅外华侨，很久以来就有这样的强烈愿望：筹建铁路，以图自强。

20 世纪初，福建曾成立商办福建全省铁路有限公司。南洋各地华侨为了“振兴实业，繁荣家乡”，慷慨解囊，捐出巨款，于 1907 年动工兴建漳（州）厦（门）铁路。后来该公司总理陈宝琛被召进宫当末代皇帝溥仪的老师，筑路工程半途而废。抗日战争时，国民党当局以修筑防空洞为名，将全长 28 公里的铁轨全部拆毁，器材也被盗一空，激起了海内外的公愤。

1949 年 9 月，爱国侨领陈嘉庚出席全国政协第一届全体会议，向大会提出修建福建铁路的提案，获得通过。毛泽东主席对此非常重视。后因抗美援朝，未能实施。毛主席批示：“此事目前虽一时不能兼顾，但福建筑铁路的正确意见，当为彻底支持。”

朝鲜战争结束后，彭德怀回国任国防部长。1954 年他到福建前线视察，谈到了解放金门、台湾的战备。他说，福建交通条件很差，不仅没有一寸铁路，公路也只有几条干线，中央已决定调铁道兵入闽抢修鹰厦铁路（从江西鹰潭至福建厦门）。

1955 年初春，福建人民期待已久的鹰厦铁路开始动工。铁道兵部队 12

个师10万大军浩浩荡荡进驻沿线各主要路段，当地群众无不热烈欢迎。为了配合铁道兵前线施工，福建成立了支前委员会，由时任省委工交部长的梁灵光负责指挥。梁灵光全力以赴，动员空前庞大的10万民工队伍支援建设，沿线各级党政部门则保证粮食、副食品和蔬菜供应。在这福建有史以来最伟大的工程中，梁灵光不辞劳苦，任劳任怨，成为出色的“后勤部长”。

鹰厦铁路全长694公里，工程复杂，1956年12月上旬完工，前后仅用时1年10个月，比原定计划提前1年完成。这个速度，是军民们像在朝鲜战场那样抢时间、争速度的结果，是世界铁路建设史上的奇迹。

鹰厦铁路竣工前，梁灵光被增补为副省长。他不仅工作踏实，还眼光远大。他心里想，铁路将全线通车了，铁道兵虽被陆续调往西北，但大部分还留在原地暂时没有别的任务，建设资金也没有用完，还剩下不少建设材料，是否趁此良机，把从福建中部的南平市到沿海的福州市那段铁路也筑起来呢？

他把自己的想法告诉省委书记叶飞。叶飞听了，不禁拍案叫好，并要他赶快向铁道兵部司令王震报告。

梁灵光大喜过望，风驰电掣般从福州来到南平铁道兵部找王震。王震不拐弯抹角，爽快地说：“你这个意见很好，现在是有钱、有人，也有材料，要趁热打铁。再说，我们也不能窝在这里光吃饭呀！”梁灵光紧接着说：“王司令，既然你同意了，那就以省委、省政府和铁道兵部的名义联合向中央、国务院打个报告。”“哎呀，不要报告了，你一报告就可能吹了。”王震笑着对梁灵光说：“现在我们有人、有钱、有材料，先斩后奏，干了再说。”

就这样，确定了修建南福铁路大计。全部工程由铁道部包干，边设计、边审查、边施工。留下来的铁道兵和民工共6万多人全部投入新的战斗。

在具体施工中，由于多种客观因素，虽一波三折，但这条全长200公里的南福铁路终于在1959年元旦胜利通车，实际施工时间仅1年3个月。

在短短的4年里，福建筑了2条共长894公里的铁路，大大扭转了交通落后局面，对巩固国防、发展经济和促进社会进步，发挥了不可估量的作用。

为了筑铁路，梁灵光风雨无阻，费尽心血，作出了可贵的贡献。但他并不居功自恃，他说："福建筑铁路，除了陈嘉庚、王震作出特殊贡献外，可以说如果不是当时军事、政治形势的需要，在短短几年筑那么长的铁路，恐怕不那么容易。"

两条冒烟的巨龙在福建大地奔驰，高亢激昂的汽笛声在长空回荡。福建呈现了崭新的面貌，人们喜气洋洋。他们在衷心称赞梁灵光的同时，衷心称赞共产党知人善任，挑选了一个想海内外乡亲之所想，真正造福人民的好干部。

把新中国第一个水电站机组搬进山洞

福建的水力资源非常丰富，属于山区性的大小河流众多，河床多呈河谷型盆地和弯曲型峡谷相间形态，源短、流急、落差大，而且分布广。这给福建水电工业的发展提供了很大优势。

早在抗战胜利后，国民党福建省政府曾打算开发水力资源，以建设古田溪水电站名义，向海外华侨募捐，向老百姓摊派，修了几公里公路，盖起了两幢木房，还从美国买来两台200千瓦的水轮发电机组，结果主体工程还来不及动工，蒋家王朝便全面崩溃了。

解放战争尚未结束，设在江苏的中共福建省委领导人张鼎丞、叶飞、方毅等深谋远虑，作出了开发古田溪水力资源的决策，并向上海市军管会主任陈毅提出请求，希望调派工程技术人员协助。性格开朗的陈毅笑着说："你们几个福建佬真会谋划，福建还没有打下来，就把国民党的东西端来了。"

1949年10月，福建省人民政府成立不久便决定在经济困难的情况下，挤出一点钱把古田溪水电站建起来。

1951年3月，古田溪一级水电站开始动工，这是新中国诞生后最早兴建的一项水电建设工程，工程复杂，难度很大。按照国家派来的苏联专家原设计，机房建在大水坝底下。梁灵光前往考察时发现了原设计的缺陷。他认为，福建地处国防前线，台湾的国民党飞机正在不断轰炸东南沿海一带，而我们的空军还没有进驻福建，如果把水电站的机房建在毫无掩蔽的大水坝底下，敌机很容易发现目标，水电站一下就被炸掉了。我们全省只有这么一个水电站，千辛万苦才建起来，如果被炸掉，全省面临停电，损失就太大了。

梁灵光向工程师们建议，是否可重新研究原来的设计，把机房搬进山洞里面去？工程师们认真研究了梁灵光的建议，并借鉴四川狮子滩水电站的经验，认为梁灵光的建议是可行的，虽然工程量加大了，但安全有保证。梁灵光报告到省里，获得同意。

1956 年 3 月 1 日，水电站一期工程全部竣工，两台 6 000 千瓦的发电机组正式向福州供电。

紧接着，水电站二期工程开始设计施工，坝址的选择至关重要，省里决定由梁灵光任坝址选择委员会主任委员。经反复调查、论证，决定以龟濑水库为坝址。在移民工作中梁灵光强调，既要使群众得到合理赔偿和妥善安置，又要节约国家投资，两者必须很好结合。

这期工程的 3 号机组于 1957 年初动工，1959 年 10 月并网发电。后来又陆续安装了 4、5、6 号机组。

按原定计划，二、三、四级水电站都要相继动工的，后来由于“大跃进”，古田溪水电站的建设陷于停顿状态。到了 1965 年，省里才决定重新建设，但不久开始的文化大革命使工程无法正常进行，拖到 1973 年底四座梯级水电站才算全部完成。

古田溪水电站的建成，对福建的工业发展和改善民生发挥了巨大作用，并且为国家节约了近 10 亿元投资，相当于建设电站的总投资的五成。梁灵光后来回忆说，古田溪水电站是福建“一五”计划的重点工程，抓对了。福建的水力资源在东南几省是最优越的，必须积极开发，充分利用。这对促进工农业生产的发展和农村经济形态的转化，对保持自然生态的平衡和满足人民群众生活的需要，都将产生无法估量的作用。

到山区建设工业城

20 世纪 50 年代末，三明工业的崛起，是梁灵光主管福建工业发展的又一个功绩。

三明地处福建中部，北有武夷山，南有戴云山，中有沙溪穿流而过，流入闽江，是一块河谷盆地。福建解放前，三元是一个人口不过5 000人的小县城。因为是内地山区，盗匪盘踞，到了1950年初才获解放。1950年，与明溪县合并，改称三明县。有这么一首民谣："小小三元县，几家豆腐店，城内磨豆腐，城外听得见。"

1954年，中央决定空军入闽，但仅有一个福州机场不够，必须抢修几个机场。省委决定由梁灵光任机场修建指挥部指挥。梁灵光在各地考察过程中，认为三明虽然不适宜作为空军基地，但对这里的地理环境留下了很深的印象。

1956年，农业合作化运动蓬勃开展，化肥供应不足。时任中央农村工作部长的邓子恢回福建时，一再对梁灵光等深情而又风趣地说："一定要抓化肥，要办几个化肥厂，就是当了裤子也要办！"梁灵光听了进去，叫工业厅综合试验室做出一个化肥厂的设计方案来。初步方案出来了，一年多后化工部才批准。几乎与此同时，冶金部也在抓钢铁建设，决定在福建兴建一个钢铁厂。这对工业落后的福建省，是双喜临门的大好事。主管工业的梁灵光更是笑逐颜开，一方面组织人力到三明等地现场勘察，提出初步选址方案，另一方面亲自带领精干人马到南京、大连等地参观考察，并一路商讨鹰厦铁路沿线的带形城市群开发计划。

经化工部、冶金部厂址复查组会同省工业厅、交通厅复查，一致同意三明为建厂基地。经国务院批准，1958年底兴建三明钢铁厂。首期工程速度很快，一号转炉于第二年初炼出第一炉钢，结束了福建无钢的历史，并标志着福建现代钢铁工业的发展进入了一个新阶段。

三明钢铁厂顺利"上马"了，可化肥厂的命运却完全不一样，一波三折。1958年初，国务院只批准建一个石灰氮厂，起初因给"钢铁元帅"让路，让出了地盘，后来又说"粮食过关了，吃饭不要钱，搞化肥没有意义了"。化肥厂的生活区也被其他工厂的施工队占用。1959年化工部提出一个厂的投资要一分为二建两个厂。结果，边设计、边施工、边修改，耽误不少时间。化工部的一个干部出差到福州，听说三明化工厂工程进展慢，厂房还未动工。这个干部也不下去亲眼看看，便回去汇报一番。化工部不作调查，就下令将一台原来拨给三明化肥厂的电炉变压器调给广州。后来还是工厂拍了工程施工的照片送到北京，作了如实汇报，才挽救了大局。

到了1960年"五一"前夕，石灰氮厂的第一炉电石终于炼出来了，不久石灰氮系统正式投产。

1960年三明设市后，正遇上国家"三年困难"时期。1962年，福建省委决定三明的工业建设"下马"，并将三明市改为地委，工作重心转向发展农业。

梁灵光回忆说，三明工业城从选址到初具城市雏形，大约用了5年时间。它始于"大跃进"之前，在"大跃进"中发展，速度是快的。其中有成功的经验，也有失误的教训，但成绩是显著的。1957年，三明还是一个仅有6 000多人、200多万元工业产值的山区小县；1960年，它已发展到拥有12万人口、13家大中型企业、49家小型企业、1.07亿工业产值的新型工业城市。

梁灵光认为，三明市的业绩是卓越的，而最为宝贵的是三明人自力更生、艰苦奋斗的创业精神。

令人痛心的教训

1956年3月，春光明媚。在人民群众的一片赞扬声中，刚到不惑之年的梁灵光被补选为福建省副省长。尔后，在省二届、三届人大会议上连续当选为副省长，前后共达10年之久。副省长任期之长，在当时并不多见。可是梁灵光襟怀坦荡，不争功名，为国、为民倾尽个人薄力，一年复一年忙得不亦乐乎。

这些年，对于福建和全国一样，是社会主义建设曲折发展的10年，也是风风雨雨的10年。用梁灵光自己的话说，"这10年既有政治上的风波，又有经济工作的失误"。

翻开历史，这10年中曾有过"反右派"、"反地方主义"、"反右倾"、"大跃进"、"大炼钢铁"、"人民公社化"等。对这些，历史已作出了结论。受当时的大环境影响，作为省级高层干部的梁灵光不可能生活在真空之中。

从1957年的"反右"以后，经济工作中"左"的倾向日益明显。1958年初，时兼省计委主任的梁灵光主持编制《福建省1958年—1962年地方工业发展纲要》（简称《纲要》）。他的确是一心一意搞建设，希望尽快把工业搞上去。在一次报告中，他列举了英国的钢、煤、发电量等的年产量后说：“15 年以后苏联超过美国，中国超过英国，就会把帝国主义远远抛在后面。”这句话，可以说颇具雄心壮志，跟上“时代潮流”，就是脱离了客观实际，违背了科学规律。回忆往事，梁灵光说：“自己禁不住哑然失笑。”

梁灵光把《纲要》草案提交省委工业会议讨论时，有些头脑冷静的人暗地里说，规模过大，指标过高，时间过紧，能否实现值得考虑。但当时正在开展“双反双比”（反浪费、反保守，比先进、比多快好省）运动，又有谁敢出来公开表示不同意见呢？

1958 年的“大跃进”运动，到处放“高产卫星”，“人有多大胆，地有多大产”等口号泛滥成灾，造成了国民经济的重大损失，人民生活遭受很大影响。梁灵光对这一段历史，感触良多。他说：“‘大跃进’是毛主席、党中央在社会主义建设中，集体犯的一个重大错误。但是，中央犯错，不能说跟地方领导者没有关系。作为一个分管国民经济计划和工业的副省长，作为叶飞的助手，对福建的过失，我深感自己应负一定的责任。”

还有更使梁灵光长期以来感到内疚的，就是“江、魏问题”。1959 年，庐山会议把彭德怀等打成“反党集团”后，福建也开展“反右倾”斗争，把提出不同意见的江一真、魏金水等说成是“反对三面红旗”，是“追随彭德怀“反党集团”的“右倾机会主义分子”。于是，省委决定撤销江一真省委常委、省长职务，撤销魏金水省委书记处书记、省委监委书记职务。

梁灵光本来是善于独立思考的人，对“大跃进”、“反右倾”有不同的看法，但他没有表态，不敢言语，来一个中庸之道，既不积极参加，也不消极对抗。后来，省委委托他和另一位负责人赴京汇报“江、魏问题”。中央根据福建省委办公厅整理的“揭发材料”定了案。这个轰动福建的冤案，1962 年得到平反了，中央恢复了他们的声誉和职务，但已在政治上、经济上给他们造成了很坏影响和很大损失。后来，梁灵光每当想起这件事，深深感到惭愧、不安，认为这是令人痛心的教训。

出色完成支前任务

像一些农民群众说的“三分天灾，七分人祸”，从1960年到1962年，我国遇到了严重的经济困难。盘踞台湾的国民党当局以为有机可乘，可来个浑水摸鱼，不断派遣武装特务窜犯福建等东南沿海一带，并企图进一步扩大军事行动。福建根据中央“备战、备荒、为人民”的方针，作出“以战备为中心，支前第一，生产第一”的部署，抽调3 000多名干部充实各级支前机构，由梁灵光总管全省的支前工作。在形势最为紧张的1962年，梁灵光还把主要精力投入支前工作之中。

按照中央要求，作战部队和民工的储备粮需要好几亿斤。对福建这个严重缺粮省来说，任务重，压力大，在征购、调运、储存诸方面都十分困难。副食品的供应，缺口更大，除了中央调拨一部分外，都得靠地方解决。

梁灵光20世纪60年代在福建。

另一个棘手的问题，是交通运输。因为台风暴雨袭击，福建全省道路遭受严重破坏，铁路塌方85处，公路损坏共50公里，桥涵被冲毁83座。这些都需要投入大量财力、物力和人力，才能提高运输能力。然而此时，全省货车不过1 300多辆，而能经常运行的不过900辆。这样的交通状况，显然不能适应爆发大规模战争的需要。

梁灵光有一种不怕艰难险阻的精神，他依靠各级党政机关的大力支持和人民群众的密切配合，储备了粮食几亿斤，库存食油数万斤，还有其他大量副食品，许多地方的庙宇、祠堂都成了临时仓库。交通运输也有很大的改善，还新修公路，重建桥梁，修复铁路，并备用了钢轨、枕木一大批，基本上满足了发生战争的需要，出色地完成了支前任务。

在战争可能发生的年代，一个又一个艰巨任务落在梁灵光的肩上。毛主席根据当时的国际形势指出，只要帝国主义存在，就有战争的危险，要准备应付帝国主义早打、大打。他还提出要集中力量建设三线工业基地，抢时间建设好具有一定规模的战略大后方。因此，福建编制的“三五”计划，实质上变成了“以国防建设为中心的备战计划”。

按照中央的部署，福建处于第一线，要全力以赴进行“小三线”建设，也就是福建自己的小后方建设。省里很快成立了“小三线”建设领导小组，毫无疑问，这个组长由足智多谋的分管经济的副省长梁灵光来担任。

当时，福建把本省划分为一、二、三线，大体上沿海地区为一线，中部为二线，西部、北部山区为三线。本着平时和战时相结合、军工生产和民用生产相结合、近期和远期相结合的原则，充分利用西北部地形，把沿海的重要企业、事业单位分期分批迁往二、三线，同时加强二、三线建设，要求在三五年内完成这个牵涉各行各业的战略性任务。

经过两三年的努力，不仅沿海地区的工业布局较为合理，更加重要的是带动了西部、北部的广阔山区的资源开发，促进了山区经济和社会发展。

但是，由于时间急、“上马”快、规模大，一些工厂的前期勘察、施工准备等不够周密，加上管理跟不上，存在浪费资金、效益不高等缺陷。同时，由于对发生战争的威胁估计过高，对现代军事技术认识不足，片面强调了“山、散、洞”，布点建厂多在交通不便的山旮旯，而且过于分散，难以形成规模，这给职工生活带来不便。

第八章 十年磨难

“福建第二号走资派”

1966年5月至1976年10月在中国大地发生的文化大革命，虽然已经过去，但是，这场大内乱、大灾难、大悲剧给我们的国家和人民带来的严重破坏、损失和不幸，及其惨痛教训，却深深地烙印在人们心中。

在这场“革命”中，不论大陆同胞，还是境外骨肉，很多都是直接或间接的受害者，只不过是受害深浅不同、表现不同。其中蒙冤受屈的，甚至被迫害致残致死的，以及妻离子散、流落街头、远走他乡的，不知凡几。

在这场历时10年的浩劫中，谁也难以置信，梁灵光度过了近7年的“囚徒”生活。“叛徒”、“特务”、“走资派”、“三反分子”、“叶飞的黑干将”……种种莫须有罪名，都强加在他的头上，欲置他于死地。

梁灵光生前谈及在文化大革命中所受的磨难，心情极其沉痛。他说：“回顾这段噩梦般的往事，我无意去争辩个人的荣辱，只是作为一个老共产党员，我要告诫年青一代：绝不能让这样的悲剧在中国重演！”

老前辈的话语，言辞恳切，情意深长，感人心脾啊！

1966年初，福建的沿海和山区春色满园，风和日暖，百花盛开。正在领导“小三线”建设和主持编制“三五”计划的梁灵光，被中央批准任中共福建省委副书记。4月间，他主持召开“小三线”建设工作会议，总结经验，立足于“早打、大打，甚至打核战争”，要求尽快把后方基地建设起来。一切工作都在正常进行。

殊不知中华大地风云突变。5月间，中共中央政治局通过了经毛泽东几次修改定稿的《五一六通知》。6 月开始，《人民日报》连续发表社论，号召“横扫一切牛鬼蛇神”。8 月，毛泽东发表锋芒指向国家主席刘少奇的大字报《炮打司令部》。接着八届十一中全会通过《关于无产阶级文化大革命的决定》。从此，文化大革命便在全国范围异常迅猛地开展起来。

当时，对这场“革命”，全国大多数人和高层领导都很不理解，身为省委副书记的梁灵光也不理解，毫无思想准备。

毛泽东把青年学生视为推动“革命”的突击队，公开支持“红卫兵”“造反”。在北京的影响下，福建的青年学生也闻风而动，都起来“造反”了，闹得乌烟瘴气，波及许多机关、工厂、商店，形势日趋恶化。与此同时，福建省委为了加强文化大革命的领导，增补梁灵光担任领导小组的第一副组长。而这个第一副组长却戏剧性地很快成了南下“红卫兵”和本省部分高校学生进行“革命”的对象。9 月 5 日，学生万人大会把省委书记兼领导小组组长叶飞和省委副书记兼领导小组第一副组长梁灵光等拉到会场，要叶、梁低下头来“接受批判”，莫名其妙地给他们加上“资产阶级反动路线在福建的代理人”的大罪名。

那些南下“红卫兵”的“革命”越演越烈，好像发了疯，竟然贴出“福建省委是土匪部”、“打倒福建省委”、“叶飞是黑司令”等骇人听闻的大标语。他们多次冲进省委机关横冲直撞，大吵大闹，省委正常工作给打乱了，开个常委会也要躲到军区去。可是，后来军区也“挡驾”了，说是军队不介入地方的文化大革命。

省委工作陷于瘫痪状态，连开个会也要听从“小将们”摆布。这些“小将们”既幼稚又狂妄，居然“勒令”省委表态撤销厦门市委书记职务，并将其开除出党。梁灵光气得七窍生烟，坚决不表态。只有一个丧失原则的人表示“同意”。后来，身经百战的叶飞还是顶住了。

形势越来越糟糕。1967 年元旦刚过，叶飞被“造反派”拉上大卡车，挂上大黑牌，在福州市“游街示众”。中共中央批准的省委书记被“游街示众”，他是全国第一个。周恩来总理闻讯，马上派飞机把叶飞接到安全的地方。

叶飞走了，梁灵光“升格”了，成了“福建第二号走资派”、“叶飞的黑干将”，成为“造反派”斗争的主要人物。

七年“囚徒”

北京起什么风，各地便掀什么浪。1967年元旦，《人民日报》发表题为“把无产阶级文化大革命进行到底”的社论。接着，上海“造反派”篡夺了上海市的党政大权，爆发“一月风暴”。毛泽东赞扬说：“这是一个阶级推翻一个阶级，这是一场大革命。”于是乎，夺权之风蔓延全国，混乱局面日趋严重。

中共福建省委彻底瘫痪了，原来的常委全部“靠边站”，代之而起的是福建军管会。

梁灵光被扫地出门，赶出省委大院，几乎无栖身之地。一批又一批的“红卫兵”不时给他挂上大黑牌拉去游街、批斗。起初，他的罪名不过是“走资派”、“黑帮”、“反动路线代理人”、“修正主义分子”等。批斗的次数多了，梁灵光也似乎习惯了，脸皮也厚了。斗就斗吧，好汉不吃眼前亏，不当众顶撞，免受更惨的皮肉之苦。

一天，几个北京的“红卫兵”来到梁灵光的住处，趾高气扬，像下命令一样地说：“快，带上衣服，跟我们走!”他们不容分说，把梁灵光挟持走了。后来才知道是到了福州警备司令部。定神一看，被关在房里的还有几位省委领导人，大家面对面互相看着，无可奈何，淡然一笑。外面是荷枪实弹的卫兵看守着，不许乱说乱动。过了几天，他们又被转移到福州工人疗养院，20多位省委、省政府领导干部都集中在这个叫做“走资派集中营”的地方，名义上叫“监护”，实际是关押，完全失去人身自由。从此，他开始了长达7年的“囚徒”痛苦生活。

“造反派”给这些“走资派”定下三条任务：检查交代、揭发叶飞、接受批斗。各厅局“造反派”开批斗“走资派”大会，都把分管的省委、省政府领导拉去陪同接受批斗。因为斗了就是“革命派”，不斗就是“保皇派”，于是今天这一派来揪，明天那一派来斗，后天又有不知什么派来抓去批判。日日如此，七斗八斗，把大家斗得头晕眼花，疲惫不堪，可就是你累倒了，也非陪斗不可。一些人分管的厅局不多，被拉去陪斗的次数相对减少。而梁灵光分管20多个厅局，陪斗的次数就多了，每次都得低头弯腰大半天，累得死去活来。尽管如此，他们还算得到一些“优惠”，不像在外面被批斗的人那样，天天戴高帽游街，边走边敲打破脸盆喊着“我是走资派”，也不会挨毒打、罚跪地。

封建社会株连九族的王法，竟然在社会主义社会发生的文化大革命中重演了。梁灵光一家就是一人受罪，全家遭殃。他在福建省工会任副主席的妻子朱含章也逃脱不了“走资派”的罪名，同样挨批斗。大女儿梁抗在上海交通大学读书，毕业后分配到汕头当工人，接受“再教育”，当了七年的中共预备党员。小女儿梁丹还是小学生，年纪小，不懂事，父母亲突然间成了“反革命”，整天被拉去批斗，她无法理解和接受这么残酷的事实，日夜心惊肉跳，不知自己的命运会怎么样，幼小的心灵受到极大的创伤。这些日子，疼爱自己的爸爸消失了，原先温暖的家也没有了，流离失所，只好跟着可怜的妈妈到工会暂时投宿。不多久，又被工会的“造反派”赶了出来。妈妈被“下放”到劳改场劳动改造后，小梁丹孤苦伶仃，难觅依靠。幸好工会的一些好心的老同事于心不忍，偷偷地收留了小丫头，她才不致饿死街头。她边擦眼泪，边呼喊爸妈，声凄凄，情切切，人们无不为之落泪。小小女孩何罪之有，为什么受此折磨？

“历史将证明我无罪”

也不知度过了多少辛酸、苦楚的白天黑夜，被关押在“走资派集中营”的人陆续“解放”了，恢复了自由。梁灵光也以为自己很快可以“解放”了。事与愿违，在社会上一股“揪叛徒”的狂风暴雨中，对梁灵光的批斗、审查骤然升温，他不再是什么“走资派”、“黑干将”了，而是变成有“重大历史问题”，以“叛徒”、“特务”嫌疑重点立案审查的对象。

在省委领导核心里“挖出”一个潜伏多年的“叛徒”、“特务”，“抓到了一条大鱼”，“造反派”更加得意忘形、不可一世。省“革命委员会”的一位负责人推波助澜，在省直机关干部大会上指名道姓诬蔑、攻击梁灵光。这以后，梁灵光身体、精神蒙受了更严重的摧残。

人妖颠倒的现实，与世隔绝的生活，支离破碎的家庭，惨无人道的逼供，导致年过半百的梁灵光有一段时间的心境很不好，甚至快要到精神崩溃的边缘。专案组的几十个人对他不分昼夜地轮番批斗、追查，非逼他承认自己是“叛徒”、“特务”不可。后来他们软硬兼施，搞“攻心为上”的计策，说：“你坦白承认了吧，我们可让你跟妻子、女儿见面，还可回家去过安静的生活。”梁灵光想家心切，多想见见妻子和女儿啊！他动摇了，突然出现这样的念头：干脆“承认”了，放我回家做平民百姓，拉倒了，什么也别管了。

正在这闪念间，梁灵光又否定了自己的胡思乱想：“不行，我必须坚持原则，坚持实事求是，不能丧失党性，不能出卖灵魂。”

在这些日子里，他想了很多：国家主席刘少奇被打倒了，许多省市的党政大权被篡夺了，福建省委、省政府也被砸了。这是什么世道，什么革命？

他还想到：我从中学开始参加革命活动，抗日讨蒋，南征北战。解甲从政后，为了建设新中国，恪尽职守，不敢懈怠。我历史清白，不是叛徒，不是特务，无愧于党，无愧于祖国，无愧于人民，我要在最困难艰苦的条件下接受考验。总有一天，历史将证明我无罪，被颠倒了的历史一定会再恢复过来。

患难夫妇喜重逢

1971 年 9 月 13 日零时，曾被毛泽东指定为接班人的林彪外逃叛国，机毁人亡。顷刻间，林彪集团土崩瓦解，客观上标志着“文化大革命”的理论和实践的失败。

1972 年 4 月 24 日，《人民日报》发表经周恩来审批的社论《惩前毖后，治病救人》，指出：经过长期革命斗争锻炼的老干部“是党的宝贵财富”。在此前后，一批中央老干部获得了“解放”。

梁灵光在报刊上看到了这些振奋人心的消息，精神大振，感觉到曙光在望，自己的“走资派”和“历史问题”等也会有水落石出的一天，不信东风唤不回。

乌云散去，雨过天晴。1973 年 11 月，那个曾采用一切卑鄙龌龊手段迫害梁灵光的专案组，以“事出有因，查无实据”为由，无可奈何地宣布解除对梁灵光的“监护”，恢复其在党组织的生活。至此，梁灵光才恢复了做人的自由，才跟隔绝音讯7年之久的妻子朱含章重逢。这对当年在烽火连天并肩战斗，又在“文革”中遭遇劫难的夫妻，如今鬓丝染霜，额纹缕缕，几多感触，几多叹息！两人相对无言，只庆幸在磨难中彼此都挺过来了，确实不易啊！第二年，接受“再教育”的大女儿梁抗才从汕头回到久别的家，当她见到死里逃生的父母和小妹妹的时候，紧紧抱着母亲，然后双膝下跪，忍不住泪如泉涌，泣不成声。“枯桑知天风，海水知天寒。”久别骨肉长相思的苦楚唯有他们自己才知道啊！如今冬尽春来，一家欢聚，此乐无穷。

复职后的风波

林彪反党集团覆没了，大江南北还有少数有恃无恐的魑魅魍魉在继续兴风作浪。

在福建，既有靠“造反”起家的人在欺世盗名，也有“反潮流战士”在假虎张威。1975年春节过后，省委组织部负责人找梁灵光谈话说，邓小平复职了，要开始抓整顿，要把国民经济搞上去，并宣布梁灵光为省革委会工交领导小组成员。

领导小组组长姓陈，原是某厅的一个副科长，在“造反”中起家，成了省直机关“造反派”的头目，“三结合”时窃取了工交部门大权。后来青云直上，又当上省革委副主任、中共中央委员。此人大搞派系，唯我独尊，拉一批，打一批，以致“反动技术权威”、“唯生产力论”帽子满天；他还竭力叫喊“路线对了，生产自然而然就会上去”，导致工交战线每况愈下。梁灵光看在眼里，但身微言轻，不起作用。

1975年底，中央批准梁灵光为省委常委、省革委会副主任，分管工交部门。“反潮流战士”李庆霖等在以江青为首的“四人帮”的支持下，掀起揪斗“还在走的走资派”狂风恶浪，诬蔑梁灵光“大刮右倾翻案风”，“贯彻执行邓小平反革命修正主义路线”。由于“四人帮”及其党羽的干扰破坏，福建的经济建设和全国一样再度陷入停滞和倒退危机。

1976年，是很不平凡的一年。妄图篡夺党和国家最高领导权的“四人帮”反革命集团被粉碎，长达 10 年的文化大革命结束。我们的国家进入了新的历史发展时期。

这时，全国面临着文化大革命造成的百业俱废、问题成堆的严重困难局面，摆在福建省委、省政府面前的一项艰巨任务，就是迅速恢复生产，把经济搞上去，安定民心，稳定社会。当时，省委让梁灵光着重抓恢复工业生产和企业整顿。

“左”的错误给我们国家带来了无法估量的严重损失。回忆往事，梁灵光痛定思痛。他说，“文革”造成的苦难总算结束了，但中国元气大伤，后患无穷。如果没有这么多年的灾难，我们国家的现代化水平就不止现在这个样。我们反思历史，总结经验教训，为的是坚持党的基本路线，运用邓小平同志的建设有中国特色社会主义理论，一心一意搞好经济建设，提高综合国力，提高现代化水平，提高人民生活水平。这一点是非常重要的，是一代人用痛苦的代价换来的共识。

第九章 上调京都

出任新组建的轻工部部长

北京，中国历史文化名城，有 3 000 多年的悠久历史，自古为北方军事交通重镇。从 12 世纪中叶起，作为历代都城前后近 800 年。1949 年 10 月 1 日，中华人民共和国开国大典在天安门举行，从此成为新中国的首都。

20 世纪 80 年代梁灵光任轻工部部长时与夫人朱含章合影。

1977 年 11 月，北京进入了隆冬季节，天气变得寒冷起来了。可是，正在这里参加全国计划工作会议的梁灵光却感受到一阵暖流在心中荡漾。

会议期间，国务院副总理谷牧告诉他，中央已决定让他负责新组建的轻工业部工作。接着，梁灵光收到了中央组织部的通知，他被任命为轻工业部部长。此时，梁灵光已年过花甲。在他的心目中，这并非一般的工作调动，而是党中央对自己的充分信任，是对曾强加给自己的各种莫须有罪名的全盘否定，是“历史将证明我无罪”的期盼得到实现的最好见证，而新的工作岗位又为书写自己的历史提供了广阔前景，一定要珍惜来之不易的机会，以“赤子初衷永不改，愿把余生寄山河”自勉。

初到北京，人地生疏。梁灵光刚住进民族饭店，来不及安顿家居和眷属，便对轻工部的过去和现状进行调查研究。他发现虽然前不久举行的党“十一大”向世人宣布了文化大革命结束，但未能从理论上和指导思想上完成拨乱反正的历史任务，遗留的问题不少。在新组建的轻工部干部队伍中，原一轻、二轻系统共有800多干部仍在“干校”，其中有从文化大革命开始时被“清除”的，有工作经验丰富的司局级干部和专业技术人员。而一些文化大革命中靠“打、砸、抢”起家的“造反派”，依然占据着某些重要位置。还有就是“两部四派”、“明无山头暗有礁”的派性活动并未绝迹，不时制造一些麻烦。文化大革命中“踢开党委闹革命”，部党委瘫痪了，还没有完全恢复过来，部属下各机关单位党的领导也相当薄弱，各项工作还处于半瘫痪状态。全国的轻工业生产徘徊不前，许多人民日常生活的必需用品奇缺，供不应求。总而言之，问题不少，甚至到了积重难返的地步。

但是，在多渠道、多视觉的调查研究和亲身接触中，梁灵光看到了许多令人兴奋的有利因素。首先也是最为重要的是党中央重申了党的基本路线，以现代化建设为根本任务。其次，中央组织部已经任命原江苏省委书记韩培信、原上海副市长宋季文等几位德才兼备的同志为副部长，加强了部的领导。再次，在轻工部的3 000多名干部中绝大多数蕴藏着巨大的能量，都希望能在新的时期打开新局面。

“有困难，有办法，有希望。”这就是梁灵光初到轻工部时的心语。梁灵光反复思考，当务之急，就是按照党中央的要求，坚决、彻底、全面地落实干部政策，平反冤假错案，给受害者公正的评价，给他们继续发挥才干的环境，给他们及其家属恢复良好心态的氛围。梁灵光在部党组会议上，提出以解放司局级干部为突破口，毫不含糊地落实党的干部政策，并在这基础上，对机关进行全面整顿，这是打开轻工部新局面的关键所在。梁灵光的意见，获得大家的一致赞同。

落实干部政策的消息不胫而走。来到梁灵光的办公室和下榻饭店的人昼夜不停，络绎不绝，有时一天达十多人，有的还来过好几次。这些干部都有满腹冤情要倾诉，大多是曾遭受不公平待遇的。梁灵光和他们在文化大革命中曾有类似经历，也是深受其害，他总是以真挚的感情和极大的耐性倾听大家的诉说，认真地记笔记，再细看有关档案材料，然后通过组织程序，尽快给予平反。各项工作千头万绪，他每天过了半夜才能休息，假日也不例外。他住宿的饭店有固定的进餐时间，过了时间，宾客自理。梁灵光常常忙得吃不上饭，肚子饿了，就麻烦秘书到街上随便买些糕点之类的充饥。脑子里考虑的事情多，急于处理的工作又多，而休息的时间又少，不知不觉身上掉了几斤肉，显得瘦削了些。梁灵光心里想，尽管苦点，但可以感受到大家都把眼睛盯着新部长，都把希望寄托在自己的身上，重任在肩，万死不辞。

大刀阔斧搞平反

梁灵光走马上任前，《人民日报》发表了《把“四人帮”颠倒了的干部路线是非纠正过来》的署名文章，向全国传达了中共中央的重大信息，为平反冤假错案作了舆论准备。可是，由于当时全党工作重点转移和批判“两个凡是”，对落实干部政策还没有形成正式文件。因此，轻工部在落实干部政策中遇到了很大阻力。一些文化大革命中的“造反派”和“受益者”，内外勾结，上下串联，攻击部党组搞“右倾翻案”，说“我们好不容易抓了一批走资派、牛鬼蛇神，一下子都给放了，这是路线错误”。还有的人四处告状，制造事端，为“四人帮”担幡招魂。梁灵光心如铁石，毫不动摇，在部党组统一思想后，果断决定采取快刀斩乱麻的方法，以对党、对人民极端负责的态度，在两三个月时间内基本上解决冤假错案。

为了把多年蒙冤受屈的干部解脱出来，梁灵光亲自到属下的各个单位了解情况，征求意见。上任后的第一个春节，便约部里的几位领导一起去“干校”慰问全体干部，并明确表示要尽快落实干部政策，解决大家的历史悬案，妥善安排工作。有些老同志拉着梁灵光的手，流着泪水，希望早日恢复工作，在有生之年为党、为国家、为人民再作贡献。回来后，机关政治部迅速行动，为400多位已澄清了历史问题的同志安排了工作，其中司局级干部就有39人。这些同志大多有长期的斗争经历，是党和国家的宝贵财富。不幸的是，他们多年来蒙上不白之冤，受到不同程度的打击、迫害，含冤忍辱。在平反大会上，部党组理直气壮地为他们恢复名誉，使他们解脱了沉重的精神枷锁，焕发了当年的蓬勃朝气。政治部继续努力，很快复查了近百个相关案件，妥善地处理了不少历史遗留问题。

这次行动分清大是大非，大刀阔斧地落实干部政策，收到了明显的效果，加强了党的凝聚力，调动了广大干部的积极性，充实了司局级的领导力量，也教育了一些受“左”的思想影响的“造反派”。同时，新的部领导的形象在干部的心目中开始树立起来，而且逐步高大起来了。

在落实干部政策临近尾声的时候，梁灵光按照预定部署开展机关整顿工作。文化大革命给轻工部带来的祸害非常大，除了造成大批冤假错案坑害干部外，还给轻工部的不少人带来了极“左”思潮和无政府主义思想，组织纪律松散现象相当普遍，有的人甚至仍以敢于“造反”、敢于反对领导为荣；各项规章制度给搞乱了，名存实亡；有的则以“派”看人处事，急功近利，缺乏全局观念；有的领导之间互不通气，各唱各的调，互相“扯皮”，工作效率很低。梁灵光把这些现象，概括为“乱、散、低”现象。

针对这些存在问题，梁灵光主要通过让大家学习有关文件，联系实际，对照自己，主动剖析，提高认识，使大家在很大程度上摒弃了残存在脑子里的不正确思想，纠正了与时代不协调的作风。与此同时，建立健全岗位责任制和干部考核等制度，调整了司局级领导班子。更重要的是，属下单位党的组织和党的民主作风得到了恢复。在这次整顿工作中，边整边改，以整顿促工作，保证了各项工作的顺利开展。

整顿工作的深入不可避免会触动一些人的利益，会碰到意料之外的阻力。例如，根据工作需要，并经部党组讨论同意，轻工部先后调进28位干部，其中梁灵光认识的或曾共事过的仅有4人。有的人却以此为据，诬告他“拉帮结派，培植个人势力”，闹得满城风雨。经过中纪委调查，纯属不实之词。

对来自各方面的干扰、阻力，甚至诬蔑、攻击，梁灵光泰然置之。他说："我在部里的所作所为，有目共睹。只要自己坚持原则，一身正气，就不怕任何干扰。"

轻工部这次整顿工作是逐步深入进行的，顺乎潮流，合乎民心。在这个过程中，梁灵光不仅承受了压力，也得罪了一些人。值得庆幸的是，部的领导班子团结一致，排除了干扰，取得了实效，为改变部的面貌，为把我国轻工业搞上去，创造了有利条件。

改变重“重”轻“轻”旧观念

轻工业部是新中国诞生后较早成立的一个大部，主管大部分民用消费品的生产，在国民经济的恢复和发展中起着不可替代的作用。光从积累资金看，从1950年到1978年，轻工业部系统为国家提供资金积累达2 200多亿元，等于同期国家预算基本建设投资的44%。全国轻工业经过30年的发展，已有各种企业近7万个，职工人数逾1 000万人，仅1978年产值就达800亿元，可谓规模不小。然而，由于长期积累下来的许多问题未能得到及时解决，轻工业产品大都供不应求，老百姓不满意。广西一位少数民族同胞写信说："过去国民党统治，缺少生活用品。好不容易获得了解放，都30年了，国家每年只给我们每人一块肥皂，真是不好理解。"

梁灵光对轻工业生产和产品流通进行深入调查，从城市到农村，从国内到国外，获得了大量的第一手资料，得出这样的结论："两个不足，两个落后，一个下降。""两个不足"，原材料、燃料、电力供应不足，生产能力不足。"两个落后"，生产技术落后，企业管理落后。"一个下降"，产品质量和市场竞争能力下降。

梁灵光认为出现这些问题的原因是多方面的，而最根本的是长期以来在指导思想上重视重工业，轻视轻工业，忽视了客观经济规律，片面强调"以钢为纲"、"以粮为纲"，造成农、轻、重比例严重失调。

对重“重”轻“轻”带来的比例严重失调，梁灵光手上占有大量的资料。他说，从1949年到1978年，全国重工业产值增长了90.6倍，而轻工业仅增长17.3倍。国家对轻工业的投资少得可怜，"一五"期间占投资总额2.5%，“二五”2.4%，“三五”1.8%，“四五”1.9%，“五五”前三年1.9%。原材料分配，轻工业也是少之又少。外汇分配，几乎没有轻工业的位置。轻工业每年给国家创造了大量外汇，但用汇却很少。进口成套设备情况更是严重失衡，1978年全国进口设备价值59.2亿美元，而轻工业呢，只有0.54亿美元，连1%还不到。

对轻工业，许多“有识之士”存在偏见和误解。有的说：“重工业、农业发展了，轻工业就自然而然上去了。”有的认为：“重工业由国家抓，轻工业由地方考虑就行了。”言下之意，轻工业是小儿科，可有可无，无足轻重。有的人似乎对轻工业的看法好一点，口头上讲“不挤不让”，而思想上“可挤可让”，行动上“又挤又让”。有一次李先念副总理听了梁灵光的汇报后，意味深长地说：“轻工业自己再不用力挤一点儿，恐怕连坐的地方都没有了。”

面对轻工业存在的一系列问题，梁灵光不免心急如焚。1978年春，他向华国锋、叶剑英等几位中央领导人汇报工作，一口气讲了3个小时，谈到了过去的经验教训，提出了今后几年的发展设想，特别提到要改变长期以来重“重”轻“轻”的观念，改变农、轻、重比例失调的现象。华国锋、叶剑英听得频频点头，还作了重要批示。

为了争取更多人的重视和支持，梁灵光又先后向主管经济工作的党中央副主席陈云、国务院副总理康世恩等汇报和请示工作。后来，陈云在中央召开的几次经济工作会议上，都强调了轻工业在国民经济中的重要性；康世恩对解决轻、重工业比例失调问题也提出了建设性的意见。在向主管宣传工作的中央领导胡耀邦汇报后，胡耀邦当机立断解决了一些棘手问题。中央领导人的重视和支持，为加快轻工业的发展指明了方向，提供了保证。

梁灵光对待发展轻工业生产，既脚踏实地又雷厉风行。1978年12月下旬具有重大意义的中共十一届三中全会结束后，梁灵光即于1979年1月，在上海召开全国轻工业局长会议，传达了三中全会精神，还联系实际作了鼓舞人心的长篇报告。大家精神振奋，都认为千载难逢的发展轻工业的大好机会终于到来了。会上，确定了今后的工作重点和具体要求。会后，各地轻工局认真贯彻执行会议精神。轻工部还根据大会讨论结果，向国务院写了《关于着重点转移问题的报告》（简称《报告》），引起了中央的高度重视。后来，这个《报告》连同国务院的批文均被收入《三中全会以来的历史文献选编》。许多参加会议的局长说，这次会议揭开了轻工部历史上崭新的一页。

更令梁灵光感到欣慰的是，他首先提出的改变重“重”轻“轻”旧观念的意见，得到了更加广泛的重视、支持。中央加大了对轻工业的投资比例，年均投资总额比以往增加 3 倍以上。原材料和外汇分配方面的投放，也明显增加了。1979 年底，全国计划会议提出了“六个优先措施”，具体地体现了中央“加快轻纺工业的发展，使轻、重工业比重协调起来”的策略，从原材料、能源、资金等方面给予轻工业很大支持。当时，为了抑制经济过热，中央曾减少投资项目，压缩基建规模，但是为了保证轻工业资金，发放了轻工专项贷款。地方上的投资重点，也由过去发展小钢铁、小机械、小化肥，逐步转向发展轻工业。

梁灵光在轻工部期间，总是抓住各种机会阐述要改变重“重”轻“轻”的旧观点，反复呼吁扭转重、轻比例失调的老传统，并且做了大量具体工作，得到了中央领导和主管部门的积极支持，使之逐步成为全党全民的共识，基本上改变了对轻工业“又挤又让”的不正常状况，为我国更新观念和不断调整轻、重工业比例，促进国民经济发展作出了可贵的贡献。

站柜台

从到轻工部的第一天起，梁灵光头等重要的一件事，不是居高临下地发号施令，而是深入到群众和地方去进行调查研究。他认为，在长期存在的浮夸、报喜不报忧等坏作风依旧相当严重的时候，单靠看材料、听汇报，有时免不了会偏听偏信，贻害无穷。因此，必须尽可能地亲自下去看一看、听一听，有了第一手资料，有了感性知识，再加以升华，才能发现新问题，形成新观念，提出新建议。

梁灵光的社会调查方法多样，有时单兵作战，微服私访；有时轻车简从，公开活动。他深有体会地说，没有调查研究就没有发言权，有了发言权声音也不响。

有一段日子，梁灵光利用中午休息时间跑到西单商场当临时售货员站柜台，当时的西单商场是全国有名的大型商业企业，顾客较多，各个层次的都有，是进行市场调查的好地方。梁灵光来到这里不露庐山真面目，和顾客面对面做买卖，直接了解各阶层的消费者对国产轻工产品的需求、评价、意见和期望。站柜台，虽然很累，但梁灵光的亲身感受却很深刻。人民群众的物质生活水平提高了，对日常生活用品的需求也相应提高了。比如，当时流行的“三大件”（单车、手表、缝纫机）的供应严重不足，无法满足消费者的需求；许多商品的花色品种太少，消费者没有挑选的余地；还有一些商品的包装陈旧落后，消费者不感兴趣。再把这些商品与在商场摆卖的进口货相比较，相差悬殊。就连一些国产的名牌，相比之下，也显得式样陈旧，结构笨拙，实物质量和使用效能也比不上人家。

我们的轻工业落后了，可是有的人还在坐井观天，夜郎自大，抱残守缺，故步自封。要把轻工业搞上去，首先要清除这些陈旧的思想。不然，就是再多的投资，再多的设备，也会徒劳无功，甚至无济于事。总之，不承认落后，轻工业就上不去。

为了帮助人们了解轻工业的现状和激发人们不甘落后的精神，梁灵光和轻工部领导决定于 1978 年 2 月举办一个全国性的以工艺美术为主题的展览会。这是十年动乱后全国第一个较大规模的展览会，观众如山，轰动一时。党和国家的不少领导人也纷纷亲临参观。邓小平给予高度的评价：搞这个展览，不仅对轻工系统，对其他行业的工作也起到不小的推动作用。

梁灵光因势利导，在成功举办全国工艺美术展览会后，于同年 10 月举办了全国轻工业产品汇报展览。这次展览实际上是国内外部分轻工产品对比的展览，选择了国内外 60 多种 4 000 多件产品。就这样把国产的和进口的同类产品摆在一起，再加简要的注释、讲解，孰优孰劣，差距在哪里，大家一目了然。为了更有说服力，对有的产品还进行现场表演。比如，国内最受欢迎的上海蝴蝶牌、南京熊猫牌缝纫机，同英、日等国产的一对比，人家的造型美观，机身轻巧，而且噪声小、转速快，妇女们赞不绝口。自行车，我们几十年无变化，又重又笨，速度又慢；人家呢，有 3 种变速装置，时速最快可达 30 公里。参观者都认为，这样的展览，使人们看到了差距，开阔了眼界，尤其是有力地冲击了一些人的陈旧保守的思想观念，让他们在事实面前承认自己的不足和落后，树立赶超先进的决心和信心，有利于促进轻工业的发展。

这样规模的展览，效果好，反应大。北京的观众骤增，各省、市和自治区陆续加派人马参观，以致入场票不足，只得临时限量、限时进场。

那个时候，连续成功举办两个那样别开生面的大型展览会，的确是惊世骇俗的事件，在轻工部备受高层青睐的同时，部长梁灵光也受到了邓小平的关注。

冲破计划经济束缚

梁灵光从来不因循守旧，而有一种强烈的创新意识、改革精神。他到轻工部后，更深刻地体会到长期以来的计划经济已经不适应国情，跟不上时代步伐了，甚至成了发展国民经济的桎梏。由于当时思想认识和工作岗位的局限，他还不能提出较完整的一套改革设想。但是，他已经意识到轻工业不进行面向市场的改革是难于更上一层楼的。搞得不好，还可能在优胜劣汰的市场竞争中走进死胡同。

在1978年中央工作会议上，梁灵光试探性地提出了“以计划经济指导为主，辅以市场调节”的新观点，得到很懂经济工作的陈云、李先念等的赞赏。于是，轻工部首先从商品流通、外贸出口、企业管理、集体经济四个方面进行一些试点性的体制改革。

在全国范围内，产品流通的改革最早是从轻工系统开始的。过去轻工产品基本上由商业部门统购统销，产销不见面。畅销产品商业部门争着收购，对滞销商品便少收购，遇淡季甚至不收购，主动权在商业部门手上。再说，因产销不见面，生产企业不了解市场动向，往往产品不对路或供不应求。从1979年开始，经国务院同意，轻工产品实行自产自销，采取多种方式，由少到多，由小到大。

外贸产品出口体制改革，酝酿时间较早，但进展并不快，主要是涉及部门多。过去的出口商品产销不见面、经营环节多、方式不灵活、工贸不协调，影响增加生产和扩大出口。1979年，轻工部牵头，国务院批准上海玩具行业实行工贸合一制度，统一组织生产和经营，实行“四联合，两公开”。这是轻工和外贸的第一次有益的尝试，双方合作得很好。1980年，浙江省成立工艺品进出口联合公司。它也是工贸结合的试点，实行组织上统一领导，计划上统一安排，财贸上分别核算。这种形式，比较适合当时的体制下上层未改下层先改的情况。其他行业也先后进行试点改革，并且不断完善。

在企业管理改革方面，主要围绕开展企业整顿和扩大企业自主权来进行。由于企业管理体制的改善和自主权的扩大，企业增强了生命力。

集体经济，主要是二轻工业，历史上有很多教训。一轻、二轻领导机构分分合合，几乎取消了二轻应有的位置，削弱了对二轻工业的领导。这次体制改革，坚持把二轻工业领导体系重新确立起来，中央一级合并，地方适当分开，随后成立中华全国手工业合作总社。二轻工业领导体制的确立和加强，促进了各地二轻工业的全面高速发展。

梁灵光解放思想，敢于改革，他采取的一系列举措虽然带有试验性质，但是，不可否认的是，不仅在当时发挥了效益，而且在以后的改革开放中得到完善和发展。例如，产销见面、工贸合一和扩大企业自主权等方面都创造了可贵的经验，这些经验后来在广东等地得到了检验和证明。

终结了轻工业长期徘徊的局面

当时，我国轻工业生产有两大难题：一是人民日常生活消费品供应严重不足，群众反应强烈；二是产品质量上不去，许多产品质量比人家落后二三十年。梁灵光深有感触：我们国家解放快30年了，还是这个样，真说不过去。

究竟怎样才能把轻工业尽快搞上去？轻工部上下都着急。他们在中央的支持下，趁着改革开放的大好时机，决定双管齐下杀出一条血路来：一是自力更生，二是借力发展。

他们认为，自力更生扩大日常消费品生产，尽快满足市场需要，是当务之急，包括糖、盐、纸、“三大件”、食品、饮料、洗涤剂这些国计民生最需要的产品。首先要解决的是糖，除人民群众要直接食用外，还和轻工50类3 000种产品有关。糖的缺口大，每年缺100多万吨。糖上不去，国家要花大量外汇进口。梁灵光在福建的时候，很注意抓糖的生产，积累了一些经验。要把糖搞上去，关键是建好糖料基地，抓“南蔗北（甜）菜”。

“南蔗”抓粤、桂、闽等省，梁灵光亲自出马。“北（甜）菜”，以黑龙江为重，由轻工部派人蹲点。通过建立基地扩大种植面积和政策扶持、调整物价等措施，全国糖产量上升很快，20 世纪 80 年代初基本实现了自给的目标。纸制品用途也很广泛，各个阶层甚至婴儿、小学生都必不可少。造纸工业的发展主要是原料供应不足，除了坚持“草木并举、逐步增加木材生产”的方针，轻工部积极扩展利用林区废材、枝丫材和木片，并扩展到利用阔叶树种和甘蔗渣、废纸等一切可利用的原料。梁灵光到两湖调查时，发现有些地方毁苇围垦，影响了造纸原料供应，他与地方协商，造纸厂又给苇区一定经济支持，农民不再毁苇了，还扩大了种植面积。原料供应情况好转，纸的产量随之增加，1980 年比 1977 年增长了 42%。

轻工部除了自力更生搞生产，还借助外力求发展，内外结合，中西合璧。所谓借助外力，就是从国外、境外引进信息、资金、技术和设备。

长期的闭关锁国，使轻工业很多方面与国际市场形成巨大差距。1978 年秋，梁灵光率团访日，探讨技术交流、合作贸易等问题，为时 1 个多月，到东京等 5 个地方参观了 57 个单位，了解了日本轻工业的基本情况，看到了很多值得我们借鉴和学习的经验，深受启发。在经济技术合作等方面，洽谈很成功，不少厂家都愿意提供技术、资金和设备共同开发家电等产品。可是，回国后因没有相关法律、政策支持，关卡又多，全部项目都吹了。

中共十一届三中全会宣告改革开放新时代的到来，国门顿开，一些人的思想观念却跟不上，体制改革也跟不上。当时法、德、日等国都先后表示可提供贷款，有些主管批了，但国务院综合部门却卡住。例如，日本某银行早就愿意提供优惠贷款 1 亿美元，一直到 1982 年才定了下来。又如，1979 年，梁灵光与来访的一位美国企业集团总裁洽谈，对方同意投资 1 000万美元，拟创办第一个中外合资公司，报告送到国家计委，4 个月后才批下来。梁灵光仔细一看，只在合同的文字上改了无关紧要的四个字，令他哭笑不得。

随着时代的前进，人们的思想观念也逐步更新换代。轻工部不失时机积极引进发展生产急需的资金、技术、设备和信息。他们引进成套设备，在南京建成生产洗衣粉的工厂，其生产规模、各项经济技术指标，都达到当时世界一流水平，使国产洗衣粉产量翻了一番。然后继续引进设备在云南建厂，实现了洗衣粉国产化。他们又从国外引进资金，分别投入自行车、缝纫机、钟表、家电、塑料等行业进行技术改造，或者购进新设备，效益都很快上去了。其中塑料制品行业效果很显著，他们购进了一批关键设备，进行技术革新，填补了技术空白，提高了产品等级。比如部队需要一种薄膜，精度要求高，长期靠进口，后来通过技术革新把这个问题给解决了。又如，火车上使用的一次性快餐盒，原来不能生产，通过引进设备和技术，填补了这方面的空白。

改革开放之初，轻工部在自力更生的同时，不失时机地开展引进技术和资金等工作，借助外力发展自己的轻工业，更好地满足了人民群众日益增长的对日常生活必需品的需求，同时为国家积累了大量资金。

回溯过去，梁灵光记忆犹新。他说："我在1977年底初掌轻工业部时，确实是困难重重，所幸的是1979年初全国实行改革开放，我和轻工部的同志团结奋斗，尽职尽责，中国轻工业终于结束了长期徘徊的局面，开始进入较快和较好的发展时期。只可惜在任时间太短，许多工作只打了个基础，或是刚开个头，来不及完成我就要匆匆离开了。"

第十章　南下羊城

杀出一条血路来

中共十一届三中全会后，中国破天荒地实行“对内搞活经济、对外开放”的方针政策。神州大地春光明媚，万象更新，百姓高歌，山河欢笑。

祖国南方的广东得天独厚，成为改革开放的前沿阵地，实行特殊政策、灵活措施。能否杀出一条血路来？事关全局。

“千军易得，一将难求。”经中央慎重考虑和反复筛选，可谓百里挑一，最后锁定在任仲夷和梁灵光两人身上：任仲夷任广东省委第一书记；梁灵光任广东省委书记兼广州市委第一书记。

对于中央之所以选中他们两人，曾有人这样分析：任仲夷任辽宁省委第一书记期间，从轰动全国的张志新冤案平反，到批判阻挠时代洪流的“两个凡是”，旗帜鲜明，雷厉风行，迅速打开了新局面，备受国人称颂。梁灵光从福建副省长到国家轻工部部长，思想解放，敢为人先，对改革开放和社会主义建设提出了新概念，摸索了新经验，政绩斐然。广东要在改革开放的阳光大道上先走一步，正需要像他们这样有勇气、有魄力、有见识、有声望的省部级领路人。

或许是巧合，谷牧副总理三年前最先告诉梁灵光说，中央要把他从福建调到轻工部。三年后又是谷牧最早找梁灵光谈话，说中央已决定要他去广东。谷牧开诚相见地说：“广东现在实行特殊政策、灵活措施，需要得力的人去加强领导，为广东和经济特区的起飞进行探索。”他还对梁灵光开玩笑地说，你要服从中央的调动，不去也得去，不必多说，不准推辞。梁灵光心里想，这是党中央、国务院对自己的高度信任，即使我有千条理由，也必须服从。

当时，广东的改革形势尚未明朗，阻力不少。不少人对广东实行特殊政策、灵活措施，对办特区持观望、怀疑甚至否定态度。他们担心这么搞下去，广东会不会产生“资本主义复辟”，会不会变成“殖民地”，会不会从姓“社”改姓“资”。

出于种种考虑，中央对这次任命“封疆大臣”慎之又慎，并寄予厚望。梁灵光回忆说：“当时中央主要领导逐一找我们谈话，9个领导分别谈了9次。从10月30日一直谈到11月6日，叶剑英、邓小平、李先念、胡耀邦、赵紫阳、万里、韦国清、姚依林、谷牧等领导同志都先后接见我们，作了重要指示，对我们做好广东的工作，具有非常重要的指导意义。”

中央领导的亲切谈话，语重心长，总的精神是希望任、梁两人进一步解放思想，发挥广东优势，发展国民经济，改善人民生活，闯出一条新路，在全国改革开放中先行一步，成为第一个“吃螃蟹”的人。在中央的一份文件中，还特别提到抓好了广州，也就等于抓好了广东的一半。

邓小平的谈话给梁灵光留下最深刻的印象。在长达一个半小时的谈话中，邓小平强调三点：特区不仅是深圳、珠海、汕头、厦门几个地方，单搞那一点地方不行，而是指广东、福建两省；搞特区，我们没经验，你们要摸出规律，搞出个样子来；中央没有钱，你们要发挥有利条件，杀出一条血路来。

梁灵光说：这给我们心理的震动很大，觉得邓小平真是高瞻远瞩。

胡耀邦接见任、梁两人时说：“广东的条件是好的，潜力非常大，要弄清广东的困难是什么，我看最根本的困难是干部思想不一致。”

万里叮嘱说：“你们要解放思想，放手把经济搞上去，闯出一条新路。你们犯了错误也不要紧，国务院负责。你们先走一步，犯错误对全国来说也是有意义的，可以吸取教训。发展经济，改善人民生活，怎么说怎么有理。”

姚依林的话不多，但提了很具体的意见。他说，广东困难不少，能源、电力紧张，交通运输紧张，粮食问题也很大。广东在经济上就受这三个问题的制约，主要得靠自己解决。

谷牧给他们出点子说：“特区一些建设项目可以包给外商，我们不用出钱，只出地方和劳动力，税收分成。”

原广东省领导人习仲勋和杨尚昆也向任、梁两位接班人介绍了广东的情况。杨尚昆还以自己的亲身经历对梁灵光建议：“两边挂职易顾此失彼，最好是由任仲夷着重抓省委的工作，你着重抓广州市的工作，抓好了广州也就等于抓好了广东的一半。”

带着中央最高决策层的叮嘱和重托，任仲夷和梁灵光两位鬓发染霜的长者各带一名秘书，于 1980 年 11 月 8 日欣然受命南下，要为南粤和中华大地改革开放大放异彩贡献自己的力量。

“左”毒不除，寸步难行

在梁灵光的想象中，处于南岭以南、南海之滨的广东的条件比福建好，是个好地方。广州是一座历史悠久的城市，唐宋以来就是对外贸易和进行经济、文化交往的重要港口。广州又是一座有不少革命事迹的英雄城市，一座到处万紫千红的花城。广州不仅是广东的省会，还是华南的政治、经济中心，中国的南大门和最大的侨乡城市。这里的各种建设和人们的思想状态等都会比内地的城市好得多。

尽管做了很多准备，而实际情况却让梁灵光大吃一惊。他发现 1978 年以前，广东工农业生产连续 14 年低于全国的平均水平；1979 年，全省人均工农业产值只达到全国平均的 80%；国民经济和社会发展的主要指标中，除了糖的产量全国第一，其他数据均低于全国平均水平；工业、交通、能源和市场供应等方面的问题不少。

梁灵光深有感触地说：“经济上的困难，我们不怕，最怕的是‘左’的东西未清除，人们在思想认识上的不统一。”当时有一位从西北来参观的副省长，到深圳转了一圈，回到宾馆想想过去，看看今天，不禁痛哭流涕，说：“辛辛苦苦几十年，一下回到解放前。”在广州本地的不少干部中，同样存在着认识问题，有的对搞特区抱怀疑态度，社会上出现特区是姓“社”还是姓“资”之争；有的对搞特区信心不足，流传着“特殊政策不特殊，灵活措施不灵活，先走一步不先走”的说法。还有一个在“左”的干扰下出现的党内外政治生活极不正常的现象：广州市十年没有开党代会，人民代表大会也十多年没有召开了。

纵观历史上任何一次社会变革，无不是以思想解放和观念更新为先导的。梁灵光肩负重任南下主持广州工作，要走出一条新路子，开创一个新局面，首先要带领人们解放思想，更新观念。梁灵光走马上任不到半个月，便组织广州市委、市政府召开全市党员干部大会，传达中央领导最近关于改革开放的指示和省委第一书记任仲夷几天前在中山纪念堂5 000人欢迎大会上的讲话，主题是希望大家解放思想，更新观念，紧跟形势，与中央保持一致。

站在讲台上的梁灵光，六十开外了，但腰板挺直，身材伟岸，气宇轩昂，精神焕发，穿着整洁的中山装，似乎依然保留着儒将风度，给人一种可亲可敬的感觉。

梁灵光向大家亲切致意后，用相当标准的普通话，向大家说："我们要在省委领导下，坚决贯彻中央的特殊政策、灵活措施。广州工作做得好坏，对我省和全国都影响很大。广州要搞好，必须靠全省，全省要搞好，就要重点把广州搞好。我们不但思想要解放，观念要更新，工作方法也要改进。"梁灵光热情鼓励大家说："看准了的，就主动去干，快刀斩乱麻，不要顾虑太多。做错了由市委负责，大家接受经验教训加以改进就是了。"

梁灵光的讲话，既是动力又是压力，既亲切又严肃，给党员干部们很大的震动和鼓舞。

第二年春，梁灵光又组织市委、市政府和各战线主要负责人进行了一段时间的学习，以批判、清理"左"的流毒和残余为主，大家敞开思想，畅所欲言，联系本行业、本部门和本人实际，开展批评和自我批评。

在一次学习会上，梁灵光作了长篇发言。他从"左"的思想产生的根源，讲到它长期以来的各种表现及其危害，观点鲜明，条理清晰，分析透彻，令人折服。

梁灵光联系我国的实际时，毫不讳言。他说："多年以来，特别是1957年以后，'左'的错误处于支配地位，是指导思想上的、全局性的错误。我们长期在这样的指导思想下工作、生活，'左'的东西只有多少之分、深浅之分、觉悟迟早之分，而没有有无之分。因此，党员领导干部要以身作则，联系实际，总结教训，引以为鉴。"

梁灵光在从福建到国家轻工部的多年实践中，深深地体会到，"左"的思想是最危险的敌人，"左"的影响、流毒不清除，搞改革开放，搞经济建设，阻力很大，寸步难行。而要清除“左”的影响、流毒，最好是从与广大人民群众关系最密切的经济领域入手。因此，梁灵光在长达一个多月的半脱产学习后，在报告会上进行了长篇发言，着重谈到了经济工作中“左”的表现。

他向大家说：依我看，在经济工作中，长期以来“左”的表现有这么几点：

第一，生产关系的许多变革脱离和超越了生产力的发展水平，搞“不断革命”，“穷过渡”，割“资本主义尾巴”。

第二，经济建设规模许多时候脱离了实际可能，一再盲目冒进走“两高两低（高速度、高积累，低效率、低消费）”的道路。

第三，建设方针片面强调优先发展重工业，搞“以钢为纲”，有计划，无比例，严重失调。

第四，限制商品经济，过分强调计划调节，忽视市场调节。

第五，管理体制上统得过多，管理过死。

第六，生产布局上片面强调地区自给，自成体系，搞“大而全”、“小而全”。

第七，城市建设上重生产，轻生活。

第八，工作作风上犯主观主义“瞎指挥”，搞“一阵风”、“一刀切”。

梁灵光具体列举、分析经济工作中“左”的表现和危害后，指出其他战线“左”的影响和错误也不可低估。比如，组织工作搞“唯成分论”，拉帮结派；统战工作只讲斗争，不讲团结；文化科学方面轻视知识分子，鄙薄科学知识；人口方面错误批判马寅初正确主张，片面强调人多好办事，等等。

不少人反映，这是近几年来听到的比较全面、深刻的批判、清理“左”的影响和流毒的报告，是一次难忘的启发和教育。

中共十一届六中全会通过了《关于建国以来党的若干历史问题的决议》（简称《决议》），这是我党和国家拨乱反正、继往开来的一个新的里程碑。梁灵光抓住这一大好机会，横下一条心，在前一段清“左”学习的基础上，又在市委党校举办了好几期县及县以上党员干部学习《决议》轮训班，历史上第一次将全市近万名领导干部轮训一次。《决议》统一了大家的思想，清理了“左”的流毒，增强了大家搞好改革开放和经济建设的信心。

梁灵光认为，要使改革开放和建设事业顺利进行，还必须坚持民主法治。在他的推动和主持下，前后相隔10年的中共广州市第四次代表大会，相隔16年的广州市第七届人民代表大会，于1981年秋先后举行。两个大会，分别选举梁灵光为广州市委第一书记、广州市市长。

梁灵光说，这两个大会的召开，是全市人民政治生活中的一件大事，同时体现了前一段时间清除“左”的影响、干扰的成果。新的领导班子的成立，为今后的改革开放和经济建设提供了可靠的组织保证。

“三大高招”开全国先河

梁灵光读书的时候，曾读过古人的一些名言警句：“国以民为本，社稷亦为民而立”；“为政之道，以顺民心为本”。梁灵光无论是30年前主政厦门，还是眼下主政广州，都一如既往地坚持以民为本，想人民之所想，急人民之所急，以解决人民群众最关心、最现实的切身利益为出发点。

他刚到广州，便发现这里的市场供应相当紧张，许多东西不但要凭证才能买到，而且要排长队、走后门，有时候根本买不到，人们怨声载道。

1981年，梁灵光（右三）到广州肉菜市场了解副食品供应情况。

长期以来，广州的农副产品流通环节均由国营企业或供销社“一统天下”，造成渠道不通、网点不足。1979 年，商业部门凭借特殊政策，开始了商业体制改革，起了一些作用。然而，这只能触及皮毛，治标不治本，粮食、糖、鱼、蔬菜等农产品价格仍由国家规定，农民的剩余产品也得按规定的低价交售。那时，农民既没生产自主权，又没有销售自主权，成了依附于国家、受计划摆布的产品生产者，这严重挫伤了农民的生产积极性。结果，珠江三角洲出现了“鱼米之乡无鱼吃”以及农副产品奇缺的怪事。

为了改善农副产品市场供应，尽量满足人民群众需要，梁灵光果断决定，市政府使出开全国先河的“三大高招”：

第一招：放开物价。经过一番调查研究，决定率先从放开鱼价入手进行价格政策改革。鱼价一放开，顿时暴涨几倍，不少群众议论纷纷，甚至埋怨新市长乱来，还有人向国务院告状，总理专门打电话来询问，闹得满城风雨，压力不小，几乎让人喘不过气来。可是，梁灵光对此坚定不移，毫不动摇，认为这是打破计划经济束缚，按照价值规律办事，解放生产力必然带来的“阵痛”；时候一到，“阵痛”不痛。果然不出所料，在价值杠杆的作用下，养鱼专业户和其他农民大养其鱼，上市量急剧上升，价格逐步回落，市民们结束了餐桌上罕见塘鱼的历史，大家高兴了。正好邓小平南下，了解到关于放开鱼价的事，问：“这样做老百姓高兴吗?”省委第一书记任仲夷回答：“高兴。”小平说：“老百姓高兴的事，你们就大胆去做吧!”这更加坚定了梁灵光的信心。三年后，广州市成了在全国 18 个大中城市中吃鱼最多、最便宜的地方，还出现了史无前例的“南鱼北运”的新景象。

放开鱼价的第一炮打响了，梁灵光他们乘胜前进，进一步缩小农副产品统购统销和工业产品统购统销项目，逐步减少计划管理产品，关系到几百万市民生活的粮食价格也随之逐一放开。

第二招：敞开城门。政府拨款扩建、新建全市农贸市场，打破城乡封闭，允许农民在大街小巷摆档经营，各种农副产品和土特产琳琅满目，无所不有，大大活跃了城乡物资交流，弥补了国营商业网点的严重不足，有效地调动了农民的生产积极性，从而促进了农业商品经济的发展。

第三招：改革流通。打破长期以来商品流通环节统购统销的局面，陆续恢复、新办各种农副产品、日用百货、中药材和粮油等各种贸易货栈，实现购销方便，使得信息灵通。这一举措，大大减少了流通环节，促进了商品流通，对活跃城乡经济以及地区之间物资交流等，发挥了很好的作用。

在改革商品流通中，还打破了四个界限：一是批发和零售的界限，批零兼营；二是行业之间的界限，多种商品综合经营；三是生产与经营的界限，发展商办工业、工办商业；四是内外贸分制的界限，实行生产企业自营进出口业务或工贸联营。这些，为进一步搞活流通，繁荣经济，带来了很大效益。

以上几个开创全国先河的高招，在当时的确不同凡响，令人吃惊。这些高招，宛如一声春雷，催发了广州、广东乃至全国改革开放的灿烂之花。

结束了“疍民”的辛酸史

梁灵光长期以来有一种微服私访以了解社情民意的好作风，他的一些重大决策往往源于其中。

他到广州后，常常利用节假日，到一些街道、市场明察暗访。那时，他听说广州市场商品奇缺，供应紧张，但具体情况如何，群众反应怎么样，则不甚了解，没有感性认识。一次，他来到市场，目睹一些家庭主妇兜里装着很多种票证（当时有40多种票证，大凡吃的、用的都要凭证供应），粮、肉、鱼、糖等副食品票证不用说，还有火柴、肥皂等日用品的票证。有的市民发牢骚：“我们出街满身都是症（证）。”梁灵光还看到这样的情况，市民每人每月的鱼票才0.5元，而且还往往不能兑现。一些家庭主妇埋怨：“广东是鱼米之乡，不但无鱼吃，连大米都限量。”

梁灵光还经常轻车简从到工厂去，事先不向有关领导打招呼，不告诉新闻记者，只带着秘书和个别搞调研工作的普通干部到现场视察，找职工交谈。有时还深入到车间、宿舍、饭堂去，看看那里的生产情况，听听工人群众的意见、呼声。一次，他在一个机器厂的食堂和工人们聊天，工人抱怨说：“你们在机关当干部的，不知道我们工厂的工人苦。经济困难那个年代不用说了，现在也好不了多少，食堂伙食差，不但鱼少、肉少，炒几条青菜的油也少，吃不饱，干劲小。”工厂领导也有难处，向梁灵光诉苦：“副食品供应紧张，‘巧妇难为无米之炊’啊！”

在日常生活中，梁灵光还听到社会上流传着这么一首顺口溜：“中华大地无‘中华’，‘牡丹’四季不开花，‘前门’香烟后门走，‘凤凰’几时到我家?”（中华、牡丹、前门、凤凰，均为当时名牌香烟）

现实的情况出乎梁灵光的意料，群众的心声使梁灵光感到惴惴不安。他认为，天下万物之中，人是最宝贵的。共产党过去得天下，就是赢得民心。现在要搞改革开放和经济建设，同样要想到人民，要赢得民心。这就是梁灵光冒着风险，顶着压力，在广州使出上面讲的“三大高招”的由来。

梁灵光回忆说：“我到广州上任后，很关心老百姓的衣食住行，常利用星期天到市区走一走，还挤上公共汽车到几个进出口的地方去察看一番。”事实的确如此，他在走走看看中发现了在办公室里发现不了的问题，想到了在办公室里想不到的大事。

有一天，他走到珠江北岸的沿江路一带，在熙来攘往的人流中，向江面望去，看到了许多被称为“疍民”的水上居民。他们在陆地上没有房子，世世代代以小木船为家，一家几口，拖男带女，生老病死都在船上，生活艰辛。尤其是翻风起浪的时候，船身更加颠簸，很不安全，他们提心吊胆熬日子，而且附近又没有自来水供给他们，不管天寒地冻、刮风下雨，他们都要到很远的地方肩挑生活用水，苦不堪言。“疍民们”十分盼望有朝一日能够迁到岸上居住，过上安稳的生活。梁灵光把这一切看在眼里，记在心上。解放三十多年了，我们的市民还过着这样的生活，作为一市之长，于心不忍啊！

梁灵光回到办公室，当机立断，责成城建部门尽快铺设自来水管到那里，暂时先解决“水上人家”的生活用水。接下来，建议由市政府投资建设住宅，让他们全部搬迁上岸。当这些“疍民”乔迁新居的时候，无不热泪盈眶，衷心感谢共产党和人民政府的关怀，给他们送去爱心，送去温暖，结束了他们祖祖辈辈水上居住的辛酸史。

2 万多的“水上人家”喝上清澈的自来水，接着全部搬到岸上安居乐业，梁灵光在心里放下一块石头，感到轻松多了、舒服多了。他对自己说，我算是在福建筑起厦门海堤、修建南福铁路之后，又为人民做了一件看得见、摸得着的好事、实事。

先行一步不易啊！

梁灵光在轻工部搞改革遇到的阻力，大多来自下面。而在广州搞改革的阻力，却首先来自上面。这是他始料不及的。

在受“左”的思想影响的年代，我国的国民经济建设走了不少弯路。“大跃进”造成经济比例严重失调。文化大革命带来经济停滞、倒退。“四人帮”垮台后，又搞了个“洋冒进”，导致经济建设中发生了新的失误。针对这种严重局面，中央作出重要决策，对国民经济进行调整。

根据中央的精神，梁灵光在1981年初，召开了一次市委常委扩大会议，讨论广州的经济调整。他指出，从实际出发，该退的必须退够，主要压缩基本建设，全市1 000多个项目太多了，但该上的还是要积极发展。他始终很关注改善人民生活，强调当前基建的重点，应放在清还市政建设和人民生活欠账方面。

随后，在省市委联合工作组对广州进行调查研究的基础上，梁灵光跑到省委，详尽汇报了广州当前的经济形势继续好转的态势，又坦率地反映存在的矛盾和问题，突出表现在：重工业投资比例过大，经济效益很差；电力、燃料不足和某些工业原料生产能力跟不上；交通紧张；轻纺工业长期受挤；工业内部结构不合理；农业生产结构不适应城市发展的需要。梁灵光还不厌其烦地向省委汇报广州城市建设和人民生活方面的欠账，主要表现在：住宅、供水、供电、石油气、市场供应、市内交通、劳动就业诸方面相当紧张；科学文化、教育、卫生、体育设施跟不上；城市面貌破旧，环境污染严重，等等。最后指出，偿还全市欠账共需40亿元。

梁灵光代表市委恳请省委对广州的调整工作给予大力支持，希望给广州下放一定的自主权，让广州有个“休养生息”的机会，进而加快经济发展，充分发挥广州作为经济文化中心城市的作用。

真实的汇报，恳切的请求，引起了省委常委们的高度重视。他们破天荒地用了整整三天的时间认真讨论了广州的经济调整工作。省委认为，广州的工作做得好不好，对全省具有特别重要的意义，各级党委应重新认识广州的地位和作用，从各方面给予大力支持，但主要还是靠广州自己的努力。

经过缜密的考虑，省常委确定了五条原则，大意是：第一，把广州作为全省工作的重点，要在国民经济计划安排上，从人力、财力、物力给予重点支持；第二，在对外经济活动中，要放宽政策，给广州更多的自主权和机动权；第三，大力加强广州的城市建设和城市管理，凡驻广州的各级党政军机关单位，都要服从广州的城市建设规划和管理制度；第四，在经济调整中，省委适当增加给广州的机动财力，给予其休养生息的机会；第五，省各有关部门要真正重视和支持广州的工作，凡是能放权的多放一些权，能放宽政策的多放宽一些政策，能给钱的要多给一点钱，而以前两者为主。

对梁灵光代表广州在汇报中提出的有关经济调整的几个问题，省委也作出了具体决定，其中包括认真抓好工业调整、进一步搞活对外经济工作、改善交通运输、安排好市场和改进财政工作等五个方面。

会后，省委第一书记任仲夷指示，以梁灵光为主把常委会讨论的具体内容，整理成为《省委常委讨论广州市经济调整工作的会议纪要》和《省委常委讨论广州市城市建设问题的会议纪要》。这两份文件经任仲夷修改定稿后下发各厅、局参照执行，希望他们大力支持广州市的改革开放和经济调整。

分析人士认为，这两份文件是令广州振奋的文件，是新中国成立以来广东省对广州的经济建设和城市建设最有力的、最全面的支持，将对广州今后的发展起着极其重要的作用。

可是，出乎许多人的意料，这两份利国利民的文件，却给省里一些厅、局的决策者卡住了，他们堂而皇之的理由是：“这两份文件不是省委和省政府的双红头文件，不好执行。”尽管省市委领导人反复从中进行疏通，仍然无济于事，难以贯彻。

满怀信心的梁灵光好像给泼了一头冷水，无可奈何地说：“省委常委通过了的决议，居然会在本省行不通，可见先行一步不易啊！”任仲夷也摇着头，私下对梁灵光说：“灵光啊，看来这两个文件的阻力很大，暂时还不急，收一收吧！”梁灵光也知道他有难言之隐，只好同意了。

“志行万里者，不中道而辍足。”梁灵光领导的广州市委、市政府没有气馁，没有懈怠，他们按照既定的方向，带领全市人民依靠自己的毅力、智力和实力，在改革开放中阔步前进！

回忆这段往事，梁灵光说：当初我们在这两份文件中所提出的一些具体要求，与广州后来的改革开放相比，根本就算不上什么，小菜一碟而已。

带来了最早、最大的合资企业

梁灵光南下羊城，受到人们的热烈欢迎，并成为社会上的一个话题，人们大多都是夸赞之词。有的说，梁灵光任轻工部长不过三年时间，政绩不俗，他不仅给广州带来了好思想、好作风、好经验，还带来了大项目。广州有幸，双喜临门。

国门敞开了，世界各地的许多商人接连不断地前来寻求商机，开拓市场。梁灵光任轻工部长时，曾与美国最大的食品集团 BEATRICE 公司商定共同在中国发展食品业的一个意向。当时，该公司总裁达特先生向梁灵光提出在中国建立一个大型的、全国性的食品集团，既是生产经营型的，又是金融机构型的，用美国的话说，就是一个伞形的大企业，可以辐射全国。梁灵光认为这是个很好的项目，于是拉上中信公司荣毅仁与轻工部三家联合组成一个公司，定点北京或上海。

那时正值改革开放之初，许多政策性问题未能解决，北京、上海都感到棘手，有心无力。轻工部和中信公司却不愿放弃这个好机会，随即派人到广州找刚上任不久的市长梁灵光商议。刚好，广州很需要引进外资，梁灵光心想这是送上门的一笔大买卖，指示广州有关方面与美国公司继续洽谈。

经双方反复研究，同意先在广州建立一个经济实体，办一个生产厂家，之后再向外扩散。梁灵光认为这个设想很好，表示同意我方与美方进行实质性谈判。

可是，谈判刚开始，双方便从友好交谈转入激烈争论，各抒已见。美方看好中国市场，想重点发展软饮料。而我方则认为软饮料是广州的优势，不应让出市场。针尖对麦芒，双方观点对立，陷入僵局。

这下子，梁灵光可急了，找来我方参加洽谈的代表，向他们讲明当前的国内经济形势，阐述国家关于改革开放的方针政策，并说："合资企业是互利的，我们让出部分市场，但可得到更多的好处。这个项目，是经过轻工部认真调查研究的，对方愿意出钱，并派人来管理，工厂建在广州，是可行的。"

在梁市长的亲自过问和支持下，1981 年 12 月，双方在广州正式签订合同。紧接着，美方多次派出专家来华考察和磋商具体实施细则。1983 年，共投资 1 000 万美元的广美食品有限公司破土动工。

1981 年，梁灵光市长与美国BEATRICE集团公司总裁达特（右）在签订合资创办广美食品有限公司合同后热情握手。

这是我国改革开放初期最早、最大的中外合资企业，也是我国轻工业第一个中外合资企业。

时光流逝，原来的广州市长梁灵光离休以后，依然关注着广美食品公司的发展，当他看到卜卜星、美津饮料、美登高冰淇淋等系列产品成为名牌产品，深受广大消费者的喜爱的时候，心里感到无限欣慰。

梁灵光从轻工部带来的不单是广美食品公司这一家的商机。他到日本考察时，日本三洋公司总裁井植熏先生对他说自己拟投资上海搞电冰箱压缩机生产线。梁灵光对此表示欢迎，并在回国后马上安排。殊不知，上海的二轻局与机械局意见不一，拖了一年毫无结果。这时，梁灵光将到广州上任，轻工部领导人灵机一动，对梁灵光说："这个项目是你谈的，上海安排不下，我们不能坐失良机，干脆请你带去广东吧。"

这是一个又好、又大的项目，全国有好几个地方都垂涎欲滴了。梁灵光赶快亲笔写信给广州副市长汤国良，要他火速赴京找轻工部面谈。就这样，电冰箱压缩机厂最终落户广州。

压缩机厂是改革开放后广州引进的第一个技术先进、规模最大的建设项目。投产以来，发展迅速，效益甚佳，成为广州一个很有前途的骨干企业。

与压缩机厂有密切关系的广州万宝冰箱厂，也曾受益于梁灵光出的好点子。在他上任市长之前，冰箱厂已考虑引进生产线了，但厂领导与技术人员意见不统一：一方主张从日本引进一套5万台的新设备，另一方则提出从新加坡引进一套10万台的八成新的设备。双方各有各的道理，争了大半年，相持不下，耽误了引进时间。事情反映到广州市委，梁灵光仔细听了双方的陈述，建议他们："干脆两套都引进，大胆发展。"厂方大喜过望，照着办。经过几年的拼搏，冰箱厂年产量一度超过100万台，成为全世界8家大电冰箱厂之一。可惜，由于多种因素，后来这个优势未能保持和发展。

上述企业的投产和发展，为广州当时调整工业结构、创造名优产品，注入了生机。

"专抓些鸡毛蒜皮的小事"

人们对某些人物或事物，往往有褒有贬，这是很正常的。对梁灵光也不例外，不同的是，广州人对他的褒或贬大都是出于由衷的善意。

梁灵光对广州的历史知之甚详，留下了美好的印象。他听闻，相传2 800多年前，有5位仙人骑着5只衔着谷穗的羊，驾着祥云降临广州，落脚今天的越秀山上，祝福这里的居民五谷丰登，永无饥荒，风调雨顺，花开四季。从此，广州有羊城、穗城的美誉。广州四季如春，百花争妍斗艳，又有花城之称。他还知道，广州是历史文化名城，是祖国的南大门。在梁灵光的想象中，广州一定是个环境优美的地方。然而，现实与历史传说、个人想象似乎相去甚远。

梁灵光来广州上任后，经常穿着便装，带着贴身秘书走街串巷，或者挤上公交车到处看看。他看到了许多负面的情况：马路上垃圾成堆，小巷里蚊蝇孳生，交通秩序混乱，市民怨声载道。这里环境的“脏、乱、差”，令他难以置信、始料不及。

梁灵光还收到一些港澳同胞、海外侨胞的来信和电话，纷纷责问为什么广州的环境卫生、交通秩序搞得这么差？有的外国朋友说，过去听说中国是文明礼仪之邦，爱清洁，讲卫生，为什么现在这样脏？人民政府管不管，有没有环境卫生法？

治理“脏、乱、差”，关系到市民的身体健康和切身利益，关系到广州和国家的信誉和形象。梁灵光认为事关重大，责无旁贷，下决心非对广州进行一番治理整顿不可。首先尽快治好“脏”，恢复花城的容貌。再说，这也是进行改革开放改善投资环境的需要。

梁灵光说干就干，雷厉风行。他到广州上任一个月，便先后主持召开两次办公会议，还专门召开市委常委扩大会议，认真研究部署整顿市容卫生工作，很快开展了全市大动员、大行动。

据统计，从12月22日至25日，全市单是清理垃圾、淤泥就达1万多吨。许多马路面貌大为改观，东风东路、环市西路、工业大道、金沙路等长期无人打扫的地方变了样，市区的大街小巷也焕然一新。

接下来，梁灵光要求市委、市政府各部门和各区县常抓不懈，建立健全岗位责任制，各单位实行环境卫生分片包干，并要求主管部门抓紧立法。同时，还修订了《广州市维护市容卫生守则》，让各种媒体大力配合宣传，做到家喻户晓。

梁灵光不仅小会布置、大会动员，还亲自参加扫马路，并深入下去检查、督促。有的人看到省、市委的第一把手任仲夷和梁灵光初来乍到便亲自下去检查卫生，感到不可思议，批评说：“你们省、市委不抓大事，专抓些鸡毛蒜皮的小事。”梁灵光听了，感到很坦然，愉快接受，恕难改正。在他看来，在不同的角度，不同的层面，对所谓大事、小事有不同的理解。万事民为先，民生无小事，为人民办实事、好事，就是大事。当官不为民，就不是好官，更不是好党员。他认为，搞好城市卫生不能“一阵风”，还要持之以恒，做到经常化、制度化。

在这次整治城市卫生工作中，还有这样的小插曲：一位辽宁朋友来广州办事，在马路上随地吐痰，违反了有关规定，给执法的纠察队按章罚款0.5元。此人很不服气，把罚款票证寄给他的老书记任仲夷，表示严重抗议。任仲夷笑了一笑，心里想：抗议无效，照罚可也。

梁灵光在任广州市委第一书记兼市长时，不单“抓些鸡毛蒜皮的小事”，而且抓了许多有目共睹的大事。就市政建设而言，大大改善了供水设施，城市交通、通讯有了明显改善，环境污染有所减少，旅游业也得到发展。

长期以来，由于受重建设、轻生活指导思想影响，改善人民生活被忽视了，欠账很多。以居民每天不可缺的自来水为例，每进入夏季，市区到处闹水荒，甚至发生了原华南工学院一带的教职员工苦于无自来水供应，拉上队伍到市政府请愿事件。刚接任主管城市建设的副市长赖竹岩向梁灵光诉苦说，广州的自来水管不仅有民国李济棠时代的，甚至有清朝光绪年间的，由于年久失修，阻塞、漏水现象严重，导致水压小，供不上水。要改变这一状况，单供水投资就需1.7亿元，可是当时整个市政建设经费每年才5 000万元，其中供水公司占1 000万元，但该公司每年却要上交财政500万元。这就是说，供水公司什么也别干，要长达30多年的时间才能完成改造工程。

梁灵光不免愁闷起来，叹道：“像这样，怎么可能发展自来水事业呢？我们的人民能容忍吗？”

“山重水复疑无路，柳暗花明又一村。”广州市委、市政府为了筹集资金解决城市建设欠账多的老问题，向省请求实行“三养一费”方针，即“以水养水，以园养园，以公共交通养公共交通”和从基本建设投资中提取5%的市政建设费用于更换下水道、扩展道路等。在省的支持下，改善了供水设施，增加了供水量，市区居民使用自来水普及率大大提高，达到90%以上，创造了历史最高纪录。同时，新建、改建了一些马路，增加了部分公共汽车。

梁灵光刚到广州的时候，有人对他说：“广州有一怪，骑自行车比打电话快。”这好似怪话的话，引起梁灵光的高度重视。一次，他在北京开会时与福建省委第一书记项南谈起此事，项南告诉他，福州、厦门利用外资更换了全部通讯设备，给福建的经济建设带来了很多好处。梁灵光提出请福建邮电局长郭金海到广东介绍经验，项南慨然应允。郭局长关于引进外资、设备解决通讯难题的新经验，开拓了人们的思维方式，给人们很大启发。在有关部门支持下，广州电信局引进了日本大容量的电讯设备，并增设了几个电信分局，从此结束了“骑自行车比打电话快”的历史，改变了广州市内通讯落后的局面。

中国内地有了第一批五星级宾馆

广州环境优越，是中国的南大门、历史文化名城、旅游胜地，又是我国对外贸易的重要口岸之一，每年两届的中国出口商品交易会在这里举行，每年前来旅游观光的外宾、华侨和港澳同胞有好几百万。

然而，交易会期间广州却被人们戏称为“进不来，住不下，出不去”的地方。改革开放后，进来的人与日俱增，各种配套设施明显跟不上，特别是宾馆，数量少、档次低，服务质量不高，远远落后于客观需求。举行交易会期间，住宿问题更突出，许多外商来广州洽谈贸易，却要被安排到远离市区的从化、番禺等地下榻，十分不便，埋怨诸多。

为了给过往客人一个较为舒适的暂居条件，也为了改善吸引外商投资的环境，广州市决定引进外资兴建高档次的宾馆，让宾客住得下、住得好。广州先后兴建了白天鹅宾馆、花园酒店和中国大酒店，这都是中国改革开放后的时间最早、规模最大的“无烟工业”项目，后来成为中国内地的第一批五星级宾馆、酒店。

然而，这些酒店的兴建过程却一波三折。

香港知名人士利铭泽先生为了支持广州改革开放，将1亿港元全部投入花园酒店的平整土地等前期工程，此时，香港出现了严重的经济萧条，同时有些港商知道我国1997年要收回香港主权，感到前途未卜。这种意外，使得利铭泽先生原来从其他几个大财团中集资的计划落空了，利铭泽的公司为此陷入了困难，无奈之下决定中途放弃花园酒店项目，由他的总会计师下令停工。

停工的消息很快传到梁灵光那里。他想，利铭泽先生是打开国门后第一个冒着风险到广州投资的香港知名人士，如果连他都半途而废，打起退堂鼓来，势必影响一大片，使香港的其他财团、人士失去对中国投资的信心，也会在海外造成不良影响，后果不堪设想啊！梁灵光当机立断，一面通知负责施工的工程公司继续施工，一面向中央有关方面反映情况，并千方百计积极筹措资金。最后，他以市长名义取得香港中国银行同意贷款7亿港元给利铭泽先生。接着，他又得到副总理谷牧的支持，在国内贷款好几千万元人民币，最终才使花园酒店屹立在南粤大地上。

1980年，梁灵光与杨尚昆（左三）、利铭泽（左七）等参加广州花园酒店奠基仪式。

在兴建中国大酒店的时候，梁灵光也曾遇到许多难题，但他使出浑身解数，见招拆招，问题一一迎刃而解。那时候，国内有些人都以为外商投资企业是块“唐僧肉”，谁都想吃一口，中国大酒店就有过这样的遭遇。这家大酒店本来是广州市羊城服务发展公司与香港合成发展有限公司合作的项目，讲明由市政府划出地皮，由香港的知名人士胡应湘、李嘉诚、李兆基、郑裕彤、冯景禧、郭德胜几个大财团出资兴建，建成还本付息后利润对半分成，15年后全部无偿归还广州。可是，省的一个主管部门却下了个通知，对该项目施工要收34%的管理费。胡应湘不服气，找到市长梁灵光说：“这样的收费不公平，为什么你们自己的只收20%？”待遇不公平则气不顺，加上香港经济萧条，有的投资者又怕做亏本生意，信心动摇了，犹豫不决。

梁灵光感到问题的严重性，处理得不好大酒店这个项目很可能会流产。他把港方的几位老板都请到广州，热情招待，给他们解释，给他们打气，并主动提出让利5年，即合作期延长到20年。

20世纪80年代，梁灵光与李嘉诚先生(左一)合影。

这样的让利，港方接受了，可是有些广州人却不理解，难以接受，甚至指责这是一种“卖国”行为。上纲上线，帽子不小。

梁灵光认为，这并非“卖国”行为，而是爱国之举。通过这样灵活的措施，可向海内外表明我国改革开放的真心实意和优惠政策，充分地体现平等互利的原则，消除港澳同胞、海外侨胞和外国商人的顾虑，增强他们到广州投资的信心，从而有利于广州改革开放和经济发展。

建成中国大酒店是广州思想解放、敢为人先的具体例子。原来以胡应湘为总经理的香港合成公司决定集资10亿元到广州建酒店，这在当时是一个较大的外资项目，广州上报省，省转报国务院，国务院指示由国家旅游局负责，旅游局建议港方选址，要么在北京西郊的香山，要么在东郊另一个更加荒凉的地方，并且不同意建30层楼高，认为这才符合中国的国情，还提出建成后必须由中方管理，中方占股51%。旅游局的安排和决定，令胡应湘等大失所望，双方洽谈告吹。新华社香港分社向中央反映，认为如果这些在香港举足轻重的财团放弃到中国内地投资，将造成不良影响。此时，广州又一次表示出极大热情，欢迎胡应湘到广州来，地址任选，条件从优。后来虽然遇到许多波折，但都被一一化解了。

事实证明，这些大酒店建成开业后，对广州开展对外贸易、发展旅游业、改善投资环境、增加税收和就业，以及培训现代化管理人才等，都带来了很多好处。梁灵光高兴地说，虽然中间经历了一些波折，但总的来说，合作是成功的。现在，这几个大酒店均成为国内外知名度颇高的五星级酒店，利润也居国内同行业的前列，推动了广州乃至全国旅游服务行业的发展。

1983 年，白天鹅宾馆举行开业典礼。左五起：梁威林、庄炎林、廖承志、梁灵光、利铭泽、霍英东、马万祺等。

坚决反对以权谋私

早在抗日战争年代，梁灵光就养成了严于律己、廉洁奉公的优良作风，对以权谋私、贪污腐化的丑恶现象深恶痛绝。

梁灵光受命南下不久，一些不法分子内外勾结，乘改革开放之机，兴风作浪，浑水摸鱼，在广东沿海掀起了前所未有的走私逆流。有的地方甚至出现了“渔民不打渔，工人不做工，农民不种田，学生不上学”的混乱局面。一些人好像“走火入魔”，蜂拥而上，肆无忌惮地在街头巷尾、公路沿线贩卖五花八门的私货，人头攒动，乌烟瘴气。

时任广东省委书记、广州市委第一书记兼市长的梁灵光和省委、省政府领导班子一起，带领全省人民对猖獗一时的走私和投机倒把活动进行坚决的打击。在广州，还成立了专门机构，雷厉风行地开展反走私贩私、贪污受贿的斗争。

1982 年初，省常委和党员副省长召开了一次为时四天半的民主生活会，着重讲清个人在经济上应讲清的问题，开展批评与自我批评。梁灵光虽然两袖清风，一尘不染，但还是严格要求自己。会上，他首先谈了对社会上经济犯罪活动的严重性、危害性的认识，并表示坚决拥护和执行中央关于反走私、反腐败、反腐蚀的指示，接着谈了 1981 年 12 月率领广州市友好代表团访美归来路上出现的问题。

梁灵光说，那次访美归途中顺道访问港、澳时，带回了定居澳门的兄嫂送给他的电冰箱、热水器各一个。虽然这个数量没有超过海关规定，不属违法行为，但是，作为省、市和访问团领导人，利用因公外出机会，带回私人的大件电器，没有带好头，造成了不良影响，这与共产党员特别是党员领导干部必须时时、处处、事事都要发挥表率作用的要求格格不入。处理得不好，上行下效，友好访问团就会变成了电器采购团，不堪设想。会后，他郑重其事地向省委常委写了书面报告。不久，还在广州市一次局长会议上作了检查。市委书记兼市长的自我批评，引起了人们内心的震动。

广州市社会上的走私贩私活动没有省内其他一些地方那么猖獗，经过一段时间的严厉打击和健全措施，已得到了遏制。然而，干部队伍中的严重违法乱纪、以权谋私和贪污腐化等现象时有发生。

俗话说：“日求三餐，夜求一宿。”可见，住宿问题是人民群众生活中最为迫切解决的重要问题之一。梁灵光对广州人民的居住情况十分关注，他到广州不久，便亲自到大街小巷去了解情况，看到有的一家大小六口人挤在一间仅 6 平方米的狭窄小屋里。他还了解到，全市人均住房在 2 平方米以下的超过 2 万人。问题之严重，令梁灵光深感不安。人民政府为人民，必须竭力改善他们的居住环境啊！

这几年，市政府拨出不少专款投入住宅建设，市中心的原立新中路工程是当时改造旧城区整片拆建的试点，梁市长给予了极大的关注和期望。大楼盖起来了，殊不知竟然有不少拆迁户不能按原来的约定回迁，而不属于拆迁户的40多户却捷足先登，住进了新建的大楼。拆迁户愤愤不平，群众议论纷纷，有人告到了梁灵光那里。梁灵光不敢怠慢，随即批转市建委，要求他们认真负责地将具体情况向市委、市政府报告。可是市建委只让市住宅建筑公司写了一个文过饰非的报告。梁灵光认真看了，不动声色，指示由市委派出调查组到现场调查，初步发现了在房屋分配中不少令人惊讶的蛛丝马迹。由于情况复杂，盘根错节，市委并不急忙作出结论，而是要求继续深入核实取证。最后证实，实际掌握回迁安置大权的隽某和龙某等利令智昏，互相勾结，滥用职权，以权谋私，采取欺上瞒下、弄虚作假等不正当手法，拒拆迁户于门外，安插了他们的“关系户”。法不徇私，这批人终于受到了严肃惩处。该回迁的住户得到回迁，隽、龙等人的“关系户”全部迁出。曾轰动一时的私分住房案件很快得到了结。人们拍手称快，盛赞政府办事公正，敢于刹住这股歪风。

实行改革开放以来，广州的许多单位恢复了奖金制度。一些单位却为了个人或小集体利益，不顾党纪国法，巧立名目，从中浑水摸鱼。尽管市委、市政府三令五申严加制止，但有的人、有的单位仍然置若罔闻。梁灵光认为，任其发展下去，我们的党员、干部便会变成财迷心窍、见利忘义的小人，以致走上邪路，并给党和政府带来损失。于是，全市进行了一次财务大检查，同时在干部中加强组织纪律和全局观点教育，在党员中开展自检自查、民主评议，纠正各级领导干部中存在的软弱涣散和自由主义的思想。在这次大检查中，严肃处理了一些严重违反党纪国法的党员和干部，大胆提拔了一些德才兼备、年富力强的干部。经过这次整顿，全市各级领导班子的风气有了较大的改进，社会风气也有了好转。

归侨省长第一人

广东，地处南岭以南，南海之滨。春秋战国时为百越（粤）地，这可能是广东后来简称粤的由来。秦设南海郡，唐属岭南道，宋为广南东路，清为广东省。面积 17.79 万平方公里，人口约 7 000 万（1996 年）。

这里海岸曲折绵长，岛屿众多。境内地势北高南低，山地、丘陵广布，沿海一带有狭小平原，以珠江三角洲为最大，西南为雷州半岛。

北回归线横贯境内中部，属热带、亚热带气候区。除北部山区外，终年不见冰雪。

境内的珠江，旧称粤江，是中国南方大河，其支流东江、西江、北江分别源于江西、云南和湖南，在三水镇以下汇合，港汊分流，主要入海口有虎门、崖门、横门、磨刀门等处。珠江流量丰沛，仅次于长江。水力资源集中在西江流域。海运发达，有广州、黄埔、湛江、汕头等港口，远洋航线可通往世界各地。

因温暖多雨，农作物一年三熟，经济作物达 100 多种，主要有水稻、甘蔗、薯类、黄麻、烟叶、茶叶等，其中甘蔗产量占全国一半以上。广东素有“水果王国”之称，香蕉、甘蔗、荔枝、菠萝为“四大名果”，还盛产龙眼、杨桃等。宋苏东坡品尝岭南佳果后，赞叹不已，留下了传颂至今的妙句：日啖荔枝三百颗，不辞长作岭南人。

重要城市有省会广州，经济特区深圳、珠海、汕头，新兴城市佛山、东莞、江门等。陆路交通、航空事业相当发达。

时任中共中央总书记的胡耀邦同志曾多次前来广东，深为这里的良好环境所吸引，在一次和梁灵光的谈话中说："广东的条件是好的，潜力非常大。"

1983年春，南粤阳光明媚，生机勃发。在几千万人民的期盼中，广东省的几套领导班子分别完成了换届工作。原任中共广东省委书记、广州市委第一书记、广州市长的梁灵光众望所归，在省人民代表大会上以高票当选为省长。

海外归侨当省长，他是新中国成立以来广东第一人。消息传开，省内的归侨、侨眷欢呼雀跃，高兴地说：我们的归侨当省长了。在海外，尤其是他原来的侨居地马来亚一带，华侨、华人无不奔走相告，并祝愿他继承和发扬华侨的光荣传统，为繁荣广东、振兴中华谱写新篇章，为海外乡亲增添新荣光。

了解梁灵光的人都知道，他在担任各级行政领导职务的历程中，从1940年开始，无意中创造了许多个"第一"（不含党内、军内和副职）：抗战时期在苏北根据地先后担任如皋、南通两县的第一任县长；解放战争中任苏中九分区第一任专员；解放战争尚未结束任厦门市第一任市长；改革开放后任新组建的国家轻工业部第一任部长；新中国成立后任广州市第一个归侨市长，广东省第一个归侨省长。这几个"第一"，增添了梁灵光生平的神奇色彩。

第一次走上省长岗位的梁灵光，深感责任重大，道路漫长。他在代表新一届政府发表就职讲话中说："广东的地位和特点，决定了广东的工作任务非常艰巨。中共中央和国务院对广东的工作提出了更高的要求，全省人民寄予了殷切的期望，而我们的能力和水平要担负这样艰巨的任务是很不容易的。我们决心谦虚谨慎，努力学习，勤奋工作，同全省人民一道，在上届政府工作的基础上，把我省的改革开放和社会主义建设事业继续推向前进。"

他那简洁、朴素、坦诚而又充满热情、自信的讲话，感染了全场的人民代表，赢得了热烈、持久的掌声。

梁灵光到广州的时间不长，只不过两年半，但已对广州产生了深厚的感情，广州也给他留下了难忘的回忆。他说，回想起主政羊城时，思绪万千，心潮澎湃。那时，广州虽处在改革开放的前沿阵地，但百废待兴。每走一步，都是在摸索中前进。不管怎样，广州的经济还是取得了长足的进步，改革开放初展端倪，人民的物质生活水平也有了较大提高。

日升月恒，斗转星移。眼下，他肩上的担子更重了，要考虑、处理的事不单单是广州，而是整个广东省。

梁灵光上任后，坚定不移地贯彻执行中央的特殊政策和灵活措施，充分发挥广东毗邻港澳、华侨众多和对外开放较早等优势，着重抓好体制改革、对外开放和加强基础设施三件大事，积极推进全省经济建设的发展和人民生活水平的提高。

开创侨务黄金时代

梁灵光南下羊城时，中央领导特别强调要进一步解放思想，发挥广东的优势。他当选广东省省长后，反复思考什么是广东的优势。经过深入的调查研究，并翻阅了许多历史资料，他发现广东的最大优势是：毗邻港澳，华侨众多，先天给予，独一无二。这和朱德总司令20世纪50年代的观点不谋而合。他了解到祖籍广东的海外华侨、华人约2 000万人，港澳同胞多达400万人，他们在省内的眷属不下1 200万人，总共3 600万人，占全省人口的一半。他们历来都饱含着根深蒂固的爱国、爱乡感情，始终和中华民族同呼吸、共命运，“振兴中华”是他们的共同愿望。在每一个关键时刻，无论是在辛亥革命时期，还是在抗日战争、解放战争年代，他们或尽力捐资支援，或挥戈鏖战沙场，发挥了重要作用，贡献巨大，功不可没。新中国成立之初，一批又一批华侨青年满怀赤子深情，冲破重重困难，从天涯海角回到祖国，投入社会主义建设洪流中或参加文化学习，出现了从来没有过的回国热潮。

遗憾的是，后来由于“左”的错误，尤其是在文化大革命中，原来的侨务政策遭到严重破坏，各级侨务部门处于瘫痪状态，而且不分青红皂白把海外华侨和港澳同胞视为“资产阶级”，他们在国内的合法权益也受到侵害，致使许多人“有国没有家，有家归不得，有亲不敢认”。林彪在广东的同伙还炮制了《处理有港澳海外关系干部的六条意见》，对一大批有“海外关系”的干部进行打击、迫害，造成了许多冤假错案。于是，广东成了侨务工作的重灾区。这一切，严重挫伤了广大华侨、归侨、港澳同胞及其眷属的感情，影响极坏。梁灵光对这些不正常的现象，从心里感到十分难过和不安，对其中一些骇人听闻的冤案受害者感慨系之，不禁泪洒衣襟。

梁灵光还以极大的兴致了解到另一个重要情况：1983 年海外华侨、华人的经济实力持续增长，财产总额达 2 000 多亿美元，其中广东籍人士所占比例不小，举足轻重。港澳同胞的经济实力更是有目共睹，相当强大。在历史上有不少海外亲人回来投资创办工商业和捐资兴办众多公益事业的记录，侨汇数额可观，很大程度上促进了广东的经济发展和社会进步。

梁灵光深有感触地说："广东是全国最大的侨乡，海外侨胞和港澳同胞都有爱祖国、爱家乡的光荣传统，是一支促进广东发展的不可忽视的潜在力量。"

如何把这巨大的潜在力量转化为现实力量？梁灵光从切身经验和广东实际出发，强调必须彻底批判、清理"左"的流毒和残余，正确认识华侨的历史地位和作用，不折不扣地全面落实各项侨务政策，认真改善和加强侨务工作，设身处地，以心换心，才能最大限度地激发海外亲人的故乡情、爱国心。

为了落实华侨政策，妥善处理历次政治运动中的遗留问题，省委、省政府下发了一系列政策性文件，采取了一系列具体措施。爱人民、爱华侨的省长梁灵光，尽管鬓发苍白了，但依然一如既往，忠心赤胆，殚精竭虑，废寝忘食，不仅亲自主持召开侨务工作会议，提出要求，具体部署，还更多地深入到乡村、街道检查、视察。1983 年，省政府在广州召开全省侨务工作会议，上任不久的梁灵光作了题为"努力开创侨务工作新局面"的报告，引起了强烈的共鸣。会后，他前往台山、开平、新会等重点侨乡，着重了解、落实侨房政策情况和研究如何进一步调动海外、境外亲人支援家乡建设的积极性。

台山是全省乃至全国在海外的华侨、华人最多的一个县，约有 117 万人，比县里的人口还多。该县很重视侨务工作，县领导亲自抓，摸索出这样的经验："无农不稳，无工不富，无商不活，无侨不快。"该县领导还告诉梁省长，前不久有一条轰动全县的新闻：旅美的一位侨领陈先生，原有一间祖屋，不大，只有一厅一房，在"左"毒泛滥时被强行拆毁，片瓦无存。陈先生认为祖宗受到莫大污辱，自己留在"唐山"的根也给挖了，有国无家，怨气难消，誓不回乡。他在美加的亲人也对拆祖屋一事愤愤不平。新上任的县领导在落实侨房政策时，主动出资在原地按原样重建了陈先生的祖屋。消息传开，陈先生感动得流下热泪，赞扬人民政府爱护华侨，赞扬共产党知错能改，很快回来认祖寻根和探亲访友，还联络好几位老华侨捐资兴建了一所中学和一间医院。梁灵光动情地说："这一例子，使我深深地体会到，做好侨务工作，争取侨心，意义重大。"

梁灵光主政广东期间，从根本上改变了侨务工作重灾区的被动局面，"左"的思想遭到有力批判，华侨的地位和作用得到普遍认同，邓小平提出的"海外关系是个好东西"的观点深受人们赞赏。这些年，各级侨务工作得到了恢复和加强，还纠正了因"海外关系"造成的冤假错案5 500宗，发出改正家庭成分证书48 000份，回城复职的华侨子弟4 300人，安排到各级领导岗位的归侨、侨眷1 200人，解决夫妻两地分居和住房困难问题的归侨、侨眷7 000人，安置难侨107 000人，还大大加快了退回被挤占侨房的进度。这一切，收到了很好效果。

在落实侨房政策中，揭西县把稻香楼（上图）和积善居退回给业主归侨黄恒发。

1985年10月13日，《羊城晚报》（海外版）刊登了揭西县员东村9户农民主动退还侨房的消息。业主黄恒发，早年从马来亚回国后，用自己的血汗钱购置了一些山林、土地。他有5个儿子，其中有3人先后参加过北伐战争、抗日战争和解放战争。解放战争期间，他家有5人参加了革命工作。另外，有3人侨居海外。"土改"时，黄恒发被划为"地主"，全部房屋和财产被没收，甚至珍藏的书籍和照片也被一扫而光。一直到30多年后，即1984年才改为华侨成分，1985年退还全部房屋。此时，黄恒发已去世，他的后代对政府落实华侨政策感激不尽。他们认为，虽然在过去的艰辛岁月有过说不清的苦楚、数不清的创伤，但一切都过去了，成了历史，要像邓小平教导的那样"向前看"。随着岁月的流逝，黄恒发的第二代也先后逝世，他的第三代振作精神，茁壮成长，大有青出于蓝之势，其中有国家一级注册建筑师，有获"全国百佳优秀新闻文化工作者”和“广东省优秀归侨作家”荣誉的，有一级警督，在海外还有画家和新生代侨领。在第四代中，涌现了高级环境艺术设计师、工程师、医师和多名大专毕业生。

俗语说：“一朝被蛇咬，十年怕井绳。”对过去一些“左”的政策，人们心有余悸，加上刚实行改革开放，相当一部分华侨对回来投资尚持观望态度，存在着“四怕”：一怕政策多变，投资安全没有保证；二怕立法不健全，经济利益得不到保障；三怕投资条件不优惠，无利可图；四怕侨居地当局不满，日后受刁难。

针对上述情况，梁灵光主持制定了华侨投资优惠办法和涉外法，上报国务院审批后施行。优惠办法主要在政策上把侨资与外资加以区别，在关税、所得税、内销市场等方面给予更优惠待遇，允许投资者聘请国内亲属当代理人或代表，允许优先吸收侨眷就业；凡属技术先进、符合国内发展需要的，优先考虑，在计划安排、物资供应上适当照顾。这些优惠办法也适用于港澳同胞。

梁灵光还要求各有关部门要善待华侨，简化审批手续，提高工作效率，减少各种费用。在一次全省利用外资工作会议上，梁灵光严肃地批评了一些部门对利用外资认识不足，以及巧立名目、乱收费用的不正之风。他说：“人家来投资，你不给优惠，还想捞一把，把人吓跑了，你什么也捞不到，只能‘竹篮打水一场空’。”接着，梁灵光责成省外经委会同省经委，按照中央和国务院有关文件，制定禁止乱收费实施办法。此后，巧立名目乱收费现象有所收敛。

随着海峡两岸同胞往来日益增多，梁灵光根据中央政策精神，批准成立省、市、县各级台湾事务办公室，并决定成立贸易公司，大力开展对台贸易。

侨务政策的全面落实，大大激发了海外华侨、华人和港澳同胞热爱祖国、思念故乡的感情，出现了历史上罕见的新景象。最令人振奋的是美加和东南亚一带兴起了回“唐山”寻根访祖、旅游观光的热潮，连许多从来没有和多年没有回过“唐山”的老华侨和他们的后裔也结伴回来，海内外的距离缩短了。此外，来中国内地投资工商业和兴办公益事业的气氛空前活跃。这些年，华侨、华人和港澳同胞捐资兴办的公益事业堪称历史之最、全国之冠，后来被评为“广东改革开放十件大事”之一。

1984年初，时任副总理的谷牧写了一篇考察珠江三角洲经济发展的报告。他向中央汇报说："'华侨'这篇文章做好了，利用外资、引进新技术就可以迈出更大的步子，对解决香港、台湾问题，对我们在海外的其他工作，也会起到积极的作用。"在侨务工作上呕心沥血的梁灵光对这一报告体会深刻，完全赞同。

老省长梁灵光主政广东期间，全面贯彻执行中央的侨务政策，做好海外侨胞和归侨侨眷工作，赢得了侨心，发挥了侨力，大大地促进了广东改革开放和各项建设事业的发展，开创了广东侨务工作的黄金时代。

罕见的寻根访祖热潮

在改革开放中，以归侨梁灵光为带路人的广东省政府重新正确认识海外侨胞、港澳同胞的历史地位和作用，认真落实有关政策，努力做好服务工作，大大激发了祖籍广东的海外、境外亲人的爱国、爱乡热情，出现了历史上空前罕见的寻根访祖、旅游观光的热潮，留下了不计其数的动人故事。

1985年7月21日，《羊城晚报》（海外版）发表了一篇专稿《绵绵故乡情——美籍华人寻根访祖散记》。此文，在海外引起强烈的反响，美国华文报《时代报》全文转载，对华侨、华人回"唐山"起了推波助澜的作用。摘要如下：

1985年夏，南粤大地流光溢彩，散发着甜美的气息。美国纽约、华盛顿、加利福尼亚、奥克兰和依利诺斯5个州的32位华人，结伴回到梦寐以求的故乡——广东寻根访祖。

在檀香山出生，后来移居奥克兰的吴广容先生，虽92岁高龄，但脸色红润，慈眉善目，精神焕发，身体硬朗，是这支队伍的长者。以前，由于种种原因一直没有回过祖籍新会县。这次，他下定了决心，要实现多年的夙愿。一些好心亲友怕他年纪大经不起长途劳累，一再劝他放弃回乡的打算。而吴老先生不服老，特地请大夫给自己作全面体检。当获知检查结果为除听觉减退外一切正常，他高兴极了，逢人就说自己的身体怎么好，大可以回"唐山"走一趟。为让同伴们放心，他又主动写了一份"担保书"，郑重申明如果途中发生什么不测，责任自负，与他人无关。此外，他悄悄地用重金在当地买了回"唐山"的人寿保险。老人的精神感动了大家，他终于欢欢喜喜地带着60多岁的儿子、50多岁的女儿和年轻的外孙女，祖孙三代4人一起回到故乡来了。那天晚上，热情的同伴们为庆贺他的平安到达和他的生日，在下榻的广州白云宾馆举行了一个小型而又欢乐的庆祝晚会。

幼年时曾跟随父辈回过家乡的加利福尼亚州小学教师谭丽珊女士，如今年近半百了。这次回到了顺德县农村和表哥重逢时，激动得扑上前去，紧紧地拥抱着亲人。她的眼里闪动着泪花，喃喃地说："我永远不会忘记自己的根在顺德。"

在加州经商的岑美光女士，50多岁了，小时候听父亲讲过家乡在顺德县大良镇，母亲生前也再三叮嘱她无论如何要回故乡看一看。她怀着对父母的孝心和"树有根、水有源"的感情回到大良镇。这里的一切都引起她的浓厚兴趣，几乎凡有"顺德"、"大良"字样的牌子、标志，她都迫不及待地举起相机"咔嚓、咔嚓"地拍个不停，甚至对眼前的桑基、鱼塘，也一一拍摄。她深情地说："我好不容易才回来一次，一定要把这些家乡的风貌带回美国去，好让子孙后代不忘记自己的祖籍，不忘遥远的桑基、蔗园、果林之乡。"

海外的许多华人始终以自己是炎黄子孙为荣，他们对故土的思念之情，处处可见。来自纽约州的詹金美小姐回到珠海市最要紧的一件事，就是恳求乡亲们把自己一家的名字写进詹氏族谱里。如愿以偿后，她开心地笑了。生于美国的会计师邝彩玲小姐回到花县时，特地跑到菊花山拾起几块小石头，如获至宝地珍藏起来，准备带回给阔别故乡的双亲，留给自己的后代。

一天，他们临时改变了原先安排的观光日程表，从广州乘汽车前往东莞县石碣区，在区侨联津津有味地吃过龙舟饭，便应邀到石碣大堤上观看龙舟比赛。那时，几公里长的堤岸上，早已人山人海，一片欢腾。江面上无数大小船只排成整齐的"江上看台"，船上站满了身穿节日盛装的男女老少。到处彩旗招展，十分壮观。竞赛开始了，锣鼓齐鸣，鞭炮震天，来自各乡、村的20只龙舟在进行激烈的夺标竞渡。尽管天气非常炎热，可是那些美籍华人的热情更高，他们不停地鼓掌，呐喊助威，有的则忙于拍摄精彩的镜头。持续两三个小时的盛会使他们大饱眼福，无不赞叹只有盛世之年，才有这充满奋发向上精神的群众性民间活动。

一天中午，大家正在台山台城园林酒店餐厅用餐，不知谁首先发现上海电影制片厂演员吴海燕和潇湘电影制片厂导演刘冠雄等也在餐厅里。良机难逢啊，起初是几个人小声议论什么，后来大家很快鼓掌邀请吴小姐演唱。小吴十分解理大家的心情，随即演唱了《怀念自己的家乡》等电影歌曲，歌声激发了亲人的无限乡思，大家起立击掌作和。曲罢，人们争着请吴小姐签名留念。与此同时，一位华裔青年给吴小姐送上她刚才演唱时为她拍下的彩色照片，小吴收下这凝聚着海外亲人深厚情谊的珍贵礼物，连声说“谢谢”。

热情的刘导演还向人们介绍说，潇湘制片厂将拍摄一部以华侨、侨眷的悲欢离合为题材的影片《客从加州来》（暂定名），小吴扮演其中的主角，这次到侨乡台山来搜集素材和体验生活。为了真实反映华侨生活，还计划前往华侨集中的三藩市拍摄部分镜头。

消息传开，这些美籍华人尤其是来自三藩市的华裔都表示热烈欢迎。有的说：“我们在三藩市再见！”有的叮咛说：“你们出发前一定要通个信息，好让我们前往机场迎接。”

1985年10月9日，美国华文报《时代报》发表了寄自广州的专稿《亲人欢聚庆佳节》，摘要如下：

9月27日午，晴空万里，金风送爽。广州白云宾馆彩旗飘扬，红灯高照，欢声笑语，一片节日气氛。

今年中秋佳节，又欣逢国庆36周年，“双喜临门”。从美国、加拿大、洪都拉斯、秘鲁、古巴、新西兰、新加坡、日本等许多国家远道回来探亲、观光、旅游的近百名华侨、华人，应广州市归国华侨联合会和广州市侨务办公室的邀请来到这里，和广州的两百多名归侨、侨眷欢聚一堂庆中秋、迎国庆。海内外亲人喜相逢，骨肉情深意更浓。大家边倾诉思念之情，畅谈侨乡新貌，边品尝家乡菜点、月饼、佳果。谈笑风生，亲密无间。

加拿大温哥华马氏宗亲会访华团一行30人，是来宾中人数最多的一支队伍。团长马寿山先生曾为广州市与温哥华市缔结姐妹友好城市作出努力，今天又亲自率领访华团来到广州，心情很激动。他对大家说：“我们这次回来，主要是促进了解，结交朋友，增加情谊。我们见了亲人，看到了广州的巨大变化，又能和亲人们欢度中秋佳节，共祝中华人民共和国成立36周年，喜上加喜，意义深远，虽然我们身在加拿大，但始终不会忘记自己是炎黄子孙。”他们当中，有的是初次回来，有的是华侨第二、三、四代后裔。马关金女士从小离家，思乡心切，很久以前就渴望有机会能回到亲爱的故乡。这次她的夙愿实现了，还把正在读书的女儿马美珍和11岁的儿子马仁聪带回来，好让下一代知道自己的根在中国。她还说：“这次回来真开心，下次还要同我的先生一起回来，到北京、杭州、桂林等地旅游。”83岁高龄的马朱德华太太行动不便，别人怎么劝说也不听，硬是带着轮椅回来，要在“唐山”大地上会见亲人、浏览风光。她年近半百的儿子马均耀先生也似乎年轻了许多，肩扛录相机忙个不停地拍摄，说要尽量多拍些镜头带回去让更多的乡亲看看“唐山”的现状和发展。

加拿大依士顿市华人市长马怡羡先生应邀访问广东，并作为温哥华马氏宗亲会访华团顾问，也高兴地参加了联欢活动。他通过翻译对大家说：“我能参加这样的盛会，感到十分荣幸。看到离别30多年的家乡发生这样大的变化，心里更加高兴。”他还祝愿加中友谊万古长青。

1986年1月10日，《人民日报》（海外版）发表了题为“食品专家陈庆筠博士”的通讯，摘要如下：

陈庆筠博士祖籍在著名侨乡广东台山。抗日战争期间，他的父亲在肇庆工作，母亲已怀孕，后来辗转到新兴（筠城），生下一子，取名庆筠，即“肇庆怀胎、筠城坠地”之意，让他永不忘祖，为国效力。

抗战胜利后陈庆筠到美国求学，先后获得化学工程学士、硕士和食品营养学博士学位。1984年至今任联合国开发计划署技术顾问。

陈博士对食品研究造诣很高，是一位享有盛誉的食品专家，曾应中国科技交流中心的邀请，率领5位华人专家到北京讲学，并在重庆举办有22个省、市共300多名科技人员参加的全国食品科技短期培训班。陈博士返回美国后，撰写了《发展中国食品工业建议书》，递交中国国家经委。

在陈博士的努力推动下，旅美中国食品科技协会和中国科技交流中心签订了1984年和1985年科技交流协议，由美方派出4位专家前来中国进行科技交流。陈博士还通过各种渠道为中国引进资金、设备。去年6月，他毅然辞去美国一家公司待遇优厚的职务，组建了以关心中国的专家、学者为主体的三艾公司，专门从事国际技术转移工作，协助中国引进欧美食品、饲料、化工等设备和技术。

陈庆筠博士的学识和赤诚，获得了人们的很高评价，在去年中国食品工业协会聘请他为该会顾问后，重庆、成都两市人民政府也聘请他为经济技术、食品工业顾问。

为什么陈庆筠博士那么热心家乡建设？他深情地说：“我虽然加入美国籍，但我是炎黄子孙，我爱中华，要为振兴中华尽绵薄之力。”

1986年，《舞台与银幕》半月刊第19期，发表了题为“风云人物靳羽西”的长篇通讯，摘要如下：

靳羽西原来并不出名，自从她在美国制作和主持《看东方》综合性大型电视节目于1983年开始播放后，轰动全美。尤其是在美国电视台主持北京庆祝中华人民共和国35周年活动实况转播后，声名大振。这些年，她先后荣获“杰出妇女奖”、“杰出人才奖”、“友好大使奖”、“优秀专业奖”，并被评为“美国电视界六强人”之一，今年又获华裔“风云人物”称号。

为了架设东西方文化桥梁，编织中国与世界人民友好彩带，靳羽西在《看东方》这个电视节目中向美国观众介绍中国和东方之后，她拍摄和主持的《世界各地》节目从今年春节开始在中央电视台播出，把各国有益的传统文化和新鲜事物介绍给中国观众。靳羽西那端庄的容貌、潇洒的举止、真挚的表情、生动的解说，给观众留下了深刻的印象。她那略带广东口音的普通话，对广东观众特别具有吸引力。

靳羽西是地地道道的广东姑娘，祖籍在番禺，祖屋坐落在广州以她祖父名字命名的棱德新街。她是典型的第五代华侨后裔，从太公到祖父辈都曾侨居美国，父亲靳永年先生在广州西关出生，后赴美国定居。

靳永年一家已移居海外多年，但始终恋乡情切切，念祖意绵绵。他们都有共同的愿望，中国开放了，走上振兴之路了，一定要多回去看看。

今年4月，靳先生首次偕同夫人回来认祖寻根、探亲访友。一天，靳永年夫妇回到阔别40多年的佛山市，靳太太只朦胧记得父母生前讲过自己出生在“桂圆”的大院，经过多方查访才好不容易找到。她高兴得不知叫人家拍了多少照片，说是要带回美国作纪念。靳先生对她说：“这次你寻到根了，开心了，我也要去番禺寻根，并到广州西关找自己出生的地方。”

前年，靳羽西去桂林找她的出生地，初次未找到，很着急，便打长途电话回美国问母亲。后来找到了，又打电话给母亲报喜。今年靳羽西返番禺寻根，县里摆设家乡风味的盛宴欢迎她，靳羽西吃得津津有味。后来端上一盘色香味俱全的肉，当她得知是狗肉时，惊叫了一声，连忙放下筷子，笑着说："我不敢吃，不敢吃，吃了，回美国就没有人敢和我讲话了！"（欧美人爱狗，不吃狗肉）大家听了都捧腹大笑。

靳羽西1949年随父母到香港，后来移居美国。就读夏威夷大学音乐系时，曾被评选为"中国水仙花公主"。毕业后，曾任公司经理、酒店公关部主任。像她那样的人在美国赚钱并不难，并可能成为一名女企业家，但为什么她选择现在的职业？靳羽西回答："如果通过我制作的电视片能给人们一些好的影响，那样的生活才有意义。"她认为在海外发扬华夏文化，促进中美文化交流，架设东西方友好之桥，跨越无知和误解，是作为炎黄子孙的最大乐趣。

试办经济特区

中国实行改革开放后，又在广东开辟深圳、珠海和汕头三个经济特区，实行特殊的经济政策和经济管理体制，以便更有效地吸收外资和引进先进技术，发展对外贸易。

按照分工，刚上任的省长梁灵光主持省政府全面工作，并兼管特区和海南岛（1988年成立海南省）的开发以及外经贸工作，这任务比当广州市长时不知繁重多少倍。但他深信，只要在党的领导下，以邓小平理论为指导，坚持党的基本路线，充分发挥领导集体的智慧，全心全意依靠人民群众的努力，就一定能够克服前进道路上的困难。

那个时候，三个特区发展不平衡，深圳进展较快，其次是珠海，汕头则处于筹备阶段。在试办特区的过程中，初步取得了可喜成绩，但也出现了一些问题。

深圳位于广东南部、珠江口东侧，与香港一河之隔，水陆交通发达。初期，部分领导搞"万商云集"，做二手买卖赚钱。有些人利用中央给的出口优惠政策，在内地高价收购部分农副产品出口，然后拿赚到的外汇进口商品向内地倾销，甚至进口旧麻袋，影响内地麻袋生产。内地的味精生产本来已经过剩，他们却不顾后果，一次进口1 800吨，内地味精厂个个叫苦连天。他们还进口大批汽车、电器等紧俏商品返销内地，获取高利。他们以发展商业为由，一切"向钱看"。内地有人挖苦说："深圳只会赚内地人的钱，不会赚外国人的钱。”港澳和海外人士对深圳某些人的做法颇有微词。

梁灵光发现后，及时提醒深圳市有关方面，这不符合中央关于试办特区的宗旨，应该以吸收外资和先进技术发展工业为主，以发展外向型经济为主，不能无视国内市场，盲目进口，大搞倒买倒卖。深圳特区认真总结经验教训，端正了指导方针，开始扎扎实实地进行各项基础工作。

梁灵光很善于观察和任用干部。一次，他和省委第一书记任仲夷到深圳考察，在听取汇报中，他们发现这里的领导班子不够协调，难以打开局面，非马上调整不可。于是，调去一位长期抓经济工作并有开拓精神的实干家主持工作，对特区的前期开发起了重要作用。时任中共中央总书记的胡耀邦和副总理的谷牧先后视察深圳，均给予高度肯定。谷牧就如何加强特区的领导建设等作出许多具体指示，并提出：“梁灵光同志是省委书记又是省长，要管这个事，还有吴南生、叶澄海也可以参加。他们三人可以形成一个拳头。有关特区的重大事情，都集中到这个口里，就可以大大提高效率。”

1984年5月，胡耀邦（前左二）由梁灵光（前左三）陪同视察深圳后前往珠海，在船上和身边工作人员合影。

遵照谷牧的指示，省委、省政府决定，广东试办经济特区工作由梁灵光、吴南生等人主管，并组成特区领导小组，下设办公室，集中处理特区的重大问题。

珠海特区工作几乎与深圳同步进行，但发展相差甚远。珠海分为内陆与岛屿两大部分，位于珠江口西侧，水域与南海相接，地势由西北向东南倾斜。属南亚热带海洋性气候，温暖和煦，常年葱绿。这里背山面水，环境优美，风光绮丽，又毗邻港澳，交通方便，是理想的旅游胜地。故此，珠海市的主要领导强调以发展旅游业为主。开始时，兴建了一批具有特色的旅游设施，颇有起色。然而，由于客观条件限制，仅靠旅游业毕竟难以带动整个特区的经济，发展速度比不上深圳。

珠海特区的另一个问题是管理体制不顺畅。特区初期规划面积15平方公里，属珠海市的一部分，在市政府下设一个特区管理委员会。然而，管委会力量薄弱，工作抓不起来，而市政府又相隔一层，对特区工作不便直接插手，左右为难，十分尴尬。

珠海市市长梁广大上任后，专程到广州请示省长梁灵光，提出两点意见：珠海特区不仅仅局限于旅游业，应以发展商业、工业为主；把特区管委会缩小或合并，由珠海市政府直接管理特区工作。

梁灵光再三考虑后，认为梁广大这两个带原则性的建议很有道理，明确表示支持。后来，珠海特区的发展方针和管理体制进行了调整，各项事业取得了较大发展。

汕头于1930年设市，在广东省东部，濒临南海，韩江三角洲南端，为粤东和闽南门户。西部有牛田洋深水湾，可泊万吨巨轮，通往东南亚和香港等地，是广东著名侨乡。

汕头经济特区起步稍迟。梁灵光任省长后不久便专程前往视察发现，一批合资企业已投入生产，农业较为出色，整个前景喜人，但跟深圳、珠海相比，差距甚大。

汕头特区有一个突出问题，就是交通。虽有水运可通海外和福建等地，但远离广州和港澳，仅靠陆海交通既不方便又耗时，直接影响外商投资和对外经贸活动。

汕头市委向梁灵光提出开辟广汕空中航线的建议。梁灵光认为这个意见很好，有利于特区和整个粤东经济社会发展，当场表态尽力协助解决。为了这件事，梁灵光东奔西跑。他跟部队联系，询问可否把汕头军用机场改造为军民两用机场，这样可为国家节省大笔开支，但空军方面不同意。

他到北京找中央军委副主席杨尚昆，提出改造汕头军用机场的建议，杨尚昆表示赞同，但这是一件大事，个人决定不了。为此，军委专门举行会议，经反复讨论，终于定了下来，历史性地开辟了广汕航线。后来，还开辟了汕头直通香港、泰国等地的航线，为汕头特区的发展创造了很有利的条件。梁灵光创新务实的精神、纳谏如流的作风和不同凡响的活动能力，在特区里口碑载道，处处可闻群众称颂之声。

由于汕头开了先例，引起连锁反应，佛山、惠阳、三亚等军用机场均先后开展民航事业，促进了整个广东交通的发展。

全程陪同邓小平视察

时光倒流到 1984 年 1 月 24 日。广东万紫千红，春光明媚，风和日暖，令人陶醉。

中共中央政治局常委、中顾委主任、中央军委主席邓小平，由政治局委员王震、杨尚昆陪同，乘坐专列南下视察。路经广州时，梁灵光和省委书记林若、广州军区政委王猛等登上专列。邓小平和大家一一亲切握手，微笑着说："办特区这是我的主张，中央定的，至于办得好不好，是不是能够成功，我要看一看。"随后，梁灵光陪同邓小平一行到深圳、珠海、中山、顺德等地视察。

专列沿着广深线平稳前进，中午安抵深圳。邓小平毫无倦意，稍作休息后，便和王震、杨尚昆等一起听取深圳市长梁湘的汇报。梁湘是经济专家，有能力，也有魄力。虽然他汇报时普通话带着较浓的广东口音，但邓小平听得很认真，对深圳特区取得的成绩感到高兴。邓小平说："深圳这个地方正在发展中，你们谈的这些我都装在脑袋里。不过，暂不发表意见。"梁灵光也为自己亲自挑选的梁湘有这样的工作思路、工作能力和工作成绩由衷地点头赞赏。

梁灵光还陪同邓小平等乘坐大型旅行车参观游览了深圳市容。一路上，邓小平兴致勃勃地望着窗外鳞次栉比的高大建筑和热火朝天的建设工地，不停地询问这座高楼是干什么的，那个工地是什么项目。坐在旁边的梁湘如数家珍，一一回答。来到正在开发的罗湖商业区时，邓小平不顾劳累，冒着料峭春寒，登上刚刚开业的22层高的国际商业大厦，沿着天台围墙漫步，俯瞰深圳全景，整个特区风貌尽收眼底，昔日的小渔村，今天的新城市，老人家不禁眉开眼笑。

1984年1月，梁灵光陪同邓小平登上深圳国际商业大厦天台俯瞰深圳全景。

第二天旭日东升的时候，梁灵光陪同小平参观渔民村，并到村党支部书记吴伯森家作客，详细地询问渔村的历史变化和群众生活，老人家听得津津有味。这个村35户人家，1982年全部住进统一新盖的双层小洋楼，1983年人均收入2 800多元，成为全省首富。看见眼前喜人的变化，邓小平喜笑颜开，说："如果全国通过改革开放，人均收入都能像你们这样达到2 800块钱，那就了不起了。"吴伯森心情异常激动地说："我们穷苦的渔民能过着今天这样幸福的日子，过去做梦也没想到。感谢邓伯伯，是您和中央制定了好政策！"小平连忙说道："应该感谢党中央。"

在深圳，梁灵光还陪同邓小平一行先后视察了中国航空技术进出口服务公司深圳工贸中心的电脑工厂和软件厂，以及蛇口工业区的微波通讯大楼、轧钢厂、华盖铝厂和"海上世界"，听取了工业区负责人关于工业区建设和管理体制、工资、人事、住房等方面改革的汇报。小平一直非常认真地听，偶尔提出一些疑问。

第三天，邓小平一行从深圳乘着炮艇横渡微波荡漾的伶仃洋，很快到达珠海特区。在这里，他们听取了特区党政负责人的汇报，视察了一些工厂、宾馆，还参观了九洲港、直升飞机场和拱北海关、石景山旅游胜地。

1984 年，梁灵光（左二）陪同邓小平（中）、杨尚昆（右一）在珠海特区商场参观。

在中山温泉宾馆休息的时候，邓小平会见了港澳知名人士霍英东、马万祺两位老先生和澳门南光公司总经理柯正平先生等人。小平对他们说："办特区是我倡议的，不晓得成功不成功？"霍、马两人一致肯定回答："试办特区是成功的。"小平听了，露出了会心的微笑。

珠海市委的领导同志很精明，他们知道邓小平日理万机，又年事已高，难得来一次，很快拿出文房四宝，走到小平同志跟前请赐墨宝。只见小平略加思索，挥毫落笔，写下了"珠海经济特区好"几个雄浑强劲的大字，对特区的评价如闻无声之音，如见无形之象，不寻常的暖流在人们心中翻腾，巨大的动力在人们身上化为无穷力量。顿时间，掌声雷动，经久不息。

这掌声，这喜讯，像风吹电闪一样，越过伶仃洋传到了深圳，他们的领导才发现错失了千载难逢的机会。梁灵光陪同邓小平到达广州后，很快接到深圳的求助电话，接着深圳急忙派出专人到广州，恳请小平老人家费神补写题词。小平一视同仁，欣然命笔："深圳的发展和经验证明，我们建立经济特区的政策是正确的。"

邓小平的两次题词，对深圳和珠海特区的建设和发展作出了明确的回答。一言九鼎，气吞山河。

此前，中国的对外开放政策和试办特区，众说纷纭，莫衷一是，讲好话、坏话、怪话的，持赞成、怀疑、反对态度的，应有尽有。有人到深圳、珠海走马观花一番后说："广东已改变了颜色，走上资本主义道路。"有的说："特区姓'资'不姓'社'了。"有的认为，特区走回头路，变成了新的"租界"。香港有些媒体甚至进行恶意诽谤、攻击，说深圳搞"假大空"。一言蔽之，试办特区失败了，不能再搞了。这些，给主管特区的梁灵光施加了很大的压力。

梁灵光全程陪同邓小平视察两个特区，刻骨铭心，永志不忘。他回忆说："小平同志肯定了广东的建设成就，肯定了特区的路子走对了，给我们决定性的支持，更加坚定了我们试办特区的决心和信心。"

后来，邓小平还一鼓作气，马不停蹄，视察了厦门和上海。回到北京，发出振奋人心的时代强音："我们建立特区，实行开放，有个指导思想，就是不是收，而是放。"

邓小平还发表了使人精神振奋的讲话，他说："特区是个窗口，是技术的窗口，管理的窗口，知识的窗口，也是对外政策的窗口。""搞特区，不仅在经济方面、培养人才方面有好处，还有对外影响的问题。搞好特区，先不讲对台湾的影响，至少对解决香港问题有利。"

邓小平对深圳、珠海两个经济特区的题词和随后的一系列谈话，像一声春雷，震撼着广东和整个神州大地。

邓小平南下视察前，许多人对特区、对改革开放认识很不一致，成为无形的阻力。小平的谈话，拨开了迷雾，指明了方向，大大地提升了党内的思想认识，大大加快了继续前进的步伐，出现了全国沿海改革开放的热潮。

创中华历史奇迹

在邓小平的指导和支持下，广东的经济特区进一步冲破旧观念、旧体制的束缚，不断进行一系列大胆改革，取得了丰硕成果和可贵经验，初步发挥了改革开放试验场的作用，尤其是深圳特区较为突出，主要有：

第一，改革人事制度。普遍推行经理（厂长）负责制和招聘合同制，摒弃论资排辈，实行选贤任能，充分发挥人的聪明才干。

第二，改革土地管理制度。实行土地有偿转让，解决建设资金问题。

第三，改革基本建设管理体制。从设计到施工，打破“官方”包办的老办法，实行设计评比、工程投标、施工承包，以利于提高质量、缩短工期、节约投资。

第四，改革财政、金融体制。改变统收统支老办法，扩大企业财权。实行多种集资，开展业务交叉，扩大信贷领域，实行经营项目多元化。

第五，改革商业流通体制。打破地区、行业界限，实行一业为主，多种经营。打破过去外贸独家经营和内外贸易分割状况，内外贸易一体化，产供销一条龙，推行“创汇承包”经营责任制。

第六，改革劳动工资制度。推行劳动合同制和浮动工资制，打破“铁饭碗”。

第七，改革住房分配制度，实行职工住房商品化。

这来之不易的七条经验，是特区人民智慧的结晶、劳动的硕果、改革的奇葩。

这来之不易的七条经验，宛若南粤天空呈现的七道彩虹，映衬得改革开放之花更加绚丽多姿，更加娇艳动人。

这来之不易的七条经验，创中华历史之奇迹，开神州大地之先河，必将产生深远影响。

梁灵光高兴地说：“深圳特区取得了可喜的成绩，有些经验加以完善后在全省推广，收到了很好的效果，对全国也发挥了‘窗口’作用。”

实践是检验真理的唯一标准。在摸索中前进的广东3个经济特区，不是失败了，而是成功了。

邓小平视察广东的经济特区后提出：“除现在的特区外，可以考虑再开放几个点，增加几个港口城市。”

不久，中央、国务院决定进一步开放天津、上海、广州等14个沿海港口城市。在19个新、老开放城市中，广东占6个，包括3个经济特区，广州、湛江2个开放城市和海南岛。广东成了全国对外开放的排头兵。

把开发珠江三角洲设想变为现实

“因时制宜，审势而行。”梁灵光遵照古人教诲，虽年近七旬，但不墨守成规，不因循守旧，依然善于根据客观形势变化调整自己的思维，并采取相应的措施。

邓小平曾告诉梁灵光，深圳特区的发展要同香港密切联系，互为依托，要促进香港将来的稳定和繁荣。这使梁灵光得到了很大的启发，视线更远了，思路更宽了。他想，深圳已取得了初步成效，显示了特区的强大生命力，但毕竟经济基础薄弱，底气不足，翅膀不硬，如果以广州为中心的珠江三角洲能与商贸金融发达的香港密切协作，互为依托，互相推动，那么，深圳就会像大鹏那样振翅长空，其生命力和影响力将无可限量。

于是，梁灵光敢为人先，提出了建立珠江三角洲经济开发区的设想。很快，得到了广东省委的赞同，后经中央批准开始实施。

珠江三角洲是珠江入海口附近的平原地区，即东江、西江、北江汇合的冲积平原，位于广东的中南部，东至惠州，西至高要，北至清远，南至海岸。主体部分面积约 1.1 万平方公里，包括三水、崖门、虎门间的北江、西江冲积的大三角洲和石龙、黄埔、虎门间的东江冲积的小三角洲。大三角洲包括 8 市 24 县，小三角洲除深圳、珠海和广州已列为特区或开放城市外，还有 3 市 13 县。珠江三角洲地势低平，丘岗错落，河网交织，由于江水泥沙淤积，三角洲不断向南海延伸，形成沙田土地资源。这里大部分在北回归线以南，为高温多雨气候区，有“三冬无雪，四季常花”之说。交通便利，工农业发达，而且旅外华侨、港澳同胞众多，闻名海内外。

梁灵光的构想是，在新的历史时期，充分发挥以广州为中心的珠江三角洲的优势，加快发展步伐，对广东到 1995 年实现翻两番的战略目标和促进香港繁荣稳定，都将起很大作用。

在梁灵光的构想中，是搞比地理概念更大的大珠江三角洲，是结合香港、澳门回归后，以广州为中心，以深圳、珠海为前沿阵地，包括省、港、澳在内的大三角洲。这样三地结合，在工业基础和科技力量方面，可能赶不上以上海为龙头的长江三角洲，但在其他方面，如金融、交通、国际贸易、信息、电子、家电等，都有超过长江三角洲之势。

在1983年6月下旬召开的中央工作会议前后，梁灵光把个人的设想向时任国务院总理的赵紫阳和副总理谷牧作了汇报。两位领导人明确表示支持，并作了具体指示：赵紫阳希望摸索出经验来，谷牧说要在这个问题上做大文章。

梁灵光与谷牧（中）因工作关系，多年来交往甚密，图为20世纪80年代两人在北京相见时合影。

同年底，省委、省政府向南下视察珠江三角洲的谷牧汇报了经过反复调查研究后定稿的《珠江三角洲经济特区规划的初步设想》（简称《初步设想》）和需要请示中央帮助解决的一些经济工作问题。谷牧站得高、看得远，认真听了汇报后说：“你们能搞出这样一个《初步设想》是不容易的。但这样提出问题力量不够，容易被人忽视。”他建议说，广东实行特殊政策、灵活措施后，珠江三角洲的经济发展很快，需要对该地区经济的进一步发展作出统一规划、统一领导，以利于充分发挥它的作用，并对全省作出贡献，这样提出问题会更好。谷牧还希望广东对这个《初步设想》再认真研究一下，并听听专家和有关市、县的意见，再向中央有关部门汇报一次，统一认识，争取在春节前向中央、国务院报告。1984年1月，谷牧向中央和国务院上报了《关于珠江三角洲经济发展情况的报告》，介绍了珠江三角洲在改革开放后取得的可喜成绩，并提出了如何进一步发展的意见，对广东提出的《初步设想》给予有力支持。

为了建立珠江三角洲经济开放区，梁灵光在继续深入调查研究、听取意见的同时，广泛地进行思想动员，在省人大会议上讲，在市、地委书记会议上讲，争取得到党内外的充分理解和竭力支持。他向大家介绍说，我们原规划搞包括8市24县的“大三角”，遵照中央领导同志的意见，先从4市16县的“小三角”搞起，取得经验，再逐步扩大到“大三角”。这是一项意义重大的战略决策。

1985年1月，梁灵光率领广东代表团赴京参加长江、珠江三角洲和闽南厦漳泉三角地区座谈会。梁灵光当仁不让，首先发言说，广东人民决心积极探索，认真实践，努力把珠江三角洲建设成为内外交流、工农结合、城乡渗透的，现代化、开放式、文明富庶、名符其实的“金三角”。梁灵光还向与会的党中央、国务院有关负责人汇报了珠江三角洲开发区的发展目标和将采取的相应措施。

同年2月18日，北京传来了振奋人心的喜讯：中共中央、国务院发出《关于批转〈长江、珠江三角洲和闽南厦漳泉三角地区座谈会纪要〉的通知》。中央最后确定的珠江三角洲经济开发区为4市12县，即佛山市及所辖的中山市、南海县、顺德县、高明县；江门市及所辖的开平县、新会县、台山县、鹤山县、恩平县；广州市的番禺县、增城县；深圳市的宝安县；珠海市的斗门县；惠阳地区的东莞市。开放范围，比广东原来规划的少了4个县。

全国人大会议上的新闻人物

1985年3月，梁省长赴京参加全国人大会议期间和夫人在北京饭店门前合影。

中央《关于批转〈长江、珠江三角洲和闽南厦漳泉三角地区座谈会纪要〉的通知》发出后不到1个月时间，全国第六届人大第三次会议于1985年3月在京举行。广东三个特区的显著成就和新经验，早就引起了媒体的特别关注，而今又开辟了举国瞩目的珠江三角洲经济开发区，理所当然地成了人们的热门话题，作为广东改革开放带路人的任仲夷和梁灵光也成了新闻记者采访的热门人物。

首都《工人日报》3月28日抢先开辟珠江三角洲专栏，发表了一组文章，其中有梁灵光应约撰写的《加快珠江三角洲建设的步伐》。4月1日，新华社报道了梁灵光在人大会议广东小组会上畅谈如何加快珠三角建设问题的发言要点，《人民日报》和全国许多报刊相继转载，引起了热烈反响，珠江三角洲更为海内外所关注。后来，梁灵光还为香港《经济导报》写了一篇专稿《广东执行特殊政策前五年的成效和今后五年的设想》。

时代在前进，珠江三角洲经济开发区在发展。经中央认可，1986年、1987年珠三角开发区扩大到梁灵光原来设想的“大三角”范围，共28个市、县及1个郊区，重点工业卫星城镇增至242个，建立出口生产体系项目429个。开放区享受国家和省给予的优惠政策，走一条贸、工、农的道路，经济发展取得了可喜的成绩。各地乡镇企业欣欣向荣，“三资”企业和“三来一补”企业星罗棋布，整个三角洲成为新兴门类众多的工业基地。对外贸易、农业经济发展迅猛，工农业生产持续大幅度增长，人民物质生活水平明显提高。开发区内的南海、顺德、中山、东莞四个县、市，被人们誉为广东“四小虎”。珠三角开放区的发展模式，被国内外称为“珠江三角洲模式”。

情系山区

广东山区幅员辽阔，山地、丘陵广布，约占全省面积的三分之二。山区县的土地面积占全省的半壁江山，人口占全省的四分之一以上。由于历史原因和交通不便，长期以来经济落后，相当部分的人民群众处于贫困状态。

梁灵光时刻关注着山区的基础建设和人民生活。他当省长的第二年便先后三次深入粤东、粤西和粤北山区进行调查研究。

1984年元旦前后，梁灵光冒着严冬风霜，轻车简从前往梅县、惠阳等地。他看到历史上较穷困的梅县地区许多农民盖起了新房，了解到大部分农民已基本上解决了温饱问题。但是，不少地方还没有像样的公路，交通、信息闭塞，山林破坏严重，工农业基础差，商品经济很不发达，经济发展速度与珠江三角洲相比明显落后。1983年，整个梅县地区工农业总产值只相当于珠江三角洲一个县的水平，农民人均收入才224元，每月不到20元，其中相当一部分人还没有达到这个很低的水平。梁灵光心里很不平静，山区的人民还很穷啊。

梅县地区领导为省长深切关怀山区人民所感动。他们代表山区人民向省长提出两个请求，盼望省政府研究解决：

一是引进外资开发本地资源。梁省长说，这是一个很好的设想，并鼓励他们发挥侨乡优势，积极引进侨资、外资开发本地资源，大力开展“三来一补”，带动本地工业发展，增加群众收入。

二是支持改善交通状况和放宽山林政策。梅县地区领导说，交通运输困难，信息不灵通，是制约山区发展商品生产的一大因素。他们还提出进一步放宽山林政策，增加外贸收购和出口计划，以利于解决财政赤字。梁灵光认为这些都是关系到发展山区经济的重要工作，当场答应给予积极的支持协助，并表示同意修建梅县机场，以代替兴宁的军用机场。

对工作认真、负责，是梁省长的一大特点。他从梅县、汕头、惠阳回到广州后，于1月13日向省政府党组和省委递送了详尽的书面调查报告，建议对各地提出的实际困难，要给予高度重视并帮助解决。后来，这个报告提出的问题，都逐步得到了较圆满的解决，对发展梅县经济起了重要作用。此外，还开始进行广梅汕铁路的勘察设计的前期工作。大家都赞扬梁省长不搞形式主义，对帮助山区人民摆脱贫困起了重要作用。

9月间，梁灵光又带领省经委、农委等有关干部前往粤北，考察了几个山区县，中秋节时赶到连南瑶区慰问瑶胞。满头白发的省长不辞劳苦深入山区，受到了人民群众的热烈欢迎。

粤北山区广阔，林业、水电、矿产资源丰富，重工业有一定基础，潜力很大。但经济建设和群众生活远远落后于全省平均水平，尤其是连阳、乳源一带，群峰叠嶂，九山一田，经济基础更为薄弱，不少人仍然为一日三餐发愁。乐昌、连南、连山等地造林较好，到处郁郁葱葱，但连县、阳山尚有约100万亩荒山野岭，连江两岸几乎全是秃岭荒山，严重浪费。

梁灵光向当地干部建议，除继续抓好现有的耕地外，应重点开发人均10亩的山地，充分发挥山地的优势，“靠山吃山”，这才是发展山区经济、改善人民生活的关键。但开发山区不能单靠林业生产，要走多种经营、综合发展的道路。不仅要发展林业，还要因地制宜发展水果、桑蚕、茶叶和中药材、畜牧业等。对如何改善交通运输、开发水力资源和解决石灰岩地区群众吃用水等问题，梁灵光都和当地干部进行了认真的研究。

那几天，梁灵光一直在考虑着如何发展粤北地区经济和如何改善粤北山区人民生活，连晚上都睡不好觉。他想，我们是人民的政府，政府就应该为人民着想，为人民办事。

回到广州，梁灵光雷厉风行，主持召开省政府常务会议。会上，他介绍了他这次粤北之行的所见所闻，与大家共同研究了粤北山区有关林业、水电、航运、煤炭等七个问题，与会的3位副省长和15个有关部门的负责人，原则上同意梁灵光提出的解决问题的意见。接着，梁灵光写了《关于粤北山区几个问题的报告》送交省委常委和省政府党组。他的报告获得了省委、省政府的赞同，并下发各地和省直属单位，指示有关部门认真研究，抓紧落实。

梁灵光省长上任后考察山区农村。

省委、省政府对贫困山区治穷致富给予高度重视。1984年底，在广州召开全省山区工作会议，对省委、省政府《关于加速山区经济发展若干政策问题的规定》和《关于贯彻中央〈关于帮助贫困地区尽快改变面貌的通知〉的意见》进行认真讨论，然后正式下发给各地贯彻执行。

在这次会议上，梁灵光作了题为“勇敢改革，放宽政策，振兴山区”的讲话。他说，目前山区经济还处于落后状态，我们必须重视山区工作，用平原带动山区，使山区经济繁荣活跃，反过来推动全省经济。山区绝大多数地方解决了温饱，但经济基础十分薄弱，困难不少。当前，必须明确如下指导方针：一是坚定不移地把经营山林的自主权交给农民，使农民真正成为山林的主人；二是要大力发展商品生产，使农民真正成为商品生产的主人；三是坚持放宽产品的管理，搞活流通，使农民真正成为产品的主人。

这次会议统一了思想认识，明确了方针政策。会后，省委、省政府成立了山区工作领导小组，各市、地、县也相应成立了同类机构，大力加强领导。省委、省政府以及省直属单位还拨出资金，定期抽调干部到山区贫困县进行扶贫工作。许多单位还帮助下面建立骨干企业，有效地带动了当地经济的发展。

让梁省长一直感到遗憾的是，尽管省委、省政府采取了一系列措施，但是，由于广大山区原来的基础薄弱和条件较差，比起平原地区，无论经济发展的速度，还是人民物质生活水平的提高，都是较为缓慢的。

梁灵光深情地说，今后仍需做大量艰巨的工作，才能使山区真正富裕起来。

旗帜鲜明反对改革开放中的丑恶现象

改革开放，是促进生产力发展和社会全面进步的巨大动力。

改革开放，是历史洪流，锐不可当。

在改革开放中，我国涌现了众多新鲜事物，但也出现了一些丑陋现象，“海南汽车事件”便是其中一例。

海南岛与雷州半岛隔着琼州海峡，是我国仅次于台湾的第二大岛，素有“南海明珠”、“宝岛”之称。海南岛的中部为五指山，沿海平原占全岛面积的三分之二。属热带季风气候区，长夏无冬，高温多雨，资源丰富，为我国热带作物基地。

海南岛在获得解放前，经济十分落后，少数地区还保留着“刀耕火种”的原始生产方式。解放后，国家和广东省政府投入了50多亿元的资金和大量的人力、物力，还采取了多项措施，但由于交通不便，长期以来处于封闭状态，加上岛内本身一些生产方针和体制问题没有得到很好解决，优势发挥不出来，导致工农业生产发展缓慢，人民生活水平较低。

为了加快海南岛的开发和建设，中央特别要求广东加强对海南的领导。梁灵光于1984年4月刚上任当省长，便于5月间乘飞机到海南进行调查考察。梁灵光做工作深入细致，不但听各级领导的汇报，而且走遍全岛，亲临黎苗族村寨、华侨农场和一些茶场、水库、港口、畜牧场、铁矿场和科研单位等视察现场，听取意见。

临别，梁灵光向海南区党委就如何解决交通、能源、通讯和发展工农业等问题提出了许多具有方向性的而又具体可行的建议，大家都为梁省长的高瞻远瞩所折服。

梁灵光还是那种办事利索的作风，从海南回来不久便很快主持召开省长办公会议，对海南岛请求省和中央解决的具体问题进行研究，并决定省各有关部门固定一位负责人联系海南，同时建立相应的办公会议制度。省长办公会议后的第三天，梁灵光向省委、省政府提交了促进海南经济发展的专题报告，提出了需要帮助解决的许多实际问题。

紧接着，梁灵光从北京参加全国人大会议回来后，于6月下旬在省委召开的市、地委书记会议上再次强调要认真重视和支持海南的建设，同时指出：“海南岛要认真贯彻以对外开放促进岛内开发的方针，抓紧制定建设规划，搞好基础设施和重点项目的建设，积极开展对外经济技术合作和内联，争取在短期内改变经济面貌。”

但令梁省长极其难过的是，事与愿违，后来发生了震惊全国的“海南汽车事件”，以致相当长一段时间里影响了海南的发展。

据梁省长回忆，中央某领导同志视察海南时，曾要求海南20年赶上台湾。这对海南的干部和群众来说，既是鼓舞，又是压力。

台湾、海南是我国的两大岛，但社会制度不同，经济水平也不一样。台湾在20世纪70年代后期经济起飞，被世界称为亚洲“四小龙”之一。如果海南能够在20年赶上台湾，将对台湾回归，实现祖国统一大业起着很大促进作用。但是，实现这个目标，显然难度太大，的确不是轻而易举之事。

出于良好的动机和愿望，海南领导班子对台湾的现状和发展进行了综合测算，可是低估了自己的不利因素，急于求成，想要一步登天迎头赶上，因而没有从实际出发制定规划。为了筹集资金，他们批准进口大量面包车。而一些单位则不惜违反中央给予比深圳还要优惠的政策，倒卖成风，牟取暴利，而且很快蔓延开来，愈演愈烈，不仅党政机关、企事业单位、中小学校，甚至连部队也动用舰艇参与倒卖，一下子出现了全民倒卖汽车的严重混乱局面。

省委、省政府发现后，曾几次打电话制止，接着还以省政府名义发出电报制止他们这种进口和倒卖汽车的行为。国务院特区办先后8次打电话给海南区党委和区政府主任雷宇进行劝说。尽管三令五申，有些领导人仍继续批准进口汽车，倒卖活动依旧进行。

据统计，到1985年3月5日止，海南区委、区政府的一些主要领导，先后批准进口了8.9万辆汽车、260万台电视机和其他物资，相当一部分已倒卖出岛。他们的行为严重违反了中央政策和国家外汇管理规定，冲击了国内汽车市场。同时，扭曲了海南改革开放的方向，还浪费了国家的大量外汇、资金，有一批人陷入了犯罪深渊。

梁灵光旗帜鲜明，坚决反对和制止海南违法乱纪歪风，顶住一些人的流言蜚语，以省政府名义先后几次把“海南汽车事件”向国务院作了汇报。到北京开会期间，又和副省长杨德元一起向赵紫阳就该汽车事件进行了详尽汇报。

1985年初，中央和省两级纪检部门派出近百人的强大阵容前往海南进行彻底清查。4月，省委作出关于海南区委几位主要领导人在进口和倒卖汽车等问题上所犯错误的处分决定。6月，中央书记处讨论了《中央纪律检查委员会关于海南进口和倒卖汽车等物资问题的调查报告》后指出，海南岛发生的汽车事件错误严重，对其中违法乱纪的人和事要根据情节轻重加以处理，广东省委必须采取措施尽快扭转出现的一些混乱情况。

在各项工作告一段落后，梁灵光说，“海南汽车事件”不仅给海南，而且给整个广东的发展都带来了严重的影响。这一沉痛的历史经验教训，是应该引以为戒的。

为了更好地开发建设海南，梁灵光和一些同志积极提议海南单独建省。省委同意他们的意见，把海南从广东划分出去。1987 年，中央同意海南升格为省。1988 年，全国人大正式决定海南单独建省。

内地“招牌猪”“赶走”香港的外国猪

广东毗邻港澳，交通便利，生猪原本是广东传统出口港澳的鲜活商品之一。然而，到了 20 世纪 80 年代初，形势急转直下，面临空前严峻的挑战，东南亚的泰国、菲律宾、马来西亚诸国和我国台湾省的良种猪越来越多地进入香港市场，大有喧宾夺主之势。

原因很简单，我国内地繁育牲畜技术落后，生猪品种混杂，肉质粗劣，几十年一贯，竞争能力差。

无巧不成书，正在此时，刚上任的梁省长接到菲律宾侨领、香港保运通有限公司董事长林秉昭的一封来信，说他在宝安光明农场建了两条养猪生产线，很成功，因此写信给省长，愿意为祖国多出力。信中还说，如果养良种瘦肉型猪，在香港每头可多卖 300 元港币，每年出口 30 万头，一年就可多赚外汇上亿元港币。省长深为林先生的爱国热情所感动，很快与其取得了联系，对他的金玉良言表示衷心的感谢。

1983 年冬，梁灵光率领广东友好代表团访美，在内布拉斯加州与美国三德畜产公司董事长三德、香港保运通有限公司董事长林秉昭进行友好磋商，一致同意引进养猪生产线和优良品种，在广东兴建现代化养猪场。

梁灵光访美归来马不停蹄，人不歇足，召集省外贸局和省农业厅负责人就合资养猪问题进行深入研究，大家拍手叫好，很快达成共识，成立了筹备小组。随后，抽调精干人员组成筹备小组进行猪场选址、可行性研究等前期工作。

事情办得迅速、顺利。同年三方签署《合资经营广三保养猪有限公司协议书》。1984 年初，成立广东省畜牧发展总公司作为中方股东。11 月，正式成立广三保公司，梁灵光特地发出贺信。在建设过程中，梁灵光多次到现场察看，检查工程进度和质量，并协助解决了一些实际问题。

整个公司投资 2 600 万美元，从美国引进当时最先进的集约化工厂式养猪生产线13条和优良种猪群，可年产商品猪10万头和种猪3万头，瘦肉率在60%以上。该公司下辖两个养猪场分别设在广州和深圳，是当时国内最大的现代化养猪场和良种猪场。

这次合资办猪场的效果，远远超出了原来的设想。新成立的省畜牧发展总公司还广开门路，与国内外有关公司密切合作，在珠江三角洲连续进行集约化养猪的一系列引进和开发，并与省农机研究所合作，成功制造了适合我国的养猪生产设备，在省内外普遍推广使用。

1986年，广东的现代化猪场全面投产，促使广东的养猪业发生了一场深刻的革命。这一良种猪在全国推广和繁殖，大大改变了国内猪质低劣的状况，并为我国“三高”农业、创汇农业的发展开辟了一条重要途径。现代化养猪的引进和推广，既改善了人民群众的肉食质量，又有效地保证了香港市场的供应，成了风行香港的“招牌猪”。不到几年的工夫，内地的“招牌猪”便把外国和台湾的进口猪全部“赶走”，独占香港市场。

20世纪90年代，梁灵光（左五）参加广三保合资公司在增城扩建猪场奠基仪式。

家庭主妇的菜篮子更加丰富了

梁灵光和任仲夷受命南下的时候，中央多位领导亲自向他们面授机宜，万里还给他们加油、打气说："你们要解放思想，放手把经济搞上去，闯出一条新路。"中央领导给的"尚方宝剑"使梁灵光获得了进行经济改革的无穷力量。他任广州市长时改革初见成效，摸索了不少经验，如今主政广东，改革的信心更足了，步子更大了。

中国原有的经济体制，基本上是照搬苏联老大哥的模式，长期实行产品经济政策，价格体制和价格结构脱离市场，价格与价值背离，农副产品和基础工业产品价格长期偏低，工农业产品价格长期存在严重"剪刀差"，市场流通作价也存在缺陷，致使价值规律失去杠杆作用，影响了工业企业和农民的生产积极性，束缚了工农业生产的发展。根据中央的特殊政策和灵活措施，广东曾对一些产品价格体制进行了改革。

梁灵光在任期间，对经济体制进行全方位的综合性改革，在率先进行的价格体制改革中，大刀阔斧地进行农副产品购销体制改革。这次改革关系到广大城乡老百姓的切身利益，受到广泛关注，成功与否，风险很大。

改革是一场革命，改革不适应社会发展的经济体制需要勇气和魄力。广东经过充分的准备，于 1984 年 11 月率先实行蔬菜全面放开经营。开始时，市场价格普遍上浮 30%，加上冷空气侵袭，菜价暴涨，城乡消费者一时难以承受，甚至怀疑省政府的改革方向，情绪波动，议论纷纷。有的人还写信告到中央，惊动了中南海。日理万机的胡耀邦、赵紫阳亲自打电话询问，梁灵光向他们作了详细汇报和解释。紧接着，省委向中央专门报送了《关于广州市蔬菜全面放开的情况报告》。

省委、省政府面对暂时出现的困难和压力，毫无退缩之意，而是坚持改革不动摇。梁灵光主持召开省政府常务会议，在继续实行蔬菜全面放开取得共识的基础上，研究了生猪购销价格放开等问题，并决定从 1985 年元旦开始取消现行派购政策，放开生猪价格，全省城镇居民猪肉供应实行议价购销，并给予定额差价补贴。为了有备无患，规定国营公司参与调节，肉价不得超过原来水平，还准备了相当数量的猪肉用于调节淡旺季供给量和平抑价格。此外，省政府还给各市、县定量的财政补贴。

不出所料，猪肉价格放开后，出现了一些小风波。部分群众很不理解，不时有埋怨声，还有两所大学食堂出现了"罢膳"。

逐步放开农副产品价格后，价格普遍上涨，有的还暴涨，不少群众反应强烈，有的还认为过去的凭票限量供应好。

阻力、压力不少。但梁灵光等省委、省政府的决策者认为，与其长期凭票限量供应，饭桌上少菜又缺肉，不如打开城门，敞开市场，运用价格规律，调动广大农民积极性，生产更多、更好的农副产品来解决市场供应紧张的问题。

回忆往事，梁灵光高兴地说："市场经济规律灵得很，我们放开什么，农民就生产什么，那种商品就上得快。初期价格上涨了，但经过一段时间后，农副产品普遍增加了，供求关系改变了，价格也随之回落，并趋于稳定。这样做，不仅农民增加了收入，消费者也得到实惠，家庭主妇的菜篮子更加丰富了，一家大小吃得更好了。"

随着农副产品价格的放开，其他方面的价格改革也逐步展开。在具体做法上，省政府分别采用放调结合、放管结合、分类改革、双轨过渡、分步渐进等办法，按照供求关系，灵活调整，使之逐步合理化。经过改革，全省形成了"少管多放，分级管理，形式多样"的价格管理体制，呈现出商品日益丰富、价格相对稳定的良好局面。

妙计救活万头良种猪

由梁灵光省长亲自引进外资组建的广三保公司在进行集约化养猪过程中，发生了始料不及的严重事件：1987 年，该公司属下的茅山种猪场出现口蹄疫。

口蹄疫是多发于偶蹄类动物如牛、猪、羊等的急性传染病，病源是病毒，经接触传播。主要症状是体温升高，口腔黏膜和蹄部产生水泡并且溃烂，口流白沫，跛行。

此前，我国已宣布消灭了口蹄疫。农业部防疫部门考虑到可能影响国际声誉和其他生猪出口，下令茅山种猪场把两万多头种猪全部杀光，还要猪场中方负责人不能将此事告知外商董事长林秉昭。

林先生消息灵通得很，又有多年的养猪经验，认为病毒并非不可消灭，提出自己拿外汇聘请外国兽医前来治疗或到香港购买药物抢救。公司向上面请示，防疫部门不同意，每天只催促猪场上报杀猪进度。

公司中方负责人苗栓柱等进退维谷，坐立不安，急忙跑到梁省长那里请示应该怎么办。

省长不慌不忙说："广三保公司是中外合资企业，投资各占50%，外商任董事长、总经理，没有征得他们的同意，怎么能单方擅自决定把猪通通杀掉，依情依理不合啊！这样做了，不仅给双方造成重大经济损失，该猪场600多万美金投资谁负责？而且如果引起外商不满，把事情公之于众，会对我国信誉和改革开放带来严重影响，后果不堪设想呀！我们要慎之又慎，权衡利弊。"省长最后指示公司再打电话给上级防疫部门作解释，说病猪已杀掉了，没有染上病的设法给予注射进口疫苗，能抢救下来也是好事。

是否把猪通通杀掉？事关重大。分管农业的副省长凌伯棠亲自出面打电话解释，可防疫部门就是不同意，非把猪杀光不可。

梁灵光从来没有养过猪，但他知道猪、牛、羊的口蹄疫是可以通过隔离、疫苗接种等方法进行预防的。他急中生智，用了缓兵之计，对苗栓柱说："你们一方面再次向上面汇报解释，另一方面迅速寻找疫苗实施注射预防，双管齐下。"老苗听了省长的指点，茅塞顿开，依计行事。

后来，功夫不负有心人，很快在内地找到了疫苗进行全面注射，终于抢救成功，把把一万多头优良种猪从死亡线上拉了回来，挽回巨大经济损失，外方也感到满意。

梁省长妙计救活万头种猪的故事，就这样传颂下来。

"铁交椅"、"铁饭碗"年代不再

长期以来，我国的经济管理体制集中过多，统得过死，导致政企不分，条块分割，影响了企业的积极性和生产力的发展，还带来人们思想的僵化。这种状况，非改善不可。

梁灵光主持省政府工作后，提出下放权力并给企业"松绑"。1984年初，梁灵光提出除煤、钢、电等重点企业外，先将省属部分企业下放给下面的地、市管理，得到省委的赞同。这年2月，省经委负责人在省委扩大会议上发言，说要把原来省管辖的八大糖厂和江门造纸厂、湛江化工厂等企业下放给地方。他的发言，引起会内外的一片反对声。有的人责问他：

“为什么好端端的将厂矿下放?”这位省经委同志有点招架不住，回答说，“这是省委和梁省长决定的。”可见，冲破旧观念束缚并不容易。

尽管遭到不少人反对，但梁灵光认为这是大势所趋，决不退缩。他一方面吩咐省经委继续做好各项准备工作，另一方面说服有关主管部门。后来，梁灵光主持省长办公会议，有关部门负责人出席，大家原则上同意省经委提出的省直属工矿企业下放的初步方案。会议认为，企业下放，不是简单地改变隶属关系，主要是结合企业管理体制的改革，实行政企分开，使企业真正成为从事经济活动的实体。然后，省政府正式决定改革省属工矿企业管理体制，并确定首批下放14个企业，随后分批下放。这些企业下放后，省主管部门加强宏观规划、技术指导和检查监督工作，从许多具体经济事务中脱离出来，各市、地也运用经济规律加强管理，各企业减少了多重领导的束缚，扩大了自主权。

同年秋天，省政府补充制定了10项政策规定，从生产经营计划、产品销售和价格、物资选购、资金使用、机构设置、人事劳动管理、工资奖金、联合经营等方面，进一步扩大工业企业的自主权，给企业更大限度的“松绑”。这样，有利于企业逐步实现从单一的生产型转为生产经营型，成为相对独立的商品生产者，有效地调动了企业和职工的积极性，增强了企业的经济活力、创新能力和竞争能力。

企业的干部任免、人事制度，长期以来由上级部门“一竿子插到底”，企业“有职无权”。梁灵光是企业干部和人事制度改革的积极倡导者和支持者。他在同年6月下旬举行的省人大会议上说，要进一步“改革企业的领导体制，下放干部管理权限。继续推行民主选举厂长，然后由上一级主管部门任命；厂级行政副职由厂长提名，报主管部门批准；中层干部由厂长任命”。梁灵光还指出，企业的管理干部、技术干部可以试行招聘制、合同制和职务浮动，把干部任免同企业经营好坏挂钩，搬掉“铁交椅”。从此，全省工交、财贸等系统逐步推行厂长负责制，改善了经营管理，提高了经济效益。

不保“铁交椅”，不保“铁饭碗”，这给那些混日子的干部敲响了警钟，同时也调动了人们的积极性和上进心，促进了企业的发展。

纳谏如流

梁灵光从不嫉贤妒能，而是豁达大度，尤其善于虚心听取别人的意见、建议，纳谏如流。

1985 年 2 月 8 日，省测绘局局长袁征不惮“越位”之嫌，亲自写信给梁省长，建议成立国家土地管理机构，大力加强土地管理。有理有据，言辞恳切。

据反映，广东省对国家土地管理不够严格，乱占耕地、滥用土地现象严重，每年要减少相当于一个中等县的耕地面积。

梁省长看完来信，暗暗称赞袁局长的真知灼见，深深地感到问题的严重性：耕地逐步减少，人口却不断增加，非同小可，必须有统一的规划、严格的管理。

于是梁省长很快召开办公会议，就袁局长提出的建议进行认真研究，决定新成立国土厅。会议还接受袁局长的意见，将分散在各部门的有关单位合并成立，既不增加编制，也不增加行政事业经费，问题比较顺利地解决了。

因为大多是行家里手，新机构成立后工作效率较高，进行土地详查，开展国土规划，制定土地法规，大力加强管理，很快刹住了乱占耕地、滥用土地的不正之风，使国土管理逐步走上正轨，为保护国土资源发挥了重大作用。

值得赞颂的是，国土管理专门机构的建立，在国内尚属首创，对推动全国国土的管理工作起了一定作用。

在省政府里，梁灵光广开言路，博采众长，和同事们同咨合谋，齐心协力，先后对农村经济体制、价格管理体制、计划管理体制、商业流通体制、财政金融体制、外贸管理体制、劳动工资体制、交通体制、科技教育体制等方面，进行了大胆的卓有成效的改革，后来不少举措在全国普及推广。

发展电力事业的新突破

广东实行改革开放后，各行各业发展迅速，人民生活水平不断提高，而电力供应却远远不能满足需求。珠江三角洲的不少工厂每星期开工三四天，开开停停；居民照明用电也得不到保证，常用蜡烛照明。工厂频频叫苦，居民怨声不绝。

有一次，梁灵光陪同外国贵宾在中山纪念堂观看文艺演出，精彩的表演赢得了阵阵掌声，高潮不断。突然间全场一片漆黑，起初，人们还以为是舞台灯光设计所致。可是，等了半天还是不见一点光亮。因为观众都知道省长在场陪同外宾观看演出，秩序才没有大乱。后来派人打听，原来是附近一带用电超负荷了，电力供应部门不得已紧急拉电闸。梁灵光只好向外宾道歉解释，弄得狼狈不堪。

电力关系国计民生，不能掉以轻心。

缓解电力供应紧张，成了燃眉之急。

梁灵光找来各有关部门的负责人和专家共商计策，决定采取水、火、核并举和大、中、小结合的方针。

省政府从小处着手，大力提倡、扶持各地办小水电，很快新增发电能力（占全省的二十分之一）。同时，打破常规向香港买电。尽管如此，依然距离满足需求甚远，而且随着社会发展，用电量与日俱增。

在抓几个电力骨干工程建设中，曾有一段鲜为人知的高层“口水战”。沙角电厂的A厂一期60万千瓦工程，本来是中央批准投资的，后来广东对中央实行财政大包干（原规定不包括大型基建工程），于是中央有关部门便不再给钱了。而省里确有困难，缺乏资金完成电厂工程。梁灵光这下急坏了，忽然眉头一皱，计上心来。他邀请任仲夷、刘田夫、王全国等省高层领导一起赴京，见到了时任国务院总理的赵紫阳，汇报了当前广东电力供应紧张情况，以及沙角A厂一期工程投资的来龙去脉。然后，要求将广东上缴中央的能源基金超额部分留在广东建设电厂，理由是广东超额完成中央规定的任务，而中央对广东的电力、交通（衡广复线除外）却不需负责，于理不合。

梁灵光他们经过据理力争，终于取得这场“口水战”的胜利。赵紫阳大笔一挥，批准拨2 000万元给广东。有了这笔钱，沙角A厂才能继续建设下去。

可是好事多磨，主要由于旧的管理体制的制约，沙角A厂从动工到全部投产差不多用了10年时间。梁灵光认为这样蜗行牛步，速度太慢了，即便再建几个A厂，也远水救不了近火，于是考虑利用特殊政策引进外资争速度。

梁灵光把香港的老朋友胡应湘先生请来广州洽谈。胡先生祖籍广东，1958年毕业于美国普林斯顿大学土木工程系，是香港合和实业有限公司的董事长兼总经理，香港实业界的巨子之一，著名儒商。他投资的63层合和大楼，是当时香港最高的大楼。

“征夫怀远路，游子恋故乡。”胡应湘先生久居香港从事远大的事业，前程无量，可是十分思念家乡。他感谢梁省长的盛情邀请，并表示愿为家乡的建设尽绵薄之力。

梁灵光对胡先生的爱国爱乡之情深表敬意，笑着说：“听说你想在深圳合作建一个25万千瓦的电厂，一是规模太小，二是单独一个机组运行管理不便，不如和我们省里合作，在沙角A厂旁边再建一座B厂，安装两台35万千瓦的机组。”

胡先生觉得梁省长的话言之有理，但又感到十分为难，因为此前已跟深圳市长梁湘谈了拟在深圳建电厂的事。

梁省长说：“这好办，梁湘的工作我来做。”

后来，梁市长被梁省长说服了，同意放弃原来的打算。胡应湘先生愉快地答应和广东省合作办电厂。梁省长的心思和努力没有白费，不禁眉开眼笑。

双方签订协议后，在实施过程中又遇到了一些不大不小的波折，但最终还是确定下来了。

为了抢时间，尽快扭转火烧眉毛的电力紧张局面，梁省长催促胡先生加快“上马”，特事特办，可在上面批准协议、设计之前订购设备，先搞“三通一平”，这样赢得了半年多的时间。第二台35万千瓦机组建成投产，仅用了22个月，比原计划提前了半年。这个速度创造了奇迹，刷新了世界纪录，英国工程学会为此给胡先生颁发了建筑工程大奖。

沙角电厂的建成，对广东经济的发展起到了巨大的作用，也在全国创造了快速施工、快速办电厂的好经验。

当时国务院还有人说这种事可一而不可再。殊不知，在此之后，全国各地很多地方都仿效广东利用外资办电厂的办法，成为发展电力事业的一个新突破。

可是，B 发电厂的提前建成也给胡应湘带来了意外的麻烦。原来按合同规定，胡先生可以得到 4 亿多元人民币作为提前发电 31 亿度的奖金，以及 10 年发电 100 亿度所得的 8 亿多元人民币利润。履行合同，合情合理。据知情人透露，有“害了红眼病”的人认为中方吃大亏、港商多赚钱了，于是向中央告发胡应湘，说他有“报大数”等欺骗行为。一向文明经商、重视诚信的胡先生忍无可忍，立即向中央写了长达 12 000 多字的信函，强烈要求中央查账，并郑重表示，如有欺骗行为，愿把大陆的数十亿投资全部充公。后经国家统计局查明，胡应湘不但没有“报大数”等不义行为，而且向外商订购的同类发电机，还比国内去订购的便宜 900 多万美元。

1985 年，梁灵光与港商胡应湘（左）为沙角 B 厂奠基。

“报大数”的告发使胡应湘蒙冤受辱，并令香港合和股价暴跌，遭受了经济损失，可谓“赔了夫人又折兵”。可是，爱国情深的胡先生并不言悔，他说：“不说别的，一到中国（大陆），看到中国字都感到亲切。在中国不但有合同关系，还有血缘关系，还有亲情。”

中央推广广东办电经验

随着经济建设的发展和人民生活用电的急剧增长，尽管广东采取了一系列措施，电力供应依然显得十分紧张。大中城市经常停电，影响工业生产和商贸活动，影响市民日常生活。

当时，各地都急于办大电厂，因其供电量大，用人少，成本低，但由于资金缺乏，煤炭也供应不上，一时难以实现。为了解决各地电力供应和资金不足的问题，凡30万千瓦以上的电厂均由国家投资。

梁灵光并不“等、靠、要”，而是积极采取多种灵活措施，通过各种渠道筹备资金，全部大中型电厂都是自己办起来的。地方集资办大事，不花国家半分钱的经验，得到了中央的肯定，并在全国推广。

前任省长刘田夫（左）和梁灵光。

广东集资办电的渠道，大体有两条：一是引进外资；二是向国内外银行贷款。具体方法也有两种：一是实行集资分成和投资分电；二是打破电价多年一贯制和“一刀切”老传统，实行老厂老电价，新厂新电价。就这样，保证了投资者有利可图，调动了各方面的积极性。

几年间，广东先后建成和进行前期准备工作的，除了沙角电厂外，还有韶关、黄埔、海口、湛江、汕头、梅县等几个大中型电厂，飞来峡等水电站也在着手规划。前任省长刘田夫确定的大亚湾核电站，经梁灵光的周旋，也于1984年开始进行"四通一平"，1986年正式动工。这是全国最大的中外合资项目，投资连利息共计40多亿美元。

梁灵光借来"韩信点兵"之法，认为办电渠道、方法也越多越好。他刚任广州市委书记时，广西区党委曾派人前来洽谈合作开发红水河梯级发电项目。据对方介绍，拟在靠近广东的大藤峡建一座120万千瓦的水电站，再在与贵州交界的龙滩修一个大水库，建一座400~500万千瓦的水电站，全部工程可建11座梯级电站，总装机容量可达1 100万千瓦，使红水河的丰富资源得到进一步的开发。据他们提供的资料，两个水电站建成后，可将电输出广东，成本比核电、煤电低。梁灵光对这项目有极大的兴趣，认为广东在这方面有丰富的经验和强大的队伍，如果该项目能"上马"，大概五年便可建成大藤峡水电站，比建大亚湾核电厂还要快，而且还可发挥防洪、灌溉作用，对航运也有好处，一举几得。于是，梁灵光把来人介绍到刚好忙于筹备核电厂的省里，但他们无暇顾及，一时未能谈成。由于当时中央和广西经费不足，只建成了最上一级的电站。一直到了1987年，省里再次讨论研究，才决定与广西合作开发红水河水电资源，双方签订了协议书。但这个项目拖延多年，未能在梁灵光任职期间动工和建成。

令梁灵光感到欣慰的是，广东除了自己抓紧时机集资大办水电、煤电、核电外，还投资兴建大电网，先后与香港、澳门、广西等地联网。这样，广东电网以广州为中心，东与香港、西与广西、南与澳门相连，历史上第一次实行全方位联网，使得广东电力供应紧张的被动局面大大好转。

全国第一条高速公路"难产"

在国内，广东最早酝酿建高速公路。然而，前后历经16年之久才正式建成通车，其中从签订协议到竣工，时间之长，耗资之大，实属罕见。

事情要从1978年底讲起。那时，中国大陆曙光初照，海内外同胞欢欣鼓舞。香港知名商业人士胡应湘先生独具慧眼，向广州市工商联主任梁尚立提出，拟投资建一条连接香港、广州、澳门的高速公路，以促进珠江三角洲经济和旅游业的发展。梁尚立喜出望外，把胡先生的这一良好愿望和初步构想转告给省交通厅。一年过去了，石沉大海，交通厅对胡先生的热情建议，不作理会。

久经世事的胡先生并不气馁。1980 年冬，刘田夫省长访问澳大利亚回国时路经香港，他抓住机会向刘省长详尽地陈述了建设穗港澳高速公路的意义和构想。刘省长当场表示欢迎，并望早日实现。

不久，胡先生应邀来穗，就新建高速公路事宜再一次作了具体的陈述，还出示了线路走向的草图。在座的任仲夷、刘田夫和梁灵光考虑到实际需要和形势发展，都很赞同胡先生的提议。可是，胡先生第一次与省交通厅洽谈，却不欢而散。省交通厅究竟为什么一而再如此这般？令人深思，令人疑惑！

对建高速公路的意见旷日持久都无法统一，令胡应湘感到灰心丧气，他无可奈何地给副省长匡吉写了一封长信说："阻力重重，见微知著，高速公路近百亿元投资，应否及能否继续进行，本人认为现在是应该重新检讨的时候。"信中最后说："在此紧急关头，本人特不揣冒昧向阁下求助，祈盼拨冗赐见，对该条高速公路工程应否继续干下去，赐以明确指示。"

这下急坏了梁尚立，他于 1981 年 5 月间写信给任、刘、梁三位领导，并如实汇报胡应湘和交通厅的洽谈情况。梁灵光在信上批示："仲夷、田夫、全国同志：胡应湘对广州及深圳经济合作方面的态度比较积极，是应争取的对象。他建议在两个月内进行'货比三家'，确定对象后再投资进行勘察调查，进行可行性研究，请交通厅加以考虑，抓紧进行，否则很可能长期拖下去。"梁灵光还在批语中说："交通厅所谈过去有两家外商曾提及此事，究竟条件如何，是否有诚意，因不了解情况，无法提出意见。但这两年对外谈判中，偶尔提出以后却杳无音讯的事很多，须抓紧落实。如何？请酌。"

梁灵光的批示引起了广东高层的高度重视。任仲夷、刘田夫等都同意梁灵光的意见，并改派省经委副主任魏震东、原交通厅厅长李牧再次与胡应湘洽谈。"精诚所至，金石为开。"双方很快签订了合作意愿书。

不久，刘田夫召开省长办公会议，决定高速公路"上马"，还成立了以李建安为组长的广深高速公路领导小组。以李牧为组长的广深珠高速公路联合委员会，立即组织可行性研究工作。

光阴易逝，岁月无情。一年又一年过去了。1984 年春，梁灵光上任当省长，他对筹建高速公路的缓慢进度感到不安，建议新任省委第一书记任仲夷加快速度。

同年夏，广深珠高速公路可行性报告出来了。梁灵光主持省长办公会议讨论这一报告。会议认为，随着广东经济的发展、香港的回归、南海石油的开发，很有必要修建一条连接穗、港、澳的高速公路。对此，应采取积极态度。会议责成省计委按讨论意见代省政府拟文上报国家计委审批。

第二年 5 月，国务院批复广东省政府，原则上同意利用外资修筑广深珠高速公路。10 月，经梁灵光同意，省交通厅和胡应湘签订正式协议书。

至此，多年来一直关注着高速公路建设的梁省长心里放下了一块大石。后来，又发生了令他气愤的事：这份协议书送到省外经委，半年多了，才批复下来。后来查明，是因省外经委一位处长推敲行文中的一个用词是“合作”还是“合资”好，仅此而已，拖了半年多，耽误了大事。梁省长严厉批评了这种对重大工程极不负责任的官僚主义作风，并于 1985 年 7 月在即将改任中共省顾委主任前亲自主持召开省政府常务会议，正式批准了该协议书。

高速公路的各项筹建工作按部就班地启动了。可是，讲速度、讲效益的胡应湘先生并不完全认可。1986 年春天，他在赴京参加全国政协会议期间，拜会了赵紫阳，汇报了沙角 B 厂及广深珠高速公路施工及筹备工作的进展情况，郑重提议由梁灵光任高速公路领导小组组长，李建安任副组长，全权负责领导工作。

胡应湘先生的提议得到了赵紫阳的赞同后，他以香港合和实业有限公司总经理名义写信给新任省长叶选平正式向省政府提了出来。他在信中写道：“由于梁灵光顾问曾任广州市市长和广东省省长多年，具有丰富的领导经验，在全国各级干部中享有威望。本公司在广东参与的各项投资，多年来亦获得梁顾问的支持协助，如 1984 年沙角 B 厂项目在磋商合同细节期间，当时的梁省长深知该 70 万千瓦电厂对广东省经济发展具有重要意义，故毅然采取边谈边建的灵活措施，一方面向中央汇报，一方面批准土建，先行动工，从而节省了不少宝贵时间，同人对梁灵光先生的远见深表钦佩。”

梁灵光看到胡应湘先生的抄送件后，深为胡先生对自己的信赖所感动，并找到副省长李建安交换意见，然后写信给省委、省政府领导人林若、叶选平等，信中说："省里对高速公路筹建工作及组织领导确需加强，但这个工作牵涉面广，实际工作十分繁重，我已退居二线，不适宜再兼任这个职务，而应该由省委、省政府指定一位书记或副省长负责并抓紧开展工作，以期早点动工，早点投产，以适应整个珠江三角洲发展的需要。"

省委、省政府领导很尊重老前辈的意见，确定改由副省长匡吉负责这项巨大工程。

梁灵光是这条高速公路的积极引进者和促成者，并参与了整个规划工作。他曾对胡应湘提出，希望这条高速公路成为全国的第一条。只可惜，他的愿望落空了。在他卸任以后，各种"扯皮"的事多了，时间越拖越长，投资也大大增加了。

尽管如此，广深珠高速公路终于在 1994 年 5 月顺利通车了，前后经历的省长多达 4 人，可见历时之长。这条"难产"的高速公路，从提出到建成并全面通车前后长达 15 年，比后来"上马"的其他省份的高速公路还要迟，已经落后了。一位高层人士说："看起来，我们之间的争论，是先进与落后之争，胡应湘代表先进，我们代表落后。"

在这条原计划成为全国第一的高速公路举行通车典礼之前，广东省老书记任仲夷和刘田夫、梁灵光、叶选平、朱森林等历届省长一起，应邀在这条来之不易的黄金通道上畅跑了一趟。此时此刻，他们各自都有很深的感触。

开拓社会办体育的新路子

新中国成立后，广东体育运动长期居全国前列，尤其是举重、游泳、跳水、羽毛球、乒乓球等项目人才辈出，在国内颇有影响。在历史上，梅县、台山县分别享有"足球之乡"、"排球之乡"的美誉。

继上海之后，第六届全国运动会将在广东举行。这是前任省长刘田夫接下来的任务。梁灵光接手时，广东不仅没有富余资金，而且有上亿元的财政赤字。下面的情况更不妙，全省 97 个市县，出现赤字的多达 63 个，绝大部分都是穷得发慌。承办全运会，大概要花三四亿元，国家只补贴1 000万元，杯水车薪，无济于事。

广东财政困难，是否承办六运会？怎么办？这给刚担任省长半年多的梁灵光出了一道难题，但他不轻易作出个人的定论。1983年的冬天，他主持召开省长办公会议，当谈到要筹建大型体育设施耗费巨额资金的时候，许多人不停地摇头，认为财政困难，无法承办，主张推掉算了。梁灵光说："全运会是件大事，广东能举办也是对全国运动事业的一种贡献，也可以扩大广东的影响。再说，中央这几年给广东特殊政策、灵活措施，经济有了很大发展，有些兄弟省、市认为中央给广东照顾太多了，如果我们推掉全运会，恐怕会在政治上很被动。还有，上海已成功举办了；我们广东为什么不能克服困难办？"梁灵光最后下定决心说："硬着头皮也要坚持办下去。"

梁灵光说服了到会的高层人物，他们表示同意承办全运会。那么，巨额资金从哪里来呢？大家各抒己见，同咨合谋，决定：首先，充分调动省、市、县和各部门的积极性。确定由省政府和广州政府合办，在广州的体育场地由广州负责，以后归广州管理。其他各市、县也一样，自建体育场馆，安排比赛项目。拟动用的各大学体育设施，由政府给钱补贴改建。其次，积极鼓励社会办体育。发动各方面、各部门大力资助，发售体育奖券，多渠道集资。

结果，广州及附近市、县很快新建了100多个体育场所，还配备了各种设施。财政方面，各体育场所建设和相关道路、下水道等基本建设费用共支出6亿多元，运动经费4 000万元。虽然国家体委只补贴2 000万元，但最后收支对比，还节余3 000万元。

广东成功地举办了第六届全国运动会，为推动全国体育事业的发展作出了贡献。同时，作为东道主，还获得金牌总数第一，并在政治、经济、文化等方面给国人留下了良好的印象，在境外也产生了很大影响。令人高兴的是，广东这次承办全运会，还开创了一条社会办体育的新路子。

把暨大办成名实相称的华侨高等学府

1983年10月，秋高气爽，烦暑涤尽。刚出任广东省长不久的梁灵光，正在忙于大刀阔斧地落实侨务政策和坚决果断地试办经济特区。一天，他接到了国务院要他兼任暨南大学校长的任命。

当大学校长，身经百战的梁灵光从来没有想过，感到很突然，但必须服从，不能推却。

他心里想，暨大面向海外，面向港澳，素有华侨最高学府之称，要自己当校长，可能与自己是归侨，并在历史上又和暨大有一段渊源有关。那是从马来亚回国参加抗日战争之前，1935年“一二·九”学生运动前后，梁灵光正在上海读书，寄宿在暨大的校外学生宿舍，和暨大学生朝夕相处，并和他们一起投入抗日救国洪流，后来还参加了暨大里面的地下组织抗日青年团和半公开的抗日救国会。如今，将近半个世纪了，往事历历在目。

梁灵光还想到，自己从来没有上过大学，而国务院却要自己当暨大校长，这还可能和自己在福建、广州工作时与海内外侨界人士、港澳同胞接触较为密切，并且有一定影响有关。为了适应改革开放形势的发展，中央把暨大确定为一所重点大学，自己作为学校所在地的省长，有义不容辞的责任给予更多的支持，应尽力而为，不辱使命。

可是，怎么也不会预想到这个兼职校长竟然兼了8年之久，而且并非一般意义上的兼职。梁灵光很懂得古人说的“学校者，造就人才之地，治天下之本也”的道理。要使暨大在拨乱反正中不断前进，培育出更多、更好的人才，必须付出更大的努力。他身体力行，真抓实干，不仅参与学校的重大决策，还过问校风建设、教学质量，甚至定期向师生作思想政治报告和亲自开展对外联络。作为一个政务繁忙的省长，这兼职的担子不轻啊！

位于广州石牌地区的暨南大学，历史悠久，道路坎坷。远在1906年，清朝光绪后期，清政府一改以往“闭关锁国”的政策和视海外华侨为“化外之民”的立场，批准在南京创办专门招收归国侨生的暨南学堂，这是我国历史上由国家批准创办的第一所华侨学校。1911 年武昌起义，清王朝覆灭，暨南学堂因无人主事而停办。民国年间，1918 年复校，改名为国立暨南学校。1921 年，与东南大学合办上海商科大学。次年，暨南学校退出，并着手创办商科大学部。1923 年复校，改名为国立暨南商科大学，升由国家创办的华侨高等教育的先河。随着学校的不断扩展，华侨学生日益增多，1927 年改为国立暨南大学。这是我国第一所综合性的华侨大学。抗战爆发，暨大在上海支撑了 4 年，太平洋战争爆发后迁往福建。抗战胜利后，于 1946 年迁回上海。1949 年 9 月并入复旦大学、交通大学等院校。

中华人民共和国成立后，1958 年，暨南大学在广州重建。文化大革命开始不久被迫撤销。进入新的历史时期，暨大复办，中央委托广东省政府代管。1983 年，中共中央、国务院发出《关于进一步办好暨南大学和华侨大学的意见》，决定把暨大列为国家重点扶持的大学。1984 年，国务院办公厅转发了侨务办公室《关于办好暨南大学、华侨大学的报告》，报告指出，对两校要进一步实行特殊政策、灵活措施、简政放权。

梁灵光在多年的实践中积累了这样的经验：一个单位、一个部门、一个地方要打开新局面，不能只靠单枪匹马，还要有坚强、团结的领导集体。

梁灵光上任后，对校领导班子进行调整、充实，在校一级党政内部发扬民主作风，统一思想认识，明确责任分工，扭转了长期存在的不团结、不协调的被动局面。然后，因势利导，逐步调整、加强各院、系的领导力量。

在南下主持广州工作的时候，梁灵光出“三招”开全国先河，解决了广州副食品供应紧张“老大难”的问题，轰动一时。现在主持暨大，他一如既往，解放思想，大胆改革，高招迭出：

第一招：打破旧传统，扩大对外招生，对华侨和港澳学生给予优惠，并在港澳设立考场，考试科目、命题和录取方法等，灵活掌握。

第二招：敢为天下先，在国内第一个实行校长负责制。然后，在全校实行学院制，院长、系主任直接对校长负责，形成层层负责的领导体制。

第三招：闯出新路子，大力开展教学改革。按照面向海外、面向港澳的办学方针，突出基础理论和应用科学，普遍加强中英文和计算机应用科学的教学，增加社会急需的新专业，实行学分制、双学位制。对海外、港澳学生，不强迫信仰社会主义。

事实证明，这些都是中央给予“特殊政策、灵活措施”的具体化，效果很好，整个校园生机蓬勃，工作效率提高了，教学质量提高了，学习内容丰富了，更加贴近海外和港澳社会了，受到了普遍欢迎，境外学生大幅度增加，培育了一批又一批人才。这些学生回去以后，分布在世界五大洲的60多个国家和地区，大多事业有成，促进了当地社会发展，并为传播中华文化、发展海外华文教育，以及团结华侨、华人和促进中外友好交流等方面作出了贡献。

梁灵光兼任校长期间，香港霍英东先生（右）捐赠100万美元兴建医学院门诊部。图为两人亲切交谈。

梁灵光不但在推动暨大的教学改革方面取得丰硕成果，而且在逐步改善、充实教学设施等方面也发挥了不可替代的作用。经他的努力，不少港澳和海外知名人士在经济上大力支持暨大，其中有香港霍英东捐赠100万美元兴建了医学院门诊部，秘鲁华侨戴宗汉捐建“宗汉楼”，泰国暨大校友颜开臣捐建学生校友活动中心，香港暨大校友温惜今、李秀棠捐建学术会议厅，香港邵逸夫捐赠1 000万港元兴建暨大体育馆，等等。1986年，暨大教育基金会在香港成立，香港郑裕彤一人便捐赠400万港元。

暨大经受了风吹雨打，经历了曲折坎坷。1986年9月，它在改革开放的明媚阳光中迎来了80周年校庆。中央领导人王震、叶飞和广东省党政负责人等都前来参加庆典。前来庆贺的海外和港澳校友十分踊跃，其中泰国暨大校友会组成了40多人的庆贺团。梁灵光校长在大会上作了题为“发扬优良传统，努力办好暨大”的讲话，回顾暨大在风雨中走过的80年历程，决心借鉴历史经验，努力把暨大办出特色、办出水平，使它更加面向现代化、面向世界。

1986年9月，老校长梁灵光（右二）在暨南大学建校80周年庆祝大会上作了题为“发扬优良传统，努力办好暨大”的讲话。王震（左三）、叶飞（左二）、荣毅仁（中）等参加了大会。

光阴荏苒，梁灵光从省长岗位退下来以后，改任中共广东省顾问委员会主任和全国人大华侨委员会副主任。尽管如此，梁灵光依然深情地牵挂着暨大，一直兼任校长。1991 年 6 月，在暨南大学 85 周年校庆的时候，75 岁高龄的老省长梁灵光辞去了暨大校长一职。在过去的 8 年里，他为了办好暨大呕心沥血，作出了巨大贡献，把暨大办成了名实相称的华侨最高学府。他离开暨大的时候，依依不舍，不觉热泪盈眶，衷心祝愿暨南大学在今后开创出更加美好的未来。

归侨省长梁灵光在抗日战争、解放战争的战场上，在参加社会主义建设的历程中，尤其在改革开放的大潮中，都创造了许多动人的事迹。他在晚年时候兼任暨大校长 8 年之久，且在 75 岁高龄之时才获准辞去校长一职，即使不能说是一个奇迹，恐怕也可以说是我国华侨史、教育史上罕见的。

20 世纪 80 年代，老校长梁灵光接受香港石景宜先生（左二）向暨南大学赠书。

老校长给暨大师生留下了许多难忘的回忆

老校长梁灵光虽然离开暨南大学多年，却给师生们留下了永恒的怀念和难忘的回忆。

在众多师生中，不少人对老校长的经历和业绩了然于心。原校办主任马兴中说："梁老青年时在上海读书，积极投入抗日救国斗争，加入了暨大的抗日青年团和抗日救国会。50 年后，他 60 多岁了，兼任我们暨大校长。他确立新的思路，扩大对外招生，使我校 1988 年境外学生数量达到一个高峰，占学生总数的 90%。他和同事们一起努力把暨大办成名实相符的华侨最高学府。他的夫人朱含章大姐——抗日战争的老战士，是暨大 1937 届毕业生。夫妇俩都和暨大有缘。"

萧锦华先生是暨大 1985 届毕业生，对老校长赞不绝口，说他作为日理万机的省长时刻都没有忘记他的学生们。萧锦华说："1983 年我当选学生会主席后的第二天，请梁校长给学生会作指示，他用闽南口音的普通话对我说：'萧同学，祝贺你当选学生会主席。我们学校的性质是港澳华侨大学，很多同学是从香港、澳门、国外回到祖国大陆读书的，他们开始的时候会有些不习惯，你们学生会要多做工作，让同学们有一个愉快的学习、生活氛围。'老校长的指示成为我工作的动力，我和学生会干部在一年多的任期内，积极主动地组织了多次生动活泼的文娱活动，丰富了同学们的业余生活，受到了大家的欢迎。”

对老校长怀有深厚感情的萧锦华曾写了一篇怀念老校长的文章，题为“永远的怀念”。文章中写道：“我毕业的时候，向老校长呈上了毕业留言册，老校长笑着对我说：‘萧同学，你很活泼，你们学生会搞的活动，他们都给我说过了，搞得好，搞得不错。’听到老校长的表扬，我愧不敢当。我恭敬地请老校长在留言册的扉页上挥毫给我勉励。老校长慈祥地说：‘呵，我在中间写就好了，扉页留给你们的院长。’当我接过老校长的题词时，又激动，又惭愧，竟然说不出一句感激的话，连‘谢谢’都不会说了。回到学生会办公室，我哭了。”

老校长桃李满天下，不少人已成为国家的栋梁，他们无不怀念自己的恩师。归侨子女唐丹玲是生物系1987届的毕业生。当时，老校长亲自参加了毕业典礼，唐丹玲作为毕业生代表上了主席台，刚好坐在校长旁边。校长笑容满面地和她热情握手，亲切交谈，希望她毕业后继续深造，将来为祖国的社会主义建设多作贡献。多年来，唐丹玲都没有忘记那次和老校长的幸运会见，更没有忘记老校长的叮嘱，在科学道路上不断攀登，先后取得香港科技大学博士学位和中国科学院研究员职称，在海洋科学研究和培育科技人才等领域获得了可喜成绩，20世纪末被誉为“国际科技新星”。

老校长梁灵光长期以来保持的艰苦朴素、廉洁奉公的优良作风，也深受暨大师生们的赞赏。老教授潘亚暾是梁老的老乡，与其又是忘年之交。他在一篇回忆老校长的文章中写道：“老省长梁灵光于1983年兼任暨大校长，直到1991年获准辞职，其间从1986年至1988年又兼任香港中旅集团首任董事长，都没有拿过两个单位的分文工资和任何补贴。在物欲横流、‘钱途无量’的时代背景下，廉洁如此，实属罕见。”文章还写道：“除战争时代供给制外，半个世纪以来，他全靠微薄的工资生活，轮到他提工资时又主动让给别人，这种严于律己、宽以待人的风格，为他赢来了清官的美名。正因此，深孚众望，红霞满天，黄昏来晚，活得潇洒。正因此，晚风暖，夕阳丽，香飘云外，饮誉四海。”

平民省长

梁灵光具有许多共产党员和高级干部所共有的优秀品德、性格和作风，同时又有一些人所缺少的素质，这就是他平易近民、不摆架子的平民本色。有的人说，这是他的修养达到了很高境界的一种表现。

平民，就是普通民众。长期以来，梁灵光都保持着最受人民群众欢迎的那种普通民众的优良作风。在战争年代，梁灵光不论是当根据地的领导，还是当武装部队的指挥员，他总是和大家一样同甘共苦，节衣缩食，“勒紧裤带闹革命”。在和平年代，梁灵光不论当市长还是部长，下到工厂一样排队买饭，下到商店一样站柜台。他严于律己，在生活上绝不搞特殊化。任轻工部长时，常因工作忙误了晚餐，便随便买点什么充饥了事。

梁灵光南下当广州市长、广东省长期间，人们更加亲身感受到他的平民作风。他刚到广州便到肉菜市场、大街小巷或挤上公共汽车明察暗访，倾听群众的意见、呼声，了解群众急切需要解决的问题，从而作出重要的决策。例如，他发现市场副食品供应紧张，群众心里不满，便下决心要扭转市场供应紧张的局面，后来出现了全国闻名的减少商品流通环节、放开物价和开放农贸市场的“三大高招”。这不仅繁荣了市场，较好地满足了人民日益增长的生活必需品的要求，而且促进了经济发展，受到普遍的赞扬。

2002年5月，梁灵光在家里会见从美国加州回广州探亲的美籍华人电脑工程师林卫国夫妇并为他们题词。

梁灵光身居高位，但宽怀雅量，对人不分尊卑贵贱一视同仁。自打开国门后，他在公开场合会见了许多海外和港澳的各界知名人士，各种传媒无不及时报道。而他在业余时间在自己家里会见过许多名不见经传的海外和港澳同胞，却鲜为人知。一位在美国靠勤工俭学和奖学金取得计算机和数学双学士学位的青年华人林卫国携同新婚妻子回广州探亲期间，慕名登门拜访梁省长。梁灵光给予热情的接待，在衷心祝愿他们事业成功的同时，语重心长地希望他们为促进中美友好和两国科技交流发挥桥梁作用。临别，还命笔写下“开拓创新”四字赠送，寄托他老人家对海外新一代华人的关怀和鼓励。后来，那位青年华人激动地说：“想不到梁省长对我们这些无名小卒都那么热情，难怪大家都称赞他是平民省长！”

或许是梁灵光在海外生活过一段时间的缘故，他对海外华侨和归国华侨有着特殊的感情。他曾说过：“我本人是归侨，现在还有亲属在南洋。”他在任省长时，不仅在大局面上开拓了广东省侨务工作的黄金时代，还深入细致地亲自为许多归侨排忧解难。一位姓何的马来亚归侨，曾在当地参加抗日斗争和反帝活动，被殖民当局驱逐出境。回国后在农场从事技术工作，因心直口快，好提意见，个别领导视他如眼中钉。在文化大革命中，以莫须有的罪名把他打成“现行反革命”。文化大革命结束，何某四处申冤，并通过另一位主持正义的归侨，把申诉材料送到梁省长那里。梁省长政务繁忙，但对关系到归侨的命运和前途的大事非常重视，立即批示有关部门复查此案，并交秘书追踪督办，终于使这宗沉冤十几载的错案得到彻底平反，使之恢复了干部待遇，重建了幸福的家庭。何某对省长的关怀感激不尽，逢人便说：“梁省长是我的再生恩人！”还有一位姓沈的女归侨，1950 年回国工作。文化大革命中被怀疑是国民党派遣的特务，遣送到农村劳动。因她不是当地人，又是单身妇女，实在捱不下去了，流浪回到广州，在一间工厂的铸造车间做清砂工，收入低微，结婚后生了两个孩子，经常靠卖血维持生计。文化大革命结束了，全国都开展平反冤假错案活动，因为她是最底层的普通工人，多年冤案一直得不到解决，后来还是梁省长的亲自过问，才使她重见天日。沈大姐深情地说：“在我的心目中，梁灵光同志是现代的包青天，我今生今世感激他、怀念他。”

老省长对那些生活上遇到困难的平民百姓，也是深深地关爱。2003 年夏天，他在医院留医。一个中年妇女来到他的病房，诉说儿子患了很重的脑炎，看来没有什么希望了，经济又困难，不知如何是好，感到很痛苦。梁灵光根本不认识她，但很理解一个母亲的感情和她所处的困境。他正好认识一位脑病医疗研究所的所长，便亲自写了一封介绍信请他为病者医治。后来经过那研究所专家的精心治疗，患儿病情明显好转，研究所还承诺全免医疗费，并使病人康复。其间，热心肠的老省长曾多次打电话询问情况，当得知患病男孩已苏醒过来的时候，心里十分高兴，还说等小孩康复后一定去看望。

梁灵光在广东人民心中有很高的威望，大家都衷心赞扬他是好省长。在他离休前后许多社会团体都聘请他任名誉职务，头衔七八十个。对这些，梁灵光都尽力而为，给予关心和支持。他是原马来亚的归侨，广州新（新加坡）马（马来西亚）归侨校友会成立后，他受聘为该会的名誉会长。在梁灵光的支持下，该会很活跃，很受众多会员的欢迎。一次，该会因没有自己的会所借用一所小学的课室举行联欢会，梁灵光欣然应邀出席，和普普通通的归侨们欢聚一堂，还和大家一起津津有味地品尝校友们自己制作的南洋风味小吃。他去世前不久，最后一次出席了该会庆祝成立20周年大会，还即席作了关于广东改革开放和经济建设形势的讲话。

梁灵光的平民作风，还表现在他长期以来的艰苦朴素和廉洁奉公。从抗日战争、解放战争到新中国成立初期，部队和地方都实行供给制。他历任团、师、军一级干部，除伙食费外，每月仅领5元津贴费。1953年底，全国实行低薪制，他自报10级，上面审批时升为9级。1956年，中央照顾11级以下干部工资收入不多，全国10级以上干部工资暂不调整。1977年，他从福建调到北京任轻工部部长，部党组一致同意他升级，他坚决不同意，要把名额让给一位刚从司局长提上来的副部长。一直到了1991年，全国工资调整，广东省所有干部升一级，其中1985年后未升级的可再加一级，最后中央组织部批下来，同意给他再加一级。这就是说，从1953年到1991年，他近40年的工资基本未动。尽管如此，他却毫无怨言，从不计较，这次连升3级，工资增加依然有限，连同地方补贴，也不过千元左右。他任省长时曾兼暨南大学校长，任省顾委主任时曾兼香港中旅集团第一任董事长，这期间，他没有拿过两个兼职单位的分文工资，也没有拿过任何补贴，全是义务性的，如此廉洁，实属罕见。

辉映千秋的“任梁时代”

从1980年冬梁灵光受命南下到1985年夏的五年间，是广东实行特殊政策、灵活措施由起步进入全面发展的阶段。在这历史转换时刻，他和省委第一书记任仲夷亲密配合，组成“最佳拍档”，在党中央的领导下，带领全省人民共同努力，并得到海外侨胞、港澳同胞的大力支持，取得了改革开放和社会主义建设的辉煌成就，开创了广东历史上的黄金时期，走出了一条新路子，为建设中国特色社会主义摸索出一系列新经验。有识人士认为，这五年功业彪炳、辉映千秋，可以称为“任梁时代”，载入史册。主要表现为：

第一，开创了经济发展最好、最快时期。到1985年，工农业总产值年均递增13.6%，扭转了改革开放前连续14年落后于全国平均水平的窘境。国内生产总值达553亿元，财政收入69亿元，两项年均递增13%以上。国民收入503亿元，年均递增11.7%。

第二，打开了对外经济、引进外资和先进技术的新局面。彻底冲破了闭关自守的旧格局，全省形成了一个多层次、多形式、多功能的开放地带，建成了一个适应扩大对外经济贸易、技术交流的网络，与世界上140多个国家和地区进行贸易往来。五年间出口总值达125亿美元，外汇收入大体与出口总值持平，大大超过了历史最高水平。全省签订各类对外

2004年，当年的“最佳拍档”任仲夷（左）和梁灵光合影。

经济协议、合同5万余宗，实际利用外资24亿多美元。三资企业户数占全国6成，“三来一补”创汇占全国同类创汇总数的八成，引进生产设备50万台（套）和1 000多条生产线，其中不少达到当时的先进水平。这些，都是历史上从来没有过的。

第三，改变了基础建设落后的面貌。五年间，全省国有企业固定资产投资总额达385亿元，重点是能源、交通、通讯等基础设施和轻纺、电子、食品、原材料工业，建成投产大中型项目69个。新增发电装机容量115万千瓦，在建225万千瓦，核电站建设正在加紧进行。修建等级公路2 348公里，新建改建大桥490座，公路主干线大多数实现了无渡口通车。衡广铁路复线、三茂铁路、广深铁路复线正在加紧施工。通讯事业空前发展，新增能力超过前30年的总和，一个以省会广州为圆心，连接内地各主要市县和世界各地重要城市的通讯网络已初步完成，从而大大改变了广东省能源、交通、通讯和工业等长期落后的面貌，为广东现代化建设打下了坚实基础。

第四，结束了市场供应长期紧张的历史。全省城乡市场繁荣，商品供应日益丰富，商品全部敞开供应，“周身是症（证）”现象已成为历史，而且“南菜北运”、“南鱼北运”逐年增加。

第五，提高了城乡人民生活水平。1985年，城市职工人均收入967.6元，农民人均纯收入495.3元，扣除物价上涨因素，五年间分别递增9.5%和9.6%，为新中国成立以来增长最多的时期。全省城乡居民存款共达167.2亿元，比1980年增长4.2倍。城乡居民住房条件也有了较大改善，其中城镇住宅竣工面积4 800万平方米，相当于前30年总和的1.25倍。农村建房 速度更快，平均每年建房达3 000万平方米，相当一部分人住上了新房。

第六，增加了对国家的贡献。随着广东经济的发展，上缴中央的财政也逐步增长。1979年，广东上缴中央8.17亿元，到1985年增加到19.2亿元，每年递增11.6%。上缴中央外汇至1986年累计100多亿美元。中央在广东海关关税收入，从每年不到1亿元，猛增到50多亿元。银行系统上缴中央利润，从每年几千万元，增加到30多亿元。从1980年至1987年，全省财政收入用于支持各项改革的资金共达200多亿元，相当于全省同期财政收入的一半。

第七，加强了精神文明建设。五年间，全省高等院校由1980年的30所增加到47所，在校学生由4.4万人增加到7.4万人。各类成人高等教育迅速扩大。中等教育结构有所调整。普及小学教育基本实现。科技、文化、艺术、体育、卫生、出版等事业都有了较大发展。人民群众的综合素质有所提高。社会治安进一步好转。

一系列的数字和事实证明，广东的改革开放取得了史无前例的巨大成就。梁灵光没有把个人的功名利禄放在心上，更没有忘记和老搭档任仲夷风雨同舟、披荆斩棘的艰苦岁月。他说："广东的改革开放，经历了很多曲折，但最终成功了。这里面，任仲夷同志日夜奋战，作出了最大贡献，他是第一功臣。"

在改革开放和经济建设中的体会

梁灵光在广州、广东主政的五年，是广东省历史上经济发展最快、最好的时期，广东改革开放和社会主义建设取得了令人瞩目的成就，并且起到了中国综合改革试验区的作用。在这几年的实践中，老省长也积累了深刻的体会：

第一，要解放思想，不断创新。正确掌握和运用中央赋予的特殊政策、灵活措施，坚持改革开放，不断开拓创新，是广东在改革开放中先走一步的关键。中央对广东而言，旨在放宽政策，扩大地方权力，让广东打破旧的经济体制模式，大胆改革，搞活经济，起到探路作用。这是巨大的动力，也是很重的压力。改革开放是一项伟大的试验，既没有现成经验可供借鉴，也没有固定模式可以仿效，全靠边实践、边摸索，不断开拓创新，不断总结经验，不断稳步前进，"杀出一条血路来"。

广东省委、省政府解放思想，结合实际，灵活掌握，敢为人先，凡符合党的路线、方针、政策，凡有利于发展经济和改善广大人民生活的事，就大胆地实践探索，大胆放开手脚。在风风雨雨中，不搞姓"社"姓"资"之争，不唯书，不唯上，只唯实，始终坚持以经济建设为中心，以是否有利于发展生产力和提高人民生活水平为标准，坚定不移地沿着改革开放的路子往前走。改革是开放的前提，以改革推动对外开放；开放是改革的动力，以开放促进体制改革。

第二，要尊重客观经济发展规律。充分认识和发挥价值规律的作用，是搞好经济建设的前提。不能凭“长官意志”办事。不能以“交学费”了事。不能以主观臆测代替科学决策。不能“上马”时“一窝蜂”，“下马”时一刀切。不要“一统就死，一放就乱”。不要盲目攀比，要克服主观、片面、绝对化，决策要科学化、民主化。一切从实际出发，一切按客观规律办事。

政府要增强宏观调控能力，发挥在规划、协调、引导方面的作用，正确处理宏观调控与微观搞活的关系，既要放得开，也要管得住。搞经济建设，既要抓速度，又要抓效益。第一、二、三产业要协调发展，第一、二产业是基础，第三产业要相应地发展。不仅要强调第三产业与发达国家的差距，更要看到第一、二产业与它们的差距。既要看到落后，又要不甘于落后。要抓住国际产业结构大调整的有利时机，迎头赶上。

第三，要正确任用干部。路线确定以后，干部就是决定一切的因素。改革是一次革命，需要大批有胆有识、敢闯敢拼的改革者。要支持和保护改革者，要为他们提供英雄用武之地，经常给他们撑腰鼓气，调动他们敢于探索、勇于创新的积极性。对干部不要求全责备，要有“两点论”，既要看到成绩、优点，也要看到错误、缺点。对那些在改革开放中取得显著成绩的地区、单位和个人，要引导他们不断总结经验，接受教训，切忌骄傲自满，故步自封，脱离群众。对那些因经验不足而造成工作失误的干部，不要“一棍子”将人打死，要允许他们改正错误，将功补过。

第四，要“两个文明”都要抓，两手都要硬。省委、省政府坚持改革开放和搞活经济，一贯强调打击经济犯罪活动，打击走私、贩私活动。与此同时，大力开展坚持四项基本原则教育、社会主义和爱国主义教育，以及革命优良传统和中华民族道德教育。要继续贯彻艰苦奋斗、勤俭建国的方针，反对铺张浪费和奢侈豪华的作风。要充分认识腐败现象的严重性、危害性、复杂性、长期性，反腐败斗争要常抓不懈。反腐败的关键是各级干部（包括其家属）要以身作则，身教重于言教。要加强法制，发扬民主，加强群众和社会的监督。要注意表扬和宣传那些廉洁奉公、克勤克俭、埋头苦干的干部。要牢记陈云同志关于党风是关系到党的生死存亡的教导，坚决争取党风和社会风气的好转。

第五，要努力培养人才和提高劳动者素质。广东的改革开放和经济社会发展取得了显著成就，但这只是在新的万里长征中走出了第一步。经济要发展，必须靠科技，而科技发展，必须靠人才，人才则靠教育。因此，应努力发展教育，不断培养合格人才和提高劳动者素质，振兴科学技术是当务之急，也是广东每隔几年上一个台阶，实现和提前实现现代化目标的首要战略任务。要增加智力投资，增加科技投入，立足“科技兴省，教育强省，人才大省”。只有这样，全省的经济才能有真正的后劲，才能在激烈、复杂的竞争中取胜，保证长期、稳定、协调地发展。

第十二章 修礼邻邦

广州与洛杉矶结成友好城市

梁灵光1981年任广州市长后，于次年的冬天第一次率领广州市友好访问团出访美国洛杉矶市，签署广州与该市结成友好城市的协议。这次出访，可以说是轻车简从，全部成员共5人。

洛杉矶是美国太平洋沿岸的最大港口，美国的第二大城市。市区面积1 200多平方公里，市区人口不到千万，是黑人集中的城市之一，更是美国西部最大的工业中心，该市飞机制造、宇航、军火等工业居突出地位；电子、石油加工、化学、汽车、造船、食品、服装等行业也十分发达。城郊盛产蔬菜和柑橘类水果。商业、金融业、保险业和旅游业兴盛。有闻名世界的影视业中心好莱坞和加利福尼亚大学洛杉矶分校。

梁灵光一行取道日本，经过10多个小时飞行，于12月5日抵达洛杉矶，受到市长布莱德雷先生、代议长波罗特恩女士和各界人士的热烈欢迎。8日上午，在市政府隆重举行广州市与洛杉矶市结成友好城市签署仪式，双方市长分别在协议书上签字。协议体现了友好、平等、互利的原则，推动双方在经济、贸易、科学、文化以及城市建设等领域进行交流和合作。

当晚，洛杉矶市长和代议长为梁灵光一行举行隆重的欢迎宴会。这是一个规格很高、极其热忱的宴会，每席都摆设着一束深红色的玫瑰花，每位宾主的衣襟上还佩戴着一朵，乐队演奏着悠扬悦耳的迎宾曲，到处洋溢着友好、温馨的气氛。应邀赴宴的华侨、华人深有感触地说：“这样盛情的款待为华侨、华人增光不少。”

1981年，广州与美国洛杉矶结成友好城市，梁灵光市长与洛杉矶市长布莱德雷（右）在该签署仪式上互赠礼品。

在宴会上，梁灵光致辞说：“中美两国人民一向是友好的。我们两国隔海相望，太平洋再也不应该是隔开我们的障碍，而应该是联系我们的纽带。中美两国人民世世代代友好下去，这是中国人民的愿望，我相信这同样是美国人民的愿望。”梁灵光接着说：“广州和洛杉矶结成友好城市，是发展我们两市、两国人民友谊的重要桥梁，随着友好关系的发展，各方面的交流和往来将日益频繁，我们愿意同在座的各位朋友一道，为发展中美两国、穗洛两市的友好不断努力，共同创造更加美好的前景。”梁灵光充满热情和文采的讲话，赢得了阵阵热烈的掌声。

在洛杉矶这座美丽的城市，梁灵光还接触了许多大财团的老板，见到了许多曾经参加过广州商品交易会的朋友，向他们介绍中国的对外开放政策和引进外资、合资合作等优惠条件，欢迎他们到广州投资贸易，搞经济合作。

应洛杉矶—广州友好城市协会的邀请，梁灵光等出席了该会举行的欢迎招待会。该会主席阿曼林夫人、会长刘颂平先生为穗洛结成友好城市不辞劳苦，做了许多有益的工作，此行才如愿以偿。梁灵光借此机会，向他们表示衷心的感谢。

洛杉矶的华侨、华人热烈欢迎广州友好代表团的到来，并为代表团举行了盛大的招待会。在异国他乡的华侨、华人有机会见到远道而来的祖国同胞，都感到格外亲切。他们无限眷恋故土家乡，其中一些人曾先后捐赠资金和汽车等给广州，许志俭先生还帮助广州建设现代化养鸡场。他们中的有些人获得了“广州市荣誉市民”称号。

在洛杉矶参观过程中，梁灵光意外地看到，这里的企业一律由财团和私人经营，与中国截然不同。市政建设等公共设施，则由政府集中管理，加上他们财力雄厚，管理较好，因此市政建设十分现代化。梁灵光说：“有许多值得我们借鉴的地方。”

难以忘怀的旧金山

这次梁灵光率领的广州友好访问团，经过遥远的旅途，横跨美国，从太平洋的西海岸飞到大西洋的东海岸。他们在圆满完成广州与洛杉矶结成友好城市任务后，带着喜悦的心情先后访问了美国首都华盛顿和美国第一大城市纽约。在前往旧金山途中，访问了美国第三大城市芝加哥，礼节性地拜会了市长珍·贝尔恩女士，还参观了一些工厂。

令梁灵光最难以忘怀的是访问旧金山。

旧金山，华人称三藩市，美国人叫圣弗兰西斯科，在圣弗兰西斯科湾湾口南岸半岛上。随着19世纪中叶加利福尼亚州发现金矿而兴起，后设市，华侨称为“金山”。后来，为了别于澳大利亚的墨尔本（新金山），改称现在的“旧金山”。它是美国西部优良港口，为远东贸易要地，旅游业、商业、服务业发达，常有地震，1906年曾毁于大地震。市区面积121平方公里，人口70多万。

从旧金山的得名，约略可以看到这里的华侨奋斗史。从加利福尼亚金矿的兴起，可以触摸到繁华背后历代华侨流下的血和汗，了解到他们为今天的旧金山作出的巨大贡献。

这里的华侨和东南亚一带不同，他们大多来自广东的台山、新会、开平、恩平和中山等县市。他们多少年来都习惯地把回国叫“返唐山”，那纯朴、浓郁的故乡情，溢于言表。而对从旧金山回到故乡的男性华侨，乡亲们都尊称他们为“金山伯”，或者叫“返唐山的金山伯”。

由于时代的变迁，仍保留中国籍的华侨比以往大大减少，入了美国籍的华人却占相当一部分。但不论华侨还是华人，他们都怀着深厚的故乡情。

“君自故乡来，应知故乡事。”以梁灵光为首的故乡访问团的到来，受到旧金山乡亲的热烈欢迎。他们在参观华侨文化中心的时候，见到许多上了年纪的“金山伯”，这些老华侨他乡遇亲人，无不亲切握手，热烈拥抱，有的还热泪纵横。大家你一言，我一语，争相询问家乡广东的变化。尽管他们出外谋生历经不少岁月，鬓发花白，但依然乡音未改。梁灵光感动得眼眶也红了，用带着闽南口音的粤语和“金山伯”们亲切交谈，向他们介绍广东尤其是珠江三角洲的巨大变化，向他们讲述祖国改革开放政策，邀请他们多回故乡旅游观光。梁灵光毕竟到广州的时间不长，不能完全听懂粤语，自己讲得也“不咸不淡”，时有“鸡同鸭讲”的现象，引来哄堂大笑，气氛却显得格外融洽。

当天晚上，当地华侨总商会、华人协会联合举行盛大宴会欢迎梁灵光一行。气氛温馨、和谐，就像在家乡和亲朋好友欢聚一样。

在旧金山访问期间，梁灵光特意拜会了市长范恩斯坦女士，受到十分热情的款待。梁灵光向她讲述了这次访美的情况和感受，也希望今后广州能和旧金山增加往来，发展友好关系。女市长对中国、对华侨都比较了解和友好，而且精明能干，能说会道，听了梁灵光一席话十分高兴，很坦率地说：“如果洛杉矶和你们有麻烦，那我们旧金山和你们结成友好城市好了！”

梁灵光一行离开旧金山结束对美国的访问后，还顺道访问了香港和澳门，全部行程历时近 1 个月，于 1982 年元旦前夕回到广州。

应马科斯总统夫人邀请访菲

外国总统夫人写信邀请中国市长出访，实属罕见，梁灵光或许是第一人。

1982 年的夏天，菲律宾总统夫人伊梅尔达·马科斯访问中国，因故未能路过广州。事后，很快来信邀请广州市长梁灵光率团赴菲访问，签订马尼拉与广州结为友好城市协议。

菲律宾共和国位于亚洲南部的菲律宾群岛上，南与马来西亚、印度尼西亚隔海相望，东临太平洋，西滨南海，北隔巴士海峡，与我国台湾遥对。面积近 30 万平方公里，人口 7 000 多万，主要是马来人，还有华侨、华人等。85% 以上居民信天主教，信伊斯兰教的约占 5%。

菲律宾由7 107个岛屿组成，南北纵列，仅有1 000多个岛有居民，吕宋岛、棉兰岛最大，占全国面积的三分之二。各岛多丘陵，仅吕宋岛中部有局部是平原。首都马尼拉，位于吕宋岛的马尼拉湾畔，跨巴石河两岸。

历史上，菲律宾曾多灾多难。1565年西班牙入侵，遭受殖民统治330多年。1896年爆发反西班牙战争后，又被美国占领。第二次世界大战中被日本占领，菲律宾人民进行了英勇的抗日斗争。“二战”结束后，美国恢复了对菲律宾的统治。1946年7月4日获得独立。

菲律宾与中国是一衣带水的邻邦，同是发展中国家。1976年和中国建立外交关系，此后，两国在政治、经济、文化和科技等领域的友好合作日益发展，两国间的友好互访也不断增多。

马尼拉市有大、小之分，大马尼拉包括小马尼拉和周围的13个城镇。与广州结成友好城市的是小马尼拉。广州与马尼拉结成友好城市，酝酿于1982年春。香港《文汇报》总编辑金尧如、马尼拉银行驻香港董事长万永高和菲律宾华侨黄光坦先生从中“穿针引线”，起着重要作用。在万、黄一行应邀来穗期间，梁灵光市长和他们就投资贸易等进行交谈，气氛融洽。万永高说，看起来还不局限于这方面的合作，回去后准备向总统马科斯夫人建议，马尼拉与广州结为友好城市。梁灵光当即表示谢意和赞许。不久，金尧如率香港文化新闻代表团访菲，马科斯夫人正式向他提出马尼拉与广州结为友好城市的建议，认为两市在地理上是近邻，有很多相似之处。

1982年冬天，菲律宾马科斯夫人（右三）在总统官大厅举行欢迎广州代表团大会。

同年冬，梁灵光率领广州友好代表团访问菲律宾，一起前往的还有以广州外经委副主任韩英为组长的广州考察商谈组，于 11 月 3 日晚抵达马尼拉。

广州代表团参加马尼拉市歌舞晚会，梁灵光与当地姑娘们共舞。

马尼拉市长巴格森非常热情好客，第二天上午在市政府大门前布置了大型乐队演奏乐曲欢迎广州贵宾们的光临，众多能歌善舞的菲律宾姑娘们表演了富于民族特色的竹竿舞和草裙舞。梁灵光一行禁不住姑娘们的盛情邀请登场共舞，精神可嘉，可惜舞姿笨拙，但还是博得了热烈掌声和一片欢笑。

5 日上午，晴空万里，阳光灿烂，总统府马拉干鄢宫灯光辉煌，鲜花盛开，人来客往，欢声笑语，洋溢着一派节日气氛。特地从外地赶回来的马科斯夫人接见广州友好代表团全体成员后，亲自主持马尼拉和广州缔结友好城市签字仪式。

隆重的签字仪式后，马科斯夫人在总统府举行仿照国宾规格的盛大午宴招待广州友人。菲方议长、副总理、大法官、三军高级将领和内阁各部长都出席宴会作陪。

马科斯夫人，面貌端丽，身姿矫健，服饰时尚，仪态雍容。当她和身材伟岸、神采奕奕、身穿中山装的梁灵光一起步入宴会大厅的时候，全场起立，掌声不息。

马科斯夫人发表了热情友好的讲话。她说，中国有悠久的文明，对菲律宾有很大的影响。广州是一个历史悠久的古城，和马尼拉结为友好城市之后，菲中的友谊一定会得到加强，对双方都有好处。她又说，虽然菲中两国面积之大小，人口之多寡，甚至连政治体制与意识形态都迥异，但却有一个共同点，那就是都是东方国家，都是人类大家庭的一员，有着共同的感情。她还说，菲中两国是朋友兄弟，在发展国与国之间、人民与人民之间友好关系的同时，也应该发展城市与城市之间的友好关系，从而加强国与国、人民与人民之间的联系，两市结为友好城市就是发展两国友好关系的重要组成部分。

梁灵光在讲话中表示完全赞同马科斯总统夫人意义深远的精彩讲话。他还说："我们此次访问马尼拉，除了缔结穗马友好城市外，还要在原来中菲友好关系的基础上进一步推动双方在经济、贸易、科技、旅游等方面的发展。"

"我的祖籍在中国湖南"

签订广州与马尼拉结为友好城市协议的第二天晚上，即1982年12月6日晚，中国驻菲大使莫燕忠提前在大使馆为广州友好访问团举行答谢宴会。原因是马科斯夫人预定在8日要到纽约参加联合国大会。此前，马科斯夫人向梁灵光说："7日要参加一个纪念大会，6日还得准备讲话稿，忙得很，尽量争取届时来参加你们的宴会吧！"总统夫人很重情谊和信誉，正当梁灵光和大使馆工作人员担心她能否前来的时候，她依时赶来，还带来了一些高级官员，大使馆里的气氛顿时热烈了起来。

大使馆想得周全，特意邀请了菲华联谊会和华侨总商会的几位领导人出席作陪，并安排在同一席就座，好让他们共叙乡谊，摒弃前嫌。这两个侨团，原来观点不同，一个亲近中国大陆，一个倾向中国台湾。大使馆的苦心安排，使得大家高兴，连马科斯夫人也很满意地笑了。

在宴会上，马科斯夫人谈笑风生。她告诉大家说："我的祖籍在中国湖南，每次到中国大使馆就像回到故乡一样。"讲得真挚动情，在座的主人们既感到惊奇，又感到更加亲切。啊，原来我们还是同一祖宗一家人呀！马科斯夫人还高兴地竖起4根手指，告诉大家，她曾先后4次来中国大使馆吃家乡饭。事后莫燕忠大使对梁灵光说，马科斯夫人极少到外国使馆吃饭，这次能在百忙中前来出席宴会，意义更是非同寻常。

12月7日，是大马尼拉市成立7周年纪念日（菲律宾习惯以7为吉祥数字），由马科斯夫人主持举行了约100万人参加的纪念大会。在第一排就座的有马科斯总统和夫人，以及议长、大法官、国防部长等国家高级官员，外宾只有梁灵光和夫人朱含章，其他政府官员和外国使节都被安排在后面。

大会结束，马科斯总统在“总统号”游艇上设宴招待各国使节。大家边观看歌舞，边品尝菲律宾风味餐饮，欢声笑语，气氛十分活跃。总统夫人还出人意料地用华语演唱了《我爱北京天安门》，悦耳的歌声、悠扬的旋律、丰富的感情，打动了听众，博得大家热烈的掌声。梁灵光对自己说，真想不到总统夫人的祖籍在中国，怪不得对中国的感情那么深厚，还会用华语唱歌。

位于吕宋岛西北部崇山峻岭之中的碧瑶市，是东南亚著名的旅游胜地，是菲律宾的“夏都”，素有“不到碧瑶，等于不到菲律宾”之说。在马科斯夫人的精心安排下，梁灵光一行于11日前往该市参观访问。这里四季如春，苍松耸立，绿草如茵，山水优美，风光旖旎。这里有菲律宾总统的夏宫，美国专员的暑期办公署，还有名宦望族和富豪巨商的度假别墅，每年吸引着数以十万计的国内外游客。梁灵光一行受到了该市官员的热情款待，梁灵光风趣地对他们说：“你们碧瑶跟杭州结为友好城市，广州跟马尼拉结为友好城市，我们和你们也是友好城市。”他们听了，哈哈大笑，非常开心。

“第一个讲闽南话的共产党高级官员”

在菲律宾，处处洋溢着中菲两国人民的友好情谊。12月12日，广州友好访问团乘坐三军总长专机离开马尼拉前往宿务市访问的时候，菲国空军司令专门到机场送行。他们抵达宿务市时，前来欢迎的队伍长达几里路，人们手摇小红旗，载歌载舞，十分感人。进入市区接近市政府的地方铺着鲜红的地毯，市长率领政府官员夹道欢迎远道而来的贵宾。

宿务市人口不多，只有几十万，是菲律宾南部海、空航运中心，是土特产椰干和马尼拉核麻集散地，有东南亚规模最大的椰油厂，工商业繁荣。该市原来打算同广州结为友好城市，后来听说马科斯夫人捷足先登，只好放弃了。对此，市长深感遗憾，诚挚地对梁灵光说：“虽然我们两市没有结为友好城市，但是希望你们把我们当作小妹妹看待。”梁灵光说：“城市不分大小，我们同马尼拉结为友好城市，对你们也同样看待，只是没有签订协议罢了，也是友好关系，今后多多来往。”

宿务市长听了很高兴，连声赞同。他还告诉梁灵光：“菲律宾的华侨、华人有95%都是福建人，讲厦门话，我们很想跟厦门结为友好城市。”梁灵光接着说：“你们跟厦门缔约最合适，两市有许多相同之处。1949年到1952年，我是新中国的第一位厦门市长。如双方有意，我乐于从中牵线搭桥。”市长和其他官员听罢，都高兴极了。

梁灵光一行来到位于萨马岛的海滨城市塔克洛班参观时，享受了特殊的待遇，住进了马科斯夫人私家高级别墅。那里不单景色秀丽，还有洁净的海滩和设备优良的游泳池。别墅很宽敞，楼上楼下都摆满了各国元首、政府首脑赠送给马科斯夫人的珍贵礼品，琳琅满目，好像一个博物馆。大使馆的官员讲，这次是马科斯夫人的特意安排。

在菲律宾的华侨、华人约100多万，占全国人口总数不到2%，但对经济的影响力所占比重很大。马科斯总统曾称赞华侨、华人是菲律宾经济发展的源泉。

以往访问菲律宾的中国官员，大多不会讲广东话，也不会讲闽南话，都讲普通话，与当地的华侨、华人有点隔阂。为了沟通感情，消除隔阂，更加贴近海外亲人，梁灵光“入乡随俗”，很多时候都讲闽南话，收到了出乎意料的效果。在马尼拉的时候，菲律宾华侨总商会领导人陈永载特地从美国赶回来举行宴会欢迎梁灵光一行。陈永载先生是福建人，在座的也几乎都是福建人，在宴会上听到的都是闽南话。梁灵光在致答谢词时，用纯正闽南话说：“我也是福建人，曾任厦门市长3年，福建副省长10年，在福建工作共28年。我欢迎在座各位到福建和广州旅游观光，看看中国在各方面的建设和进步，也欢迎大家到那里投资经商。”

梁灵光的家乡话，引起了许多人的思乡之情，赢来的掌声也特别热烈。他们都赞扬说，梁灵光是中国访问菲律宾的第一个会讲闽南话的共产党高级官员，使他们倍感亲切。

在菲律宾访问期间，除了公开场合，梁灵光还尽量抽出时间接触华侨、华人，或个别拜访，或个别会见，多做工作，促进与海外亲人之间、各团体之间的团结合作，动员他们为发展中菲友谊、为推动台湾早日回归祖国作出贡献！

广州友好代表团这次访菲，效果不俗。正如驻菲大使莫燕忠所说，菲方破格接待，在政治上的影响远远超过了友好城市的范围，取得了圆满成功。这不仅为两市人民，而且为两国人民的友谊和合作，增添了新的一页。

广东与美国马萨诸塞州结盟

“自古逢秋悲寂寥，我言秋日胜春朝。”唐人刘禹锡的诗句一改诗坛秋思寂寥的俗套，把秋天写活了，立意新颖。梁灵光1983年当选广东省长的第一个秋天，金风送爽，丹桂飘香，景物芳菲胜春日。应美国马萨诸塞州政府邀请，梁灵光率领广东友好访问团前往该州签署友好省州协议。

1983年，梁灵光率领广东友好访问团赴美国马萨诸塞州缔结友好省州，图为梁省长与该州州长麦克尔·杜卡奇斯（右二）合影。

马萨诸塞州位于美国东北部，东临大西洋，为滨海平原，中、西部是南北纵向的谷地，地势西高东低，河湖稠密，冬寒夏暖。面积2.64万平方公里，人口600多万，为美国最早独立的十三个州之一。曾是美国早期重要工业基地，现在重点发展电子、机械、宇航等工业，其次为纺织、服装业等。农业以种植干草、发展乳牛业为主。旅游业、渔业亦盛。该州的哈佛大学、马萨诸塞理工学院闻名于世。首府波士顿，有反抗英殖民统治历史，1770年发生英殖民统治者屠杀波士顿居民惨案，1773年发生波士顿人民反殖民统治的倾茶事件。

广东与马萨诸塞结为友好省州，是原国民党高级将领孙连仲将军的儿媳当“红娘”，由前任省长刘田夫同该州达成意向书的。

梁灵光一行抵达波士顿后，拜访了新州长麦克尔·杜卡奇斯，并进行了会谈。原先跟孙连仲儿媳联系的州长对中国很友好，而新上任的州长与前任存在差距，态度淡漠。因此，对广东友好代表团的到来相当低调，同梁灵光率团与马尼拉缔结友好城市那种热烈、亲切、友好的氛围相比，可谓天差地远。

虽然杜卡奇斯采取了意料之外的姿态，梁灵光以大局为重，坚持“求同存异”原则，把握了主动权，终于由双方代表签署了广东省与马萨诸塞州结为友好省州的协议，双方同意在贸易、经济、文化和科技等方面进行合作和交流。

在马萨诸塞州，梁灵光一行还参观了一些大、中学校。他发现，那里的大学已普及化，学生较多，如东北大学，日班生仅2.1万人，而夜班生却有3.2万人。哈佛大学则有另一大特点，就是研究生比本科生还多。在农村的一些中学，已普及电脑教育。

故友相见洛杉矶

结束了马州的行程，梁灵光一行乘飞机抵达“五一”国际劳动节的起源地、美国第三大城市芝加哥，对祖国怀有深情厚谊的菲律宾侨商林秉昭先生专程从马尼拉前来迎接。

林先生和美国的三德集团公司有密切联系，这是一家很大的畜牧公司，不但有现代化的大规模机械养猪场，还生产机械化养猪设备。该公司在美国就有几十家这样的企业，技术先进，资金雄厚。

三德公司对梁灵光一行的光临，表现出极大的热情，接待十分周到。林先生陪同梁灵光等在芝加哥参观了两天后，用私人小飞机送大家前往美国中部的内布拉斯加州，参观三德公司属下的现代化养猪生产线和设备制造厂。该公司制造饲料的工厂很先进，从耕种玉米开始，继而施肥、除草、收割、脱粒、烘干，直至送入仓库贮存，整个过程都是机械化，单位面积产量高，生产效率高。这样现代化的生产使梁灵光等大开眼界，感慨系之。

经过实地观察，林秉昭又陪同梁灵光等前往美国西海岸的洛杉矶，会见了三德先生。通过友好洽谈，广东与三德公司、林秉昭先生签订了协议，约定三方共同在广东发展现代化、机械化养猪产业。后来，如愿以偿，广东成功引进了三德公司的养猪生产线，分别在广州和深圳兴办了两家大型养猪场，成为当时国内最大规模的现代化养猪场和种猪场，促进了华南地区养猪业的发展。

两年前，梁灵光任广州市长的时候，曾率团与洛杉矶结成友好城市。如今，梁灵光省长又率广东友好代表团旧地重游，受到该市市长、议长的热情款待，故友相见，共叙情谊，畅谈两地合作和交流的进展和前景，格外高兴。

在洛杉矶，梁灵光还参观了一个农庄。祖孙三代 3 个人管理该农庄 1 100公顷土地，单一种植玉米，完全专业化生产。因为美国农业的机械化程度高，产前、产中和产后的服务搞得好，农庄农忙时如需要别人帮忙，只要打个电话到服务站，就会来人支援，十分方便。

“您是第一个来参观的中国省长”

1984 年 11 月，岭南还是一片美丽的秋天景色，气候宜人。应英国外交和联邦事务部的邀请，梁灵光省长率领广东省政府经济考察团出访。

梁灵光等于 14 日离开广州，经香港乘飞机于 15 日抵达伦敦，受到英国外交和联邦事务部部长卢斯、中国驻英大使陈肇源及华侨、华人代表的热烈欢迎。

这次出访的重点，是考察石油和天然气的开发与利用，同时探讨经济合作的可能性。考察团行程紧凑，第二天便分别与英国48家集团主席斯隆及英国国际机场负责人会谈。接下来的几天，乘飞机北上前往北海西岸的爱丁堡和阿伯丁。

北海是大西洋的边缘海，在大不列颠岛、斯堪的纳维亚半岛和欧洲大陆之间，东通波罗的海，西南通大西洋，北连挪威海。面积57万平方公里，海域大部分在大陆架上，平均水深近百米。入冬多风暴，常有海啸。海底富藏石油和天然气。

英国大石油企业BP公司十分重视广东经济考察团的到来，希望和中方合作开发中国南海石油，专门派出直升飞机接送梁灵光一行参观北海油田。

1984年11月，梁灵光（中）率领的广东经济考察团在英国北海的玛格纳斯钻井平台上。

对参观北海油田，英方想得很细致、周全。梁灵光启程出国前，接到了英国外交部的一份电报，要求广东考察团提供各成员的身高和头部、脚掌大小等资料。当时，大家疑惑不解，甚至感到惊奇。后来，乘直升飞机往北海时，英方工作人员给每人换上密封不透水的套衣，说是北海的海水很冷，飞机万一出事，人掉到海里不到几分钟便会冻死。这时，大家方才如梦初醒，亲身感受到英方接待工作的确做得很不错。

据介绍，开发北海油田并非一帆风顺，经历了许多艰辛曲折。虽然技术很先进，但他们的第一个油田和气田，分别经过第34、38口钻井才打出石油和天然气来。北海油田投资惊人，共300多亿英镑，年产原油1亿吨，天然气360亿立方米，是英国这些年来开发的最巨大的一个项目，给他们的经济发展注入了新的活力。

梁灵光等在北海上空飞行，首先参观位于英国最北部的设得兰群岛的苏鲁姆伏石油集散站，然后到茫茫大海上的玛格纳斯钻井平台。平台负责人非常好客，高兴地对梁灵光说："您是第一个来参观的中国省长。"

这个平台共投资13亿英镑，规模很大，员工800多人，分两班工作，电脑管理，有7个卫星井的管道相连，日产原油1.7万吨，气体冷凝物1 300吨，干气170万立方米。油和气用管道输送到距离160公里的苏鲁姆伏石油集散站。该站规模不小，设有深水码头，可停泊35万吨级大油轮，日处理原油达14万吨。

梁灵光在参观过程中，似乎想到了将来南海油田的开发。他说："北海油田采用的生产技术很先进，对我们今后开发南海油田，很有借鉴作用。"

在英国中部的曼彻斯特，梁灵光一行特意参观了将向中国大亚湾核电站供应发电机等设备的通用电器公司，以及已决定与广东合资创办一间大规模集成电路和微型电脑工厂的弗兰德电子公司。

唐宁街会晤撒切尔夫人

在英国各地频繁考察、访问几天后，梁灵光一行于11月21日从曼彻斯特返回伦敦。

伦敦，在英格兰东南部，跨泰晤士河下游两岸，海轮可直达，是英国的首都和经济、文化、交通中心，世界最大城市、最大金融中心和最大航空站之一。始建于公元43年，有近2 000年的古老历史，到了11世纪成了商业和政治中心。1666年曾发生过席卷全城的大火，全

1984年11月，梁灵光在伦敦唐宁街与英国首相撒切尔夫人合影。

城几乎化为灰烬。那以后，陆续重建，到18世纪英国又成为世界最大的海港和国际贸易中心。1864年“第一国际”在此成立，马克思、恩格斯曾在这里领导国际工人运动，海格特墓地有马克思墓。伦敦有许多著名的建筑物，如伦敦塔、白金汉宫等。城东南格林尼治天文台原址，为地球经度的起算点。

伦敦，曾有“雾都”之称。那时随着工业革命的兴起，伦敦到处烟囱林立，煤烟飞扬，加上千家万户用木炭烧饭取暖，全城烟雾迷蒙。经过长期的努力，伦敦人终于一步步地治理好了环境污染。“雾都”已成了历史的印记。《羊城晚报》资深记者、广东省归侨作家联谊会作家袁效贤、李春晓伉俪曾出版《伦敦没有雾》一书，不但把出访时看到的景物真实再现，而且把个人的感情融在其中，使读者如临其境。

在伦敦白厅大街上有一条横街，叫唐宁街，是以17世纪英国外交大臣唐宁的名字命名的。唐宁街10号是首相官邸，内阁会议一般都在这里举行。因此，唐宁街常作为英国首相府的代称。

梁灵光从曼彻斯特返回伦敦的当天下午，首相撒切尔夫人便在唐宁街会见了梁灵光等人。两年前，她访问广东时曾与梁灵光见过面，这次大家在伦敦相会，故友重逢，既高兴又亲切。

撒切尔夫人有“铁娘子”的美称。她比较关注中国经济特区的发展，在听了梁灵光重点介绍深圳的情况后，对深圳几年来的神速发展表示惊讶和赞赏。

会上，撒切尔夫人回顾了中英两国合作逐渐扩展的过程，并对未来充满信心。她说：“我非常希望关于香港问题的协议正式签署和实施后，我们两国关系会出现新的篇章，尤其在政治与商务方面将得到进一步发展。”

在谈到1983年访问北京、广州的时候，夫人诙谐地说：“当年去广州，觉得广东有特点。在北京时，觉得北京很严肃。邓小平说，越往南去，越活泼，尤其到了广州。我觉得的确如此。”

梁灵光告诉她：“今年春节时，邓小平到广州，我陪他到深圳特区视察，他认为特区是成功的。随后，中央决定扩大开放14个沿海城市和海南岛。”

撒切尔夫人听了后赞叹说：“邓小平想出来的‘一国两制’是很明智的，就像牛顿定律一样，看来简单，越简单越难想出来。对香港采取这个政策，才达成了协议。这个政策还可以帮助开发14个城市。”

作为世界政坛的风云人物撒切尔夫人对邓小平怀着深切的敬意，她请梁灵光转达对邓小平等中国领导人的问候，并表示自己十分重视将于12月前往北京签订关于香港回归协议之行。此前，我驻英使馆并未获得准确消息。现在，撒切尔夫人正式表态，在座的陈肇源大使听了很高兴，说中方正期待她的北京之行。当晚，大使馆便把撒切尔夫人的谈话记录发回北京。

此次与会的有撒切尔夫人的外交顾问、前驻华大使柯利达和中国内地驻英大使陈肇源、广东省计委主任何宪等。

传媒界对梁灵光省长和撒切尔首相的这次会晤给予高度重视，中国内地、英国、香港、澳门等地的报刊都在显著位置刊登了这一消息，并发表了双方会晤时的大幅彩照。

“一时今夕会，万里故乡情”

梁灵光省长率领的广东省政府考察团在英国逗留期间，善于发挥来自侨乡的优势，广交亲友，联络情谊，先后在伦敦、曼彻斯特和爱丁堡等城市分别会见了近60个华侨、华人社团。

那时，旅英华侨、华人约15万人，九成以上都是祖籍广东的。他们大多长时间客居异邦，眷念故乡的情怀日深，经常在叹息何时才能返故乡。如今，故乡的亲人不远万里来到了身边，大家怀着一种特殊的乡亲情感，都殷切盼望能够同家乡的父母官们相聚，共叙乡情。

英格兰西北部的曼彻斯特，是13世纪兴起的城市，产业革命后发展迅速。那里有曼城侨联社、西北华商总会等10多个华侨、华人社团，数量也算不少，但平时很少互相往来，更没有一个统一的组织。这次他们得知梁灵光率领着家乡的代表团前来访问，全部社团携手合作，于11月20日晚举行了盛大的欢迎宴会，在宾主频频举杯之时，各社团负责人相互间也亲切交谈，这是过去罕见的。

在伦敦，梁灵光于25日在中国驻英大使馆会见了各地的华侨、华人社团负责人和科技界人士。当晚，全英国的60多个华侨、华人社团联合宴请梁灵光一行，应邀参加的还有陈肇源大使夫妇等，一百多名华侨、华人社团负责人出席了宴会，场面热烈、亲切。此时此刻在异国他邦的聚会，激发了海外赤子更加强烈的故乡情，许多人都萌发了唐人杜甫诗句中“一时今夕会，万里故乡情”的感怀。

在热烈的掌声中，伦敦共和协会会长陈育华先生代表各社团致欢迎词。他说，中英两国政府已就香港回归草签了《联合声明》，旅英华侨、华人坚决支持中国收回香港主权，坚决拥护“一国两制”及“维持香港社会现有制度五十年不变”等政策。他还祝愿中英双方早日正式签署协议，中英关系进一步改善，广东与英国的经济贸易和技术合作进一步发展。

梁灵光在答谢词中，介绍了中国的改革开放政策，尤其是广东实行改革开放以来发生的巨大变化，还具体阐述广东落实各项侨务政策的情况，并且通报了不少侨商和科技人员为建设家乡作出贡献的事迹。梁灵光还表示热烈欢迎海外乡亲“返唐山”走一走，亲眼看一看故乡的新面貌。

广东代表团在伦敦应邀参加全英华侨华人社团联合举行的欢迎宴会，图为梁灵光（左）在致辞。

梁灵光情意真切、鼓舞人心的致辞，博得一阵阵的掌声。祖国的大好形势，家乡的巨大变化，香港的即将回归，使全场欢腾雀跃。他们衷心感谢新中国成立以来广东省第一个省长来看望他们，感谢他促进了海外亲人的团结和乡谊。席间，华侨、华人代表向梁灵光赠送了一件英国古老名贵的瓷器作纪念，梁灵光向他们回赠了《珠江三角洲新貌》录像带和广东画片。因各华侨、华人代表纷纷要求赠送纪念品，原来准备的远远不能满足需要，梁灵光只得答应回国后再补寄给他们（回国后，省外事办订制了一批广东制作的通花瓷瓶，送到英国给各华侨、华人社团）。

梁灵光在英国先后访问了6个城市，看到了这样的情景：不论是在城市，还是农村，甚至人烟稀少的设得兰群岛上，以及杜拜沙漠中的高速公路边，到处都是日本商品的广告牌，日本商品到了无孔不入的地步，却几乎看不到中国的商品。他对此很有感触，认为我国要扩大对外贸易，一是要拓宽推销渠道，二是要提高产品质量，改进包装，发展适销对路的优质高档产品。

结束对英国的考察后，梁灵光一行还顺道访问了法国、阿拉伯联合酋长国，于12月中旬回到广州。

促进中日两国人民友好

世事沧桑，风云变幻。在伟大、壮烈的抗日战争时期，海外归侨梁灵光鏖战沙场，敌人闻风丧胆。如今，震撼世界的中国改革开放洪流滚滚向前，满头白发的梁灵光主政广东，政绩显赫，并将作为友好使者出访日本。

日本与我国隔海相望，由本州、北海、九州、四国4个大岛和3 900多个小岛组成，面积37.78万平方公里，人口12 510万（1995年）。首都东京。多火山、地震。从古代起就同中国有文化交流。公元4世纪建立统一国家。1868年明治维新后资本主义发展迅速，成为军事封建帝国主义国家。1891年发动侵略中国的甲午战争，侵占台湾和澎湖列岛。1931年发动“九一八”事变，侵占我国东北。1937年发动全面侵华战争。1941年又发动太平洋战争，最终战败，于1945年8月15日宣布无条件投降。1947年实施新宪法，成为以天皇为国家象征的议会制国家。20世纪60年代末跃居仅次于美国的资本主义经济强国。1972年9月29日同我国建交。多年来，中日两国的明智政要、有识之士和人民以史为鉴，面向未来，为改善和发展睦邻关系作出了不懈努力。

中日实现邦交正常化十年后，广东省与日本兵库县结为友好省县，双方在经济、贸易、科技和文化等方面进行了广泛的交流和合作。

1984年初，在岭南大地春色满园的时候，梁灵光省长应兵库县知事坂井时忠邀请，率领广东省友好代表团前往参加庆祝两省县结盟一周年等活动。

此前，广州与日本福冈结为友好城市，梁灵光任广州市长期间与该市互有往来。这次梁灵光率团访问兵库路经福冈，受到80岁高龄的福冈市长进藤一马的热烈欢迎。在当晚的宴会上，两位老朋友亲切相会，共叙情谊。

福冈，日本九州岛的大城市，位于博多湾沿岸。1889年设市，历史悠久，曾为与中国来往的重要口岸。“二战”后，经济迅速发展。名胜古迹不少。

梁灵光到达福冈后的第二天，拜会了福冈市长，接着参观很有特色的南部垃圾处理厂。这个厂的现代化水平相当高，日处理垃圾311吨，占全市垃圾总数的三分之一。垃圾燃烧时产生的热用于发电，除保证本厂自用外，还可输出。排放的烟尘，经处理为无害气体。燃烧后剩下的灰渣，则加工成肥料。虽是处理垃圾的地方，但厂内惊人的干净，参观者一律脱鞋行走，也闻不到任何异味。工厂周围环境绿化很好，胜似公园。厂长自豪地说：“工厂必须做到周围无污染，否则居民就会反对在该地建厂。”工厂建成后，附近的居民并不减少，反而增加了。

梁灵光（右二）拜会福冈市市长进藤一马（左二）。

访问福冈后的第二天，即3月5日，梁灵光一行到达大阪。大阪位于本州岛西部，日本最大的商业城市，水陆空交通枢纽，世界大港之一。梁灵光等参观了著名的松下电器公司，公司的创办人松下幸之助被誉为日本的“管理之神”。这个公司1952年开始生产第一台黑白电视机，1960年生产彩色电视机，至1984年1月，共生产各种电视机8 780万台，堪称世界之最，还生产各类家用电器。30多年来，该公司始终信守“质量第一”的宗旨，在世界上赢得了信誉。

最令梁灵光敬佩的年近90高龄的松下幸之助老先生，精神矍铄，思维清晰，并且对广东十分友好。梁灵光会见他时，介绍了广东实行的特殊政策和灵活措施，主人感到极大兴趣，表示一定要同广州一道建成世界一流的彩电工厂，同深圳的合作项目争取早日实施。

6日晚，梁灵光率领的友好代表团到达兵库县首府神户市。神户位于本州岛西南部大阪湾西北岸，古代为交通、军事要地，现为世界大港之一。1981年在离市中心3公里海面上，填海造成面积4.4平方公里的人工港岛。景色美丽，旅游业甚盛。

次日上午，阳光灿烂。梁灵光一行前往兵库县政府，坂井时忠知事、贝原俊民副知事和其他高级官员等数百人列队欢迎。在宾主会见时，双方亲切交谈，对结盟一年来的交流和合作表示满意，实实在在地感受到彼此之间的友谊越来越深了。双方经过磋商，还就1984年的交流和合作项目达成了共识。

接下来，梁灵光一行拜访了县议会和神户市政府，访问了神户华侨总会，出席了神户商工会议所举行的经济座谈会。会议所的20多位工商界人士对中国特别友好和感兴趣，在会上纷纷表示：“以后不再去欧美这条线，要去中国这条线，和中国打交道保险些。”有的还说：“你们人多、资源多，我们有资金、技术，共同合作，互相受益，一定能成功。”梁灵光很赞成他们的看法，认为这是明智的选择，并表示：“欢迎大家到广东投资合作做生意，我当尽地主之谊。”

神户这个秀丽的海滨城市的夜晚有一种独特的韵味。当晚，兵库县政府、县议会和神户市、神户商工会议所、神户华侨总会等联合举行盛大宴会，热烈欢迎广东省友好代表团的到来，并庆祝广东、兵库缔结友好省县一周年。坂井时忠知事兴趣更浓，演唱了日本名曲《北国之春》，感情丰富，寓意深长。

8 日，梁灵光一行出席了在神户人工岛上举办的广东省经济文化展览会开幕式和庆祝酒会。展览会生动地介绍了广东经济建设的新貌，展出广东丝绸、陶瓷、工艺、美术、书画等产品和作品 1 300 多件。佛山美术陶瓷工艺厂、汕头抽纱厂的工人还进行了现场表演，工人们的精湛技术令参观者惊叹不已。

10 日，梁灵光一行参观了位于神户舞子公园的孙中山纪念馆。孙中山，广东人，中国近代伟大的民主革命家，首先提出“振兴中华”的口号。他早年曾在日本生活过一段时间，产生极大影响，为永久纪念孙中山和促进两国人民世代友好，兵库县政府特意建立了孙中山纪念馆。梁灵光省长题写的“孙中山纪念馆”铜制横匾高悬在正门上，落笔刚健有力，饱满峭拔。

梁灵光在孙中山纪念馆与该县知事坂本时忠（右）合影。

梁灵光一行结束了对兵库县的访问后，于 11 日抵达日本首都东京，下榻中国驻日大使馆。当晚，梁灵光受到“突然袭击”——应宋之光大使邀请，向使馆全体工作人员作了关于近几年来广东省经济建设情况的即席报告。

在东京期间，梁灵光还进行了一系列的参观访问活动。14 日圆满地结束了在日本的访问，回到上海。

梁灵光说：“这次访日增进了相互了解和友谊，学到了不少有益的经验，促进了双方在经济、文化等领域的交流和合作。同时，广泛介绍了广东对外开放、试办经济特区和开发海南的方针政策，通报了落实侨务政策状况和侨乡建设新貌，日本各界和华侨、华人反响强烈，收到了良好效果。”

参加“地方时代”国际会议

1985年，正值赤日炎炎似火烧的时节，梁灵光省长又一次应老朋友日本兵库县知事坂井时忠先生的邀请，率领广东省友好代表团访问兵库，参加在那里举行的“地方时代”国际会议。会议的主题是：探讨如何在21世纪共同生存的国际社会中谋求新的友好交流的理想做法。

这次国际性的会议于7月10日至11日在兵库县公馆举行。参加会议的有已同兵库县建立友好关系的中国广东省、美国华盛顿州、澳大利亚西澳州和苏联哈巴罗夫斯克（伯力）州的省长、州长或代表，有主办单位的知事或代表，以及日本国家和地方自治体、外国使领馆、外国人团体、国际友好团体、学术界、教育界及有关知名人士，共100多人。

对这次会议，日本方面十分重视，由兵库县、冲绳县、神奈川县和北海道共同主办，得到外务省、自治省、国际亲善都市联盟等20多个单位的大力支持。

梁灵光以稳健的步伐走上大会讲台，作了约半个小时的发言。70岁高龄的他说：“中国政府坚定不移地奉行独立自主的和平外交政策，谋求在和平共处五项原则的基础上，同世界各国积极发展经济、贸易、文化、技术等方面的合作交流，走向共同繁荣。”在介绍广东时，他说：“广东在中国改革开放中占有重要地位。广东以及省内一些大中城市相继与一些国家的省、州、市、县建立了友好合作关系，互相促进，且有鲜明的时代特征，符合时代的历史潮流，符合各国人民的共同愿望。近五年，广东运用中央赋予的特殊政策和灵活措施，制定了一系列有利于对外开放的地方性政策和法规，创造了良好的投资环境和条件，促进了社会、经济的发展与人民生活水平的提高。我们将继续发展同友好地区的关系，发展双方之间的经济、贸易、科技、教育、文化和人才等各个领域的交流合作，并继续发展同各国人民之间的友好往来。”梁灵光最后祝愿：“让和平、进步、友好的事业扎根于人民之中，世世代代相传下去！”

梁灵光声音洪亮，口吐珠玑，谈言微中，受到与会者的高度赞赏和热烈欢迎。

会议期间，日本电气株式会社社长作了基调讲演，各省州代表团和主办单位、县知事等均热烈发言。其要点大致有：展示21世纪共同生存的国际社会；共同谋求和维护世界和平；为确立良好的国际关系作积极的贡献；广泛开展各个领域的交流，提高友好与合作的实际效果。

会议第二天，由日本国内单位作一般性的讨论发言，总结交流开展城市工作的情况和经验。

广东代表团结束兵库之行后，前往东京乘飞机访问美国夏威夷。

为广东和夏威夷友好历史增添新的一页

约19世纪初叶，广东的先辈就远渡重洋前往美国的夏威夷谋生创业。之后，两地开始了友好往来，还谱写了许多曲折动人的故事。

1985年夏天，广东省长梁灵光应夏威夷州长乔治·有吉先生的邀请前往访问，为两地友好历史增添了新的一页。

1985年，广东省与夏威夷州缔结为友好省州，图为梁灵光率团前往夏威夷时与该州州长乔治·有吉（右）合影。

夏威夷群岛原为一个王国，现为美国的一个州。位于太平洋中北部，由夏威夷、毛伊、考爱、瓦湖等大小132个火山岛和珊瑚岛组成，从西北向东南延伸2 400多公里，面积16 729平方公里。仅10个大岛有居民，人口117.9万（1994年），以亚洲移民后裔和波利尼亚人为主。首府火奴鲁鲁。1810年建夏威夷王国，1900年归属美国，1959年成为美国第五十州。多火山，气候湿热，林地约占42%。有热带海滨和火山奇观，以及独特的文化风情，是著名的度假、游览胜地，旅游业是经济支柱。农业主产甘蔗、咖啡等。工业以制糖、水果罐头等食品加工为主。建有多处重要军事基地，美国太平洋空军和舰队司令部均在这里。

广东和夏威夷有着许多鲜为人知的历史渊源。这里的华侨、华人约6万人，以祖籍原中山县为主。19世纪中叶，中山人陈芳到达夏威夷，经历了“从徒工到商界王子”的道路，之后又成为糖业大王、夏威夷王国枢密院议员、檀香山商会首任会长、中国早期杰出华侨领袖，并成为少有的身兼祖国外交高官和居住国国会要职的人。回国后，又成为名声显赫的大慈善家，清朝光绪皇帝曾先后两次御赐石牌坊。美国归侨作家曾绅先生曾写了一部32万字的《陈芳传奇》，生动地记述了陈芳从出生到逝世的传奇故事。

中国民主革命先行者孙中山，曾跟随舅公在夏威夷受教育，深受西方民主影响。他在领导推翻清朝封建统治中，得到了夏威夷华侨的竭力支持。孙中山还在这里创立了第一个海外革命组织“兴中会”，创办了至今依然出版发行的华文报《檀香山新报》（原称《自由新报》）。中国人所说的“檀香山”，意思是种植檀香树的山，即夏威夷首府火奴鲁鲁。据说，从火奴鲁鲁前来广东的第一只轮船，都装满着檀香，后来华侨管它叫“檀香山”。

抗日战争结束后，广东移民夏威夷的有增无减。广东实行改革开放以来，两地之间的友好关系和往来日益发展。

1983年，美国马萨诸塞州捷足先登与广东结盟。但夏威夷州提出，他们与广东的特殊关系历史悠久，渊源很深，美国的其他州不可企及，坚持要破例与广东结为友好省州。1985年初夏，南风吹拂，黄莺飞舞，州长乔治·有吉率领代表团抵达广州，和梁灵光省长签署了广东和夏威夷结为友好省州协议书。这样，广东就跟美国的两个州结盟，是两国关系史上绝无仅有的。

中国人自古以来讲礼，“往而不来，非礼也；来而不往，亦非礼也”。这次梁灵光率团前往夏威夷，是友好回访。他们受到了州长乔治·有吉的热烈欢迎，并就如何进一步的交流和合作进行了交谈，达成了共识。当晚，州长举行盛大宴会欢迎来自远方的老朋友，出席的有副州长夫妇、各界知名人士和华侨、华人社团代表。

梁灵光在有吉州长致欢迎辞之后致祝酒词。他笑容满面地说：“不久前，我们很高兴地在广东接待了有吉州长和夫人以及夏威夷州代表团。我荣幸地与有吉州长一起签署了广东省与夏威夷州建立友好关系的协议书，完成了一项具有历史意义的使命，使两省、州人民多年的友好愿望成了现实。友好省州关系的建立，是我们双方共同努力的结果，是两省、州人民之间的传统友谊不断发展的标志。”梁灵光最后祝愿：“我们衷心希望在平等互利的原则基础上，与贵州在旅游、经济、贸易、科技、文化、教育等方面开展各种形式的交流与合作。”与会人士对梁灵光的致辞，报以热烈的掌声。

在有吉州长的亲自安排下，梁灵光率领的代表团重点参观了太平洋战争纪念馆和波利尼亚文化中心。

第十三章 老马嘶风

促成开通广州至云贵川列车

时光流逝，岁月无情。久经考验、功业彪炳的梁灵光年事渐高。按照中共中央关于省级党员干部不超过 70 岁的规定，1985 年 7 月梁灵光从一线领导岗位退下来了。但他老马嘶风，英心未退，要在有生之年，再写新篇。

经中央批准，梁灵光改任中共广东省顾问委员会主任职务。关于顾问委员会的设立，1982 年 7 月邓小平在中央的一次高层会议上曾发表这样的讲话："鉴于我们党的现状，我们干部老化，但老同志是骨干，处理不能太急，太急了也行不通。……所以，我们需要一个顾问委员会来过渡。顾问委员会，应该说是我们干部领导职务从终身制走向退休制的一种过渡。"第二年，广东省成立了以寇庆延为主任的顾委会，梁灵光是第二任了。按原来的规定，凡省、自治区、直辖市顾委是同级党委政治上的助手和参谋，在同级党委领导下进行工作。因此，梁灵光固定列席省委常委会议，积极反映情况，提出建议，并参与重大问题的讨论和决策。

对顾委的工作，时任中央顾委主任的邓小平曾作过精辟的概述："宜少不宜多，宜虚不宜实，量力而行，尽力而为。"中央顾委副主任薄一波将顾委的任务浓缩为简单明了的 16 个字："调查研究，了解情况，提出建议，接受咨询。"

梁灵光很快适应了新的岗位，把量力而行开展多种形式的调查研究作为省顾委的工作重点。他认为，广东的改革开放和经济建设取得成效后，要成为全国的"窗口"，要发挥"对内辐射"作用，首先要面向祖国的大西南云贵川。那里经济比较落后，但有非常丰富的资源，如果广东和他们加强协作，互通有无，取长补短，不仅可以加速广东经济的发展，同时也可以支持和促进西南地区经济的发展。故此，梁灵光把第一个调查研究的对象锁定大西南，到那里去走一走、看一看，或走马观花，或下马看花，发现新的情况，提出新的问题。

远方的来客受到各地亲切、热烈的欢迎，大家都把他看作主动送宝上门的贵宾。贵州省省长王朝文更是喜出望外地对梁灵光说：“云贵川是广东的大后方，广东是开发云贵高原的火车头。”

云贵川给梁灵光留下了深刻的印象。他了解到，那里的资源十分丰富，地下矿藏多，品种齐全，储量大；又有怒江、澜沧江、金沙江、乌江和红河等丰富的水电资源；旅游胜地众多，文化古迹异彩纷呈，山川岩洞雄伟秀丽。中央设在那里的大三线企业特别多，重工业、军事工业潜力很大。那里一些副食品也比较便宜，四川猪肉价格放开后，城乡到处可买到新鲜肉，1 斤才 1.3 元。可惜的是，由于地处边陲，交通不便，信息闭塞，资金缺乏，轻工业基础薄弱，以致许多国家建设所急需的宝贵资源未能开发出来。若能把广东和大西南两地的优势结合起来，互为补充，互相促进，那就是一件大好事啊！

然而，要开发大西南，最迫切需要解决的是交通问题，当时，沟通大西南与广东的主要运输线只有三条：一是经重庆到武汉或城陵矶转京广线南下，二是从湘黔线经湖南与衡广段相连南下，三是经黔湘线与黎（塘）湛（江）线相通，都是九曲十八弯，要多次中转的。黔川两省早就要求铁道部增开一条广州经贵阳至重庆的直达客车，但一直未能实现。梁灵光到那里调查研究时，他们旧话重提，希望能协助解决。

梁灵光不愧是改革开放的开拓者和经济建设的实干家。他从大西南回来后，不顾舟车劳顿，废寝忘食，亲自写了题为“积极开展同西南各省的经济协作大有可为”的报告送给省委，建议省委领导应积极开展同兄弟省市，特别是同西南各省的经济协作。梁灵光认为，积极开展这样的横向协作，是件具有重要战略意义的大事。这份报告，得到了省委、省政府的高度重视，很多很好的意见，后来都被采纳了，或者起了重要的参考作用。

为了协助解决云贵川的交通问题，梁灵光专门找到了广州铁路局局长杨其华，请他想办法进行调配。杨局长为老省长的精神所感动，并考虑到实际的需要和可能，终于增开了一条从广州至贵阳的直达客运列车，之后又延长到重庆、成都，最后还开通一列直达昆明的客车，大大改变了云贵川对外陆路交通不便的状况。梁灵光看到一列列火车在广州至大西南的广袤大地上往来奔驰，脸上总是露出欣慰的笑容。

催发乡镇企业的腾飞

1986年秋，梁灵光应邀参加江苏盐城新四军纪念馆的落成典礼和苏中七战七捷40周年纪念大会。他回忆起当年的战斗历程，感慨万千。江苏原副省长周一峰和人大副主任谢克东等还陪他到无锡、江阴等几个市、县考查、视察。虽然只有短短的一个星期，走马观花，但那里乡镇企业的发展令他大开眼界。中央并没有给苏南什么特殊政策、灵活措施，可是他们的整个发展速度比广东还要快。另外，苏南的几个县市还搞了农业生产的规模经营，搞集体农场，机械化程度高，生产效率高，节约出来的大批劳动力可从事副业生产，他们的经济收入甚至比工厂工人还高。

苏南的新鲜事引起梁老的深思。后来，他有感而发，撰写了《从无锡、江阴、常熟、沙洲四县市看“苏南模式”经济的发展》一文送给广东省委，提出了学习、推广“苏南模式”的五条具体意见，而且每一条都很有针对性、实用性，有的还带有方向性。这份调查报告，引起了省委主要领导的高度重视，并印发给省三级干部会议进行讨论，引起强烈的共鸣，许多地方都参照“苏南模式”的经验采取积极措施，催发了广东乡镇企业的腾飞。

有的人说，顾问嘛，可以不顾不问，也可以顾问顾问。可梁灵光呢，却做到了邓小平说的“量力而行，尽力而为”。他除了个别行动，更多是和顾委的其他委员到山区或珠江三角洲等地区进行考察，每年一两次。有的时候，结合委员们的专长、兴趣，拟定些专题让大家自由组合进行调查研究。大家通过深入实际，了解了不少新情况，发现了一些新问题，再经过分析研究，以书面或口头形式向省委提出建议，发挥参谋和助手作用。

一些熟悉老省长的人说：“老梁在解放战争年代曾任人民解放军二十九军参谋长，40年后在新的历史时期任中共广东省委的政治参谋，担任的角色不同，发挥的作用不同，但赤胆忠心不变，敬业精神不变。”

第一部侨务法律诞生了

或许是一种巧合，1988 年的初夏，梁灵光代表省顾委向省第六次党的代表大会作了省顾委成立 5 年来的工作汇报。老同志们的辛勤工作卓有成效，得到了大家热烈的赞扬。同月，在第七届全国人大第一次会议上，梁灵光被选为全国人大常务委员，兼任全国人大华侨委员会（简称侨委会）副主任。时任人大副委员长兼侨委会主任的叶飞，刚好是梁灵光在抗日战争和解放战争期间的老首长，也是多年的刎颈之交。现在，故友重逢，又一起在新的岗位上奋力安国富民。

梁灵光从小就和侨界结下不解之缘。他在侨乡出生，青年时期在海外生活过，在福建、广东任职时又经常同华侨、归侨和侨眷密切接触，如今离休了又从事侨务工作。他了解侨界，对侨界有着深厚的感情。他很赞同周恩来总理把漂洋过海的华侨比作“我们嫁出去的女儿”。对那些后来加入外国籍的华人，梁灵光把他们视为祖国的亲人。

在主政广东期间，梁灵光开创了广东历史上第一个侨务工作的黄金时代，海内外赞不绝口。现在他又踏上了新的征途，立足全国，面向世界，要求更高了，担子更重了。

1991 年 1 月 14 日，梁灵光在北京和万里（中）、叶飞（右）等叙谈。

许多人都说，有海水的地方就有华侨、华人，此话一点不假。全世界100多个国家和地区，哪怕天涯海角，几乎每一个地方都有华侨、华人的身影。保守估计，全球华侨、华人共有3 000万人以上。梁灵光认为，他们不仅是当地的开拓者、创业者，为当地经济社会发展作出了特殊的贡献，而且向来是中华民族解放和振兴的有力支持者，今天又是我们进行改革开放和社会主义现代化建设不可忽视的一支主力军。同时，这些华侨、华人同所在国家和地区有着广泛的联系和影响，起着增进我国对外交往的桥梁和纽带作用，做好他们的工作具有重要的战略意义和现实意义。

全国人大的主要工作是立法，侨委有研究、审议和拟订有关侨务方面议案的职责。梁灵光刚上任就遇上了关于制定《中华人民共和国归侨、侨眷权益保护法》（简称《权益法》）的争论。

当时，侨务方面的法律是一个空白，这与我国改革开放的形势极不适应。为了弥补不足，根据叶飞的建议，侨委早在1986年便着手拟订我国第一个侨务法律《权益法》，由侨委副主任何英具体负责。

好事多磨，各种观点展开激烈的交锋，直至1987年的第七稿，仍然存在很大分歧。有人说，专门制定一个保护归侨、侨眷的《权益法》，似乎意义不大。言下之意，显而易见。梁灵光旗帜鲜明，认为侨务立法意义很大。

当时，众多有识人士都认为，中国共产党和人民政府历来十分关心归侨、侨眷的合法权益。但是，由于“左”的路线干扰，特别是文化大革命期间，许多归侨、侨眷的合法权益被侵害，或因“海外关系”遭歧视、受迫害。十一届三中全会后，拨乱反正，大力落实侨务政策，可是某些偏见依然存在，侵害归侨、侨眷合法权益的事件时有发生。广大归侨、侨眷和海外华侨强烈要求采取有效措施保护他们的合法权益，并保证他们在政治等方面不受歧视。这就要求把经过实践证明是正确的侨务方针政策用法律形式固定下来使之法制化，并根据国家宪法的有关原则规定通过专门法律加以具体化，真正做到有法可依，依法办事。

1989年秋，梁灵光南下全国最大的侨乡广东省，在广州召开广东省、广州市有关侨务部门负责人会议，就《权益法》（草案）展开座谈。会上，群情激奋，发言热烈，一致认为制定《权益法》不是“似乎意义不大”，而是具有重要意义，十分必要。广州市侨联一位负责人还说：“我们曾召开一个基层侨联负责人会议，参加会议的300多人，他们都盼望尽早颁布该法，这不仅是我们开展工作的需要，也是广大海外华侨、华人和国内广大归侨、侨眷的迫切需要。”

这是一个反映广大侨界意见、呼声的会议。梁灵光将会上的发言归纳综合，写了一份报告递交侨委，具体阐述制定《权益法》的必要性和可行性。报告中特别提出：“法律中应强调维护归侨、侨眷的合法权益。对他们在政治、经济、文化和社会等方面一视同仁，不得歧视。”侨委很快把这份来自侨乡的珍贵报告印成《简报》分送到全国人大常委会和各有关部门。

梁灵光为催生我国第一部侨务法律而忙碌、奔波。次年夏，侨委在福州召开工作座谈会。梁灵光再次就《权益法》（草案）进行解释和说明，并根据讨论意见负责修改、定稿。约一个月后，侨委全体会议讨论通过了《权益法》（草案），并决定提请全国人大常委审定。

经过几年的努力，中国第一部侨务法律，也是中国有史以来第一部保护归侨、侨眷合法权益的专门法律，终于在1990年9月7日举行的第七届全国人大常委会第十五次会议上通过了。会议还决定，该法从1991年1月1日起实施。

这部法律的颁布施行，得到了几千万华侨、华人和归侨、侨眷的热烈拥护，在海内外产生了强烈反响。许多省市，特别是广东、福建等地纷纷根据该法的有关规定，结合本地实际，制定了相应的实施办法，国务院后来也颁布了实施办法。从此，从根本上改变了侨务无法可依的现象，广大归侨、侨眷的合法权益得到了法律的保护，侨务部门加强了依法护侨的信心，各有关单位也确立了依法办侨务的观念，有力地推动了全国侨务工作的开展。

《权益法》颁布施行后，梁灵光又为制定《中华人民共和国华侨捐赠法》进行不懈的努力，尽管该法草案经过好几次修改，得到国家计委、外贸部等国家直属单位和广东等省市的赞同，而有的部门表示不同意。后来梁灵光在人大常委会上和有关报告中反复申明制定该法的必要性，最终还是没有得到解决。梁灵光不无遗憾地说：“看来要等新的人大常委会作出处理了。”

考察十五国侨情

全国人大侨委会的一项重要工作，就是积极开展同海外华侨、华人的联络，增加了解，增进情谊。梁灵光接受委托，曾于1990年至1992年间先后3次率团到欧美的15个国家考察侨情、慰问侨胞。

梁灵光每次出访，都得到我驻外使馆的大力支持和配合，助其以各种形式和华侨、华人广泛接触。梁灵光充分发挥自己既会讲正统的福建话，又会讲相当流利的广州话和普通话的语言优势，根据不同的对象、不同的层次、不同的地域，分别用不同的语言和大家交流，向大家如实介绍祖国改革开放以来的巨大成就以及他们家乡的发展变化，同时详尽阐述我国的侨务法律和政策，转达祖国对他们的亲切慰问，并对他们竭力支援家乡建设表示衷心感谢。

梁灵光率全国侨委代表团出国考察侨情前和广东的归侨、侨眷座谈。

海外侨胞对梁灵光等不远万里专程看望慰问他们深为感动，给予热烈的欢迎、盛情的款待，出现了许多感人肺腑的场面，给人留下了难以忘怀的记忆。他们一行到拉丁美洲华侨最多的国家秘鲁首都利马市时，因当地治安情况不是很好，侨团领导机构中华通惠总局为了祖国亲人的安全，特意重金雇请10名训练有素的便衣警察在他们住宿的地方昼夜站岗放哨，并跟随外出保卫，寸步不离。位于欧洲西部的荷兰的华侨、华人得知梁灵光率领人大侨委考察组要前往慰问后，全国26个侨团联合起来，专门成立了以侨领胡志光为首的接待委员会，其规模之大、规格之高，是前所未有的。侨胞们高兴地说：“全国人大侨委第一次派考察组到西北欧考察侨情和慰问侨胞，这是祖国最高权力机关对海外华侨关心和爱护的具体表现。”梁灵光在阿姆斯特丹患上了感冒，一位当医生的华侨知道后，一连几个晚上驾车赶到位于市郊的旅馆为他进行义务检查和治疗，而且格外认真仔细，使得梁灵光病情很快明显好转。当梁灵光按照原定的行程安排前往比利时的布鲁塞尔时，那位医生执意要亲自开车跨国护送，以此表达对祖国亲人的眷恋之情。梁灵光紧紧握住医生的双手，婉言谢绝了。那医生依依不舍，挥泪送亲人。

随着古老国门的敞开和对外交往的增多，中国的新移民在迅速增加。随着新华侨、新移民的增加，在欧洲、美洲等地出现了一些新的唐人街、中国城。梁灵光在考察中看到这样的事实，绝大多数的华侨都能自觉遵守所在地的法律，安分守己，艰苦创业，并为传播中华文化，促进中外友谊，推动当地经济社会发展作贡献。

1992年9月，梁灵光率侨委代表团访问荷兰，与华人联合会会长胡志光先生（左二）合影。

梁灵光还看到一个可喜的现象，就是不论来自中国大陆、港澳的，还是来自中国台湾的，甚至是印度支那诸国的华裔新移民，不同的政治倾向日益缩小，大家和睦共处，团结互助。他们已意识到，要面对新的环境和挑战，就必须求大同存小异，团结起来，携手合作，不断增强凝聚力和影响力，才能更好地提高华人的社会地位和争取华人的合法权益。1991年秋天，梁灵光率团考察意大利、瑞士、奥地利和西班牙时，获悉欧洲的26个华人社团负责人曾聚会荷兰，商量筹备成立“欧洲华侨华人社团联合会”。他们决定仿效欧洲共同体，强调不分政治、宗教、地域联合起来，一方面努力增进各社团之间的了解和合作，尽最大努力争取全欧洲华人的合法权益；另一方面促进华人对欧洲社会的政治、经济、文化等方面作出有益贡献（这个跨国华人组织得到了广泛的关注和支持，于1992年正式成立）。梁灵光认为，这是个很好的趋势，这说明海外华侨、华人团结合作的意识增强了，华侨华人由传统的“落叶归根”向“就地生根”观念转变。

圆满解决万名新移民最大难题

旅居海外的华侨和那些已加入外籍的华人，有一个最大的共同点，就是不管在外时间多长，都没有忘记自己的故乡在中国，都没有忘记自己是炎黄子孙。

1991年，我国华东一带发生历史罕见的特大水灾，损失惨重，许多老百姓深受其害，生活一时十分艰难。消息传到国外，华侨、华人纷纷捐款献物，竭力支援国内的抗洪救灾。一些出国不久、靠打工生活的新移民虽然收入微薄，也不惜捐出了仅有的生活费；一些侨团的领军人物更是带头捐赠巨款。“人情同于怀土兮，岂穷达而异心。”这一古人的诗句，正好表达出他们在怀念故乡这一点上是相同的，不会因贵贱穷富而有不同的心境。梁灵光在出国考察期间，一再代表祖国人民向他们表示深深的谢意。

侨胞们对梁灵光表示的谢意，作了这样的回答：“我们的根，我们的故乡在中国，中国有难，我们有义不容辞的责任去尽力支援。只有祖国繁荣富强，社会稳定，国际威望提高，我们华侨、华人在海外才有地位，才不会被欺侮，祖国才是华侨的真正靠山。”

他们的言辞不多，也并不华丽，可情真意切，使人感受极深。

在出国考察中，梁灵光一行采用多种形式听取各地华侨、华人对祖国的意见、建议和批评，大家畅所欲言，内容涉及政治、经济、文化、外交，直至某些政策等方面。梁灵光分别用多种方言和大家交流，谈笑风生，令在座的侨胞尤其是祖籍闽南和珠江三角洲的乡亲们感到十分亲切。在广泛接触中，如何对待华侨捐赠是人们特别关注的话题之一。出于支援家乡建设和方便各级侨务部门承担接待任务的目的，改革开放后各地华侨、华人热情捐赠了大量汽车和其他设备。可惜的是，自从有关部门对捐赠汽车等十几种机电产品实行限额和征税后，情况急转直下。捐赠人的积极性受到严重压制，捐赠数量大幅度下降，内地的不少单位也因有关部门不批准而违心地托词谢绝，或因无力纳税不得不把物资退回。此事，引起众多华侨、华人的强烈反应，他们都表示“难以理解”。他们质疑说，联合国和一些国家捐赠给中国的物资不限额、不打税，为什么自己的同胞骨肉给家乡捐赠点物资，聊表赤子之心，反而要诸多限制？他们建议，凡是自愿捐赠的，只要是用于公益事业和促进家乡经济社会发展的，一律不限额，并可考虑减免税收。海外亲人的善意批评、建议感动了梁灵光，这也许是后来他坚决主张制定有关华侨捐赠法的一个重要原因。

在出国考察侨情的过程中，梁灵光始终尽力帮助海外侨胞和新移民解决一些亟待解决的难题。1990 年 9 月，梁灵光一行访问拉丁美洲的委内瑞拉，我驻该国大使馆和华侨反映，有近万名中国新移民的护照不被承认，还有一百多本中国公民的护照被扣留，原因是这些护照是委内瑞拉的移民局长及驻香港领事贪污受贿卖出的，尽管护照都是真的，但委国政府认为是违法的，不予认可，要中国移民自己承担后果。我大使馆和当地华侨曾多次与委国政府交涉，均未能妥善解决。众多新移民心急如焚，束手无策，不知如何是好。梁灵光仔细分析后认为，责任在于委国政府内部，中国移民没有过错，甚至是受害者，应据理力争。于是，梁灵光在陈德和大使陪同下，拜访了委国总统佩雷斯和内政部长，坦率地陈述了我方意见，请他们酌情妥善处理。双方气氛友好，商谈融洽。总统当即表示关注此事，并说问题将会得到合理解决。内政部长也明确表示：“这件事中国移民没有责任，不是他们的过错。他们既然远渡重洋来到了委内瑞拉，我们总不会把他们赶回去，但要审查清楚以后再作处理。”内政部长还很客气地说：“以后再遇到类似问题，请中国大使馆派员直接找我就可以了。”没过多久，被扣压的护照全部发还，一本不少，并办理了签证手续，近万名中国新移民也得到了合法的居留权。那些新移民和他们的亲属为此感激不尽，都说祖国人大侨委急华侨之所急，想华侨之所想，圆满解决了他们的最大难题，情深似海，永世不忘。

1990年，梁灵光率全国人大侨委代表团到南美访问，受到委内瑞拉总统佩雷斯接见。

向对外宣传部门进言

梁灵光在那几年出国考察侨情事务期间，还分别拜访了意大利、秘鲁等许多国家的议会和政府首脑，进行了亲切友好的会谈，增进了相互间的了解和友谊，他们都很关注中国的改革开放和经济发展。委内瑞拉总统佩雷斯说："我本人一直赞赏和支持中国的改革开放，关心中国所进行的每一项工作，并希望她取得成功。"这些国家的领导人普遍对中国侨民都有一个客观的评价：勤劳守法，与当地人民和睦共处，并为所在国的经济社会发展发挥了重要作用。

但是，也有一些人因不很了解中国而产生了某些误解。比如，在奥地利，梁灵光等应邀与该国的第三议长和6位议员座谈，他们中的一位议员措辞强硬地指责我们西藏的200万人中有一半是解放军。梁灵光从容不迫地说，这是一个误解、一个谣言。接着，阐述了中国的少数民族政策，列举了西藏在农奴翻身解放后过的幸福生活和经济发展的大量事实，使得那些议员心服口服。

梁灵光在瑞士考察时了解到，像《人民日报》（海外版）这样重要的报纸，在我驻该国大使馆里仅有2份，而台湾的《中央日报》却免费送给从台湾去的留学生，每人一份。

曾从事新闻工作的梁灵光对以上两件事感触很深，认为由于我们的对外宣传工作做得不够，造成国外的一些人对中国不了解而偏听偏信，产生了诸多误解。回国后，梁灵光提出了意见，有关部门给瑞士大使馆增加了《人民日报》（海外版），一共20份，但是，与当地1万华侨、华人的需求仍相差甚远。

在秘鲁，梁灵光还参观了华文报《公言报》报馆。这是一家具有80多年历史的老报馆，设备极其简陋，经费严重短缺，甚至连工资都发不出。可是报馆负责人始终不肯放弃，千方百计克服困难，坚持通过《公言报》宣传祖国，宣扬中华文化。梁灵光对他的不屈不挠和爱国爱乡的高尚情操表示由衷的敬佩。

梁灵光说，看来有关部门在对外宣传方面，应多下点工夫才是。

创办天下第一华侨城

坐落于深圳特区的第一个华侨城进入紧锣密鼓的筹备阶段的时候，受中央委托分管侨务工作的全国人大副委员长叶飞、国务院侨务办公室主任廖晖都急于物色重量级领军人物。那时，梁灵光刚好从广东省省长岗位上退下来，叶飞和廖晖两人心有灵犀，都把视线聚焦到梁灵光身上，认为他在海外华侨和港澳同胞中有广泛联系，又具有影响力、号召力，是最佳人选。经中央领导习仲勋、万里、谷牧等人点头，叶、廖两人决定邀请时任广东省顾委主任的梁灵光“出山”，兼任香港中旅集团有限公司第一任董事长，主要任务是创办华侨城。

同年冬，即1985年12月，国务院侨办直属的中旅集团在深圳召开首次董事会议，会上正式宣布任命书，梁灵光无条件服从安排，欣然接受，走马上任。他年纪虽大，但壮心不已，决意在有生之年再为祖国、为人民、为华侨多干点实事、好事。再说，以往从事党、政、军，如今转行商界，也是人生趣事啊！

消息传开，许多人用欧阳修的诗句称赞他：“老骥骨奇心尚壮，青松岁久色逾新。”也有的老同志跟他开玩笑：“你古稀之年了，从省长退下来当顾委主任，现在又当什么董事长，这下够你忙了，比三国时的名将老黄忠还要强。”他心里想：生命几何时，晚年当努力。

华侨城，有一段鲜为人知的故事。早在1982年，全国人大副委员长廖承志就提出将位于深圳的沙河华侨企业公司升格为局级单位，直属国务院侨办领导，使之成为吸收侨资、引进人才和落实侨务政策的“窗口”。廖公的建议，得到中央领导胡耀邦、赵紫阳等人的认可，国家计委也同意拨款支持。1983年，廖公不幸逝世，由叶飞接替他的工作。1984年，叶飞由梁灵光陪同到深圳、珠海参观后，提出了新的设想，是否可在沙河华侨企业公司的基础上，采用交通部利用香港招商局开发蛇口的方式，由香港中旅集团投资开发，这样不仅国家和广东不花钱，而且还能实现廖公的遗愿。叶飞还说，干脆不要叫什么华侨企业公司，直接叫“华侨城”好了。1985年，国务院领导同意了叶飞的意见。

转眼间到了1986年春，香港中旅集团有限公司在香港铜锣湾世界贸易中心举行盛大酒会，宣布该公司正式成立并将兴建深圳特区华侨城。全国人大侨委副主任何英、国务院侨办副主任庄炎林、全国侨联副主席蚁美厚、深圳市副市长甄锡培、香港中华总商会会长霍英东等参加了剪彩仪式。香港的中方机构负责人和各界知名人士应邀出席酒会。

来宾致辞后，梁灵光代表中旅集团讲话。他虽头发斑白，但步态稳重，1.8米的身材，穿着整洁的西服，精神焕发，既保留了高官的气质，又兼有儒商的风度。他说：“在我国改革开放和经济建设取得新的发展，在香港稳定繁荣的新形势下，我们深信，海外、香港与内地的经济、贸易、科技、文化、旅游等方面的交流将更加密切，前景是光明的。我们香港中旅集团必须随着历史潮流的发展，锐意进取，勇于开拓，继续与海外、本港和内地的各界同仁精诚团结，广泛合作，和衷共济，为振兴中华，为香港的进一步繁荣稳定作出应有的贡献。”梁灵光不同于一般商界人士的讲话，受到人们的热烈赞赏。

前往采访的记者十分踊跃。有记者提问：“华侨城对华侨投资有什么优惠?”梁灵光笑着答道：“特别欢迎华侨投资，华侨投资华侨城将可获得双重优待，即除享受深圳特区待遇外，还可享受国家对华侨的有关优惠政策。”

华侨城建设必须有自己的特色，有明确的方针，这就是“以工业为主，全面发展，环境优美，各具特色”。因此，要求具有一流水平的总设计师进行总体发展规划设计。中旅集团决定聘请荷兰籍华人孟大强承担重任，他毕业于德国大学，曾在欧洲从事规划建筑工作达14年，对旧城改造、大学建设颇具经验，又曾参与青岛黄岛开发区、厦门市特区总体规划设计。具体操作，由孟大强主持的新加坡大地顾问公司和深圳市工程设计咨询顾问公司、深圳华侨城设计室联合进行。经近半年的构思，确定了华侨城的地形、地貌，建设成花园式的小区，北面为工业区，南面为住宅和旅游区。从总体上看，除保持了南方自然环境特色和具有家乡风格外，还融入了现代化的气息。梁灵光对此设计表示满意，并要求深圳市和华侨城设计部门补充水电、供气和通讯等必需的公共设施设计，使之成为完整的建设蓝图。

按总体规划，华侨城全部工程分三期进行。其中第一期，面积约2平方公里，安排一批精密、小型、轻巧、新颖的工业项目和旅游、住宅设施。

在建设过程中，有些人目光短浅，“吹冷风”说：“现在是国家进行宏观调控时期，华侨城‘生不逢时’，难有作为。”梁灵光高瞻远瞩，坚定地说：“华侨城有香港中旅集团的强力支持，又有很多海外华侨渠道，正好抓紧时机知难而上，争取先把工业区搞上去，同时认真整顿搞好现有企业，积极发展一些适销对路、经济效益较好的项目，不断改善经营方法，努力提高竞争能力，前途是乐观的。”

后来的事实证明，梁灵光的判断是正确的。最为突出的是远近闻名的康佳电子集团，产品质量好，畅销内地，还大量出口，稳步发展，连续多次被评为“全国十佳合资企业”。后来新建的大通电容器公司、新华腈纶纱公司都成为全省同行业产量最高的企业。

那么，对旅游区又应当如何设计呢？梁灵光也有独特的思路。1984年他出访日本时曾参观过一个国外风景微缩景区，1985年出访夏威夷时又参观了波利尼亚文化中心，那里的民族建筑、生活方式、民族歌舞等设施无不洋溢着浓郁的地方色彩。这两个地方与中国的一些新旅游区设计迥然不同，很有吸引力，给梁灵光留下了深刻印象。于是，建议有关设计人员出去看看，结果，得到很大启发。1986年，中旅集团和华侨城集资兴建了具

1988年梁灵光在华侨城与吴学谦（右）合影。

有中华历史文化特色的“锦绣中华”。果不其然，“锦绣中华”建成后轰动了国内外，掀起了一股参观热潮，到1990年底的一年多时间共接待游客430万人次，平均每天约1万人次，很快收回了成本。之后又把赚的钱建了“民俗文化村”，后来再把这两个景点赚的钱加上一些贷款建起了“世界之窗”。最后把三个景点连成一片，浑然一体，相映生辉，成了境内新增的游览胜地，游客络绎不绝，不仅直接推动了深圳乃至中国的旅游业的发展，更重要的意义还在于为发展中国特色的旅游业闯出了一条新路。

华侨城的建设者，从1985年至1995年经历了10年的探索和建设，没有向中央、省、市要过1分钱，却自筹资金投入19.37亿元，上交税利10.34亿元，创汇20.59亿美元，利润总额30亿元，账面总资产已达78亿元。这一连串的数字证明，他们在经济上打了一场大胜仗，对我们的国家作出了不俗的贡献。

作为华侨城创办人的梁灵光认为，尽管在工作过程中存着这样那样的问题，但整个建设是成功的，不论经济效益还是社会效益都是很好的。

经过多年的实践，梁灵光还总结出三条可贵的经验和体会：

第一，在国家和地区经济有困难的情况下，“借鸡生蛋”，由香港中旅集团开发华侨城是正确的。

第二，在一个较大经济特区内，“开枝散叶”，搞“小特区”，进行小区综合开发是可行的。

第三，在起步之前，要“精打细算”，既要花大气力设计先进的总体规划，又要在实施中根据客观情况变化调整发展重点和配套设施；既要有现代气息，又要有中国历史文化特色。

后来，这些基本经验被许多地方采用，还有的人士把华侨城的开发方式称为“深圳华侨城模式”。

正当华侨城初露光彩的时候，梁灵光当选全国人大常务委员，兼任全国人大华侨委员会副主任。受人民的信任和委托，他又走上了一个新的岗位，于1988年辞去了香港中旅集团董事长职务。华侨城人怀念梁灵光，梁灵光惦记华侨城。梁灵光深情地说：“后来看到华侨城蓬勃发展，心里感到极大的欣慰。”

江南“智多星”

梁灵光老省长出生于儒商之家，从小开始博览古今中外文学名著，青年时代参加进步学生运动，当过报刊编辑，又曾浪迹海外，后来在抗日战争、解放战争时期挥戈大江南北，加上他天资聪颖、善于探索和敢为人先，造就了他视野广阔、思维敏捷，对许多事情都有超出一般人的独特见解。很久以前，他的老首长陈毅元帅就曾称赞他“真会想办法”。半个多世纪以来，梁老不论走到什么地方、做什么工作，都与时俱进，总会有新的理念、新的举措，从而创造出新的局面、新的业绩。梁老这一大特点，令许多人为之叹服，给他送上了江南“智多星”的美誉。

梁老任新中国成立后厦门市首任市长时倡议促成了我国第一座跨海长堤，从根本上改变了著名侨乡厦门交通落后的状况；在主管福建工业期间，根据当地客观条件出人意料地提出“以轻为重，以轻养重”发展地方工业的正确方针，曾被人指责为“标新立异，跟中央唱对台戏”；任新组建的国家轻工部部长时，首先建议调整全国农、轻、重比例，改变长期以来重视重工业、忽视轻工业的旧传统思想，得到了中央多位领导的赞同；主政广州期间，使出了开创全国先例的“三大高招”，繁荣了市场，促进了经济发展；主持广东省政府工作时，提出建立珠江三角洲经济开发区设想，得到了中央认可，成为推进广东实施改革开放战略的又一重要步骤；兼任暨南大学校长期间，确立了“重视基础，突出应用”的教学新思路，积极扩大对外招生，使暨大成为名符其实的华侨最高学府；担任中共广东省顾委主任后，高瞻远瞩，促成开通广州至贵阳、成都、昆明的直达客运列车，大大改善了大西南的对外陆上交通状况；在全国人大华侨委员会任职，率团访问委内瑞拉的过程中，得知近万名中国新移民护照不被承认，另有一百多本中国公民护照被扣留，梁灵光挺身而出，不顾“越俎代庖”之嫌，亲自拜访该国总统和内政部长，据理力争，终于使该事件获得妥善解决……

诸如此类，不胜枚举。

梁灵光老人因年事已高不再担任党政职务后，仍像老年的骏马一样，满怀远大志向。他两手皆空，却胸怀国家和人民，把为社会团体出谋划策和排难解纷，作为对建设中国特色社会主义事业的继续贡献。

正是由于梁老经历丰富，德高望重，平易近人，深得民心，他退下来以后不少民间社团争相聘请他担任名誉职务，如广州陈毅文化研究会会长，广州新四军研究会会长，广州集体经济研究会名誉会长，广州新（新加坡）马（马来西亚）归侨校友会名誉会长，广东闽南经济促进会创会会长，广东归侨作家联谊会名誉会长和《当代企业家》杂志社名誉社长等。对那么多的社会工作，他无不力所能及地给予积极的支持。

在从事这些社会工作中，梁老也有自己独特的见解，把很多精力倾注到被一些人忽视的集体经济的命运和发展上。广州集体经济研究会成立的时候，梁老因赴京开会不能应邀出席，临行前写了一封热情洋溢的贺信。信里说：“我感谢同志们的深情厚谊，要我担任名誉会长，我很高兴地接受了。我将在力所能及的范围内给予积极的支持，并尽可能参加一些活动。”信里还建议研究会要重视对集体经济出现的新情况、新问题的研究。

广州集体经济研究会成立以来成绩斐然，多次被评为“先进学会”，在全国也有一定影响，这离不开梁灵光等省、市老领导的关心和支持。

集体企业是以劳动群众集体所有制为基础的经济组织，不同于国有企业有着强大的实力和后盾，在发展过程中往往会遇到更多的问题和困难，需要各方面给予更多的扶持和协助。一些企业在深化改革中遇到了自己无法解决的麻烦，总是期望通过集体经济研究会寻求解决。例如，中华戏服厂扩大业务要新建厂房，广州市有关部门划给地皮，后因筹集资金拖延了动工时间。有关部门出于某种原因，竟将这块地转给另一个单位。梁灵光等了解情况后，据理力争，在市政府领导亲自过问下才得到解决。又如，广州钢铁厂在体制改革时经市国资局同意，把集体企业金业公司改为国有企业。集体经济研究会反映到梁灵光等那里。梁灵光等根据国家政策，坚持原则立场，敦请广州市和广钢领导不要进行所有制升级。后来，市国资局收回了错误的批文，广钢领导也对该公司进行妥善的处理。从此以后，这个集体企业发展得很快，成为广州集体企业的领头羊。

10 多年来，广州的不少集体企业都留下了梁灵光老省长的足迹，许多企业邀请他下去指导工作，只要时间许可他都欣然应允，发挥他的“智多星”作用，想办法、出点子，协助他们排忧解难。对具有地方民族特色的民间手工艺，如广彩、广绣、玉雕等，梁灵光老人家也十分关注，尽力支持，促进本来就享有盛誉的广州手工艺产品更加绚丽多姿。

梁灵光生于福建，常常想念福建。他对大女儿梁抗说：“现在广东发展得很快，我们的老家福建还比较落后，要发动在广东的老乡大力支援福建的经济文化建设。”他言出必行，花了很大的气力创立了广东闽南经济促进会，为促进粤闽经济交流和发展架起了桥梁。对广东工商联闽南商会的成立，也给予了极大的关注和支持。对以上两会成员遇到的困难，提出了许多很好的解决办法，并力所能及地协助落实。

现任闽南经济促进会和闽南商会主要负责人的施能响说：“10 多年中，我们兴华公司从一个产品单一的小厂发展到如今集研发、生产、销售为一体，拥有防弹玻璃、防爆玻璃等多项专利、多元格局的知名企业，与梁老的谆谆教导和亲切关怀是分不开的，对此我常怀感激之情。”

老省长身为广东省归侨作家联谊会名誉会长，对广东华侨文学的繁荣和发展，给予极大的关怀和殷切的期望。他说：“广东是全国最大的侨乡，源远流长，华侨、归侨、侨眷和祖籍广东的华人数以千万计，他们中有许许多多感人肺腑的事迹。我衷心希望我们的归侨、侨眷作家和文学工作者，都能以强烈的时代感、责任感，创作和出版更多、更好的作品，努力开创繁荣华侨题材文学新局面，为创建广东文化大省作出新贡献！”

第十四章 晚年情操

激扬文字

老省长梁灵光1993年从领导岗位退下来后，“落地生根”，一直居住在他有着深厚感情的羊城，“长作岭南人”。

此前，梁老到全国人大侨委会任职的时候，组织部门已在北京安排了住房，希望他举家北迁，免得两地奔波。可是，梁老却舍不得离开自已参与实践的广东这块中国改革开放的试验田。在全国人大退下来后，热情的福建乡亲欢迎他返回故乡安度晚年。广东的朋友真诚地对梁老说：“日久他乡即故乡，广东就是您老人家的第二故乡，更何况您为广东的改革开放和经济建设作出了重大贡献，大家都敬爱您、尊重您，您老人家别走了。”梁灵光被打动了，心里也在想：“广东是个好地方，我还要亲眼看看广东更加美好的明天。”

唐朝李咸用有这样的名言：“壮士难换节，贞松不改柯。”从抗日战争开始，经历几十年征程的梁灵光，始终坚守着高尚情操，像高山上的苍松那样根深叶茂、坚贞挺拔。

梁灵光从小爱好文学，读中学的时候，如饥似渴地阅读了许多中外名著，给他留下了深刻的影响。前苏联作家奥斯特洛夫斯基在国内战争中受重伤，最后双目失明，全身瘫痪，在病床上写成长篇小说《钢铁是怎样炼成的》。这部振奋人心的不朽著作中有这样一段描述：人最宝贵的是生命。生命属于我们只有一次。一个人的生命应当是这样度过的：当他回首往事的时候，他不因虚度年华而悔恨，也不因碌碌无为而羞耻。临死的时候，他能够说：“我的整个生命和全部精力，都已献给了世界上最壮丽的事业——为人类的解放而斗争。”

奥斯特洛夫斯基的坚强意志和崇高品格，给梁灵光以启迪、智慧和力量，甚至决定了他人生走向，促使他投入革命的洪流。如今，梁灵光虽然退休了，年事已高，也不愿虚度年华、碌碌无为。他一如既往，要把自己的整个生命和全部精力，都献给祖国和人民的事业。

梁灵光少年时代开始写诗，青年时代任报刊编辑，后来到马来亚担任左翼作家联盟主席。这期间，发表了不少文学作品。回国参加抗日战争以后，直至退休前几十年间，总是忙于公务，除草拟发言稿和工作总结报告一类文书外，再也无暇执笔撰写其他文章了。

俗语说，“无官一身轻”。退下来后，梁灵光常常戴着老花眼镜不知疲倦地欣然命笔，撰文著书，完成了一些言论关时务、篇章见国风的佳作。《梁灵光回忆录》是梁灵光退休后不久写成的，生动地回顾了他所经历的错综复杂、艰辛曲折的革命生涯。他在回忆自己60多年风雨历程时，这样描述自己：“在长期的革命斗争和社会主义建设事业中，自己与中华民族同呼吸、共命运，为人民的翻身解放和社会主义祖国的繁荣富强尽了一份绵薄之力，做了一些有益的工作。”

1978年底，中国共产党举行十一届三中全会。当时任国家轻工部部长的梁灵光，有幸参加了会议。1998年，他撰写了《一次划时代的历史会议——纪念十一届三中全会召开20周年》一文，描述了会议的全过程和许多没有公开的细节，以自己的亲身经历证明这是一次具有划时代意义的历史性会议。

1998年，老省长与陈永载先生（右）在国内会面。

2002年盛夏，梁灵光接到菲律宾侨领陈永载的邀请，要他专程前往马尼拉向侨界中的知名人士作一次报告，重点介绍广东省改革开放以来的重大成就和新经验。陈永载是梁灵光的老朋友，往马尼拉作报告又是介绍广东的好机会，梁灵光高兴地应邀前往。

写文章以华丽文采为次，而以内容作用为本，作报告也是如此。为了报告有说服力和感染力，梁灵光收集了大量资料，夜以继日地进行筛选、加工、整理，最后写成了一万多字、题为“广东省改革开放的实践和探索”的报告提纲。以生动的事例、通俗的语言和鲜明的观点，阐述了广东先走一步实行改革开放的由来，介绍了广东20年来在改革开放中的光辉成就，坦率地指出了存在的问题，总结了在实践和探索中的基本经验。

梁灵光向马尼拉侨界作报告的时候，没有套话、空话，好像同海外乡亲拉家常，深入浅出，谈笑风生，得到听众的热烈欢迎。这个报告提纲，后来被编入《军旅足痕》一书中。

2005年，是中国人民抗日战争胜利60周年，也是世界反法西斯战争胜利60周年。抗日战争是一场空前壮烈、意义重大的反侵略战争。当年，梁灵光怀着满腔爱国热情和民族仇恨，放弃优裕的生活条件，从海外归来奔赴沙场，出生入死，南征北战，经历了这场战争的全过程，为中华民族的独立和解放立下了汗马功劳，为众多海外赤子增添了光彩。

虽然60年过去了，但过去的一切记忆犹新。在举国纪念抗战胜利60周年的时候，90高龄的抗日老战士梁灵光感慨万千。这期间，他虽然刚留医出院，可是，为了告诫后人，为了祖国未来，为了世界和平，老省长废寝忘食，呕心沥血，紧握着颤抖的笔杆，一字一句地写成了题为“以史为鉴，勿忘过去，居安思危，奋发图强——纪念中国抗日战争暨世界反法西斯战争胜利60周年”的长篇文章。

这篇文章约1.5万字，除前言外，共分7个部分，客观地分析了日本军国主义的形成，叙述了“九一八”事变的发生和日本发动侵华战争的过程，描绘了中国军民进行全面抗战的艰苦斗争，揭露了日本侵略军残酷杀害中国人民的滔天罪行，歌颂了中国军民在这场战争中取得的全面胜利和对世界反法西斯战争作出的重大贡献。文章还指出，要高度警惕日本右派势力企图卷土重来的倾向，呼吁全国人民要居安思危，以史为鉴，开创未来，为实现中华民族伟大复兴，为保卫世界持久和平和文明进步而斗争！

人们怎么也没有想到，当《当代企业家》杂志正在编排全文发表的时候，梁老又一次住进了医院。这篇文章，竟成了他老人家的绝笔。

名山胜迹看不足

老省长当年演绎了许多动人的传奇故事，而他的晚年生活又是丰富多彩的。除了撰写文章抒发情怀、锻炼身体和尽可能参加社会活动贴近群众外，就是和老伴朱含章一起游览名山胜迹，可见他老人家对祖国大自然和历史文化的热爱，对陶冶情操和扩大视野的追求。

这些年，梁老不计路程远近，兴趣勃发地先后游览了黄山、泰山、庐山、长白山等名山。留给他最深印象的，恐怕莫过于黄山和泰山了。

黄山，古称黟山，唐改黄山。传说黄帝在此修身炼丹，故有此称。黄山在安徽南部黄山市境内，是中国重点风景名胜区，被列入《世界自然与文化遗产名录》。南北长约40公里，东西宽约30公里，由花岗岩构成。景色秀丽，七十二峰各具特色，以奇松、怪石、云海、温泉“黄山四绝”著称于世，名胜古迹不少。明著名旅行家徐霞客曾有“薄海内外，无如徽之黄山。登黄山天下无山，观止矣”的赞语。清魏源在《黄山诗》中写道：“谁凿混沌天，而无斧痕迹?”此情、此景、此诗，让梁灵光心旷神怡，大开眼界，对开天辟地之前大自然造出如此美不胜收的原始生态感慨万千。对这里千姿百态的奇松、怪石，梁老兴趣更浓，赞不绝口。在他看来，奇松、怪石不仅在于“奇”和“怪”，更在于松的终年常青和石的千古不磨。于是，特地和夫人并肩而立，留影纪念，不枉此行。

一年夏天，老省长慕名登览山东中部的泰山。它是全国重点风景名胜区，被列入《世界自然与文化遗产名录》。绵延起伏，长约200公里，为片麻岩构成的断块山地。主峰玉皇顶，海拔1 532米，古称东岳。山峰峻拔，雄伟壮丽。名胜古迹三十多处。登日观峰看日出，更为胜景。云海颇为壮观，唐朝李白曾有“泰山嵯峨夏云在，疑是白波涨东海”的诗句。

梁老风采不减当年，敢于攀登，直上绝顶。他居高远望，雄视一切，亲身体会了唐朝杜甫“会当凌绝顶，一览众山小”那富有哲理的名句。

“海上涛头一线来”的南海雄浑景色，梁灵光年轻时便领略过了，他很想在垂暮之年欣赏“千里冰封，万里雪飘”的北国风光。他和夫人不辞路途辛劳，先后游览了长白山上我国最深、最大的火山口湖——天池和以

梁灵光夫妇登览泰山绝顶。

冰雕闻名的“冰城”哈尔滨。在哈尔滨的时候，还穿着厚厚的棉袄兴致勃勃地参观了南方罕见的冰雕展览。

“江南三大名楼”之一的黄鹤楼，梁灵光心仪已久。吊古怀乡的唐诗《黄鹤楼》和有关传说，梁灵光也早就耳熟能详了，只可惜未能亲临其境。一年秋天，他和夫人前往游览。

这座雄伟壮观的建筑，相传始建于三国时期，历代屡毁屡建。1884 年（清光绪十年）最后一次焚毁，一百年后的 1985 年重建。主楼五层，高 50.4 米，建筑面积 4 000 多平方米。他登楼远望，“仙”去楼空，黄鹤也高飞不复返了，只见千百年来都在空中飘荡的白云。再看看汉阳翠绿的树木和长江两岸的美丽景色，还仿佛可见鹦鹉洲上茂盛的芳草，风光如画，无限感慨。诗人崔颢的《黄鹤楼》中的诗句描绘得太好了，不愧是被历代文人推崇的题黄鹤楼的绝唱。老省长暗自吟诵诗中的最后两句：“日暮乡关何处是，烟波江上使人愁。”久客每思乡，历来如此。此刻老人家站在黄鹤楼上望着烟雾迷蒙的江波，心中无限感慨：故乡啊，我的故乡在闽南，也在自己参与改革开放的南粤，闽南是我的第一故乡，南粤是我的第二故乡。

经过多年战争的磨炼，梁灵光从一介书生逐步成长为沙场儒将。那时有人问他：“你是怎么学会打仗的?”梁灵光说：“我是遵照毛主席的教导从战争中学习战争。”不管风云变幻，不管日月推移，作为老战士、老党员的梁灵光始终敬仰毛主席、怀念毛主席。

1995 年，年近 80 高龄的梁灵光和夫人前往湖南韶山参观毛泽东主席故居。这是一座泥墙砖、小青瓦平房，分前后两进。故居前有一池塘，屋旁松柏苍翠。原故居于1929年遭破坏，新中国成立后按原貌重建，是全国重点文物保护单位。

在参观过程中，梁灵光联想到抗日战争和解放战争中一些重大战役的情景，联想到全国解放以后的一系列重大事件始末，不禁心潮起伏。毛主席是中国无产阶级革命家、政治家、军事家，是中国人民解放军和中华人民共和国的主要缔造者和领袖，是毛泽东思想的主要创立者。这些，都是历史事实。虽然他老人家在晚年犯了错误，但我们要正确对待，邓小平理论就是毛泽东思想在新的历史条件下的继承和发展。毛主席的丰功伟绩不可没。我们要在党中央的领导下，高举邓小平理论伟大旗帜，把我们的祖国建设得更加繁荣、富强。

梁灵光还先后参观了皖南原新四军军部、肇庆叶挺独立团旧址和龙岩古田会议旧址，参观了安徽凤阳的明故宫原址和圆明园旧址等。

梁灵光是新四军的老战士，对新四军有着特别深厚的感情。2000年梁灵光夫妇前往皖南参观原新四军军部。1941年1月，蒋介石制造震惊中外的“皖南事变”的时候，梁灵光正在江苏南通一带抗击日伪军。在这次事变中，奉命北上的新四军军部及所率部队9 000多人遭受重大伤亡。梁灵光对国民党顽固派的罪行无比愤恨。时隔将近60年，人民军队不仅打败了日本侵略军，还打败了国民党反动派。梁灵光在“皖南事变”死难烈士纪念碑前久久默哀：人民军队是打不垮的，烈士们安息吧！

梁灵光和夫人前往福建参观了古田会议旧址。1929年12月，中共红四军第九次代表大会在古田召开。毛泽东起草了代表大会决议案。会上通过的决议，是中共党的建设和人民军队建设的纲领性文件。眼前的一切，引起梁灵光的深思，得出了这样的结论：历史证明，古田会议精神是正确的，是我们的军队在抗日战争和解放战争的艰难斗争中战胜敌人的一大法宝，古田会议精神将永放光芒。

参观了这些革命胜迹，梁灵光深深地体会到，只有回顾历史、了解历史，才能更好地认识现在，更好地走向未来。

越秀山下的联想

位于广州市区的越秀山，何年何月形成的，恐怕还没有人去认真考究，只是相传2 800多年前有五位仙人骑着五只口衔谷穗的羊，驾着祥云降临越秀山。这也是后来广州被称“羊城”、“穗城”的由来。广州解放后，在越秀山上建了一座口衔谷穗的五羊雕像，成了“羊城”、“穗城”的象征，使得原先那个美丽的传说更加富于传奇色彩。

越秀山并不怎么高大，由桂花岗、鲤鱼岗等七个小山岗组成，占地不到百万平方米。相传朱元璋登上明朝皇位后，命大将朱亮祖镇守广州。朱大将迷信风水，听说越秀山有一股帝王之气上升，会危及大明江山。于是禀奏皇上获准在山顶建了一座镇海楼，用以镇住这里上升之灵气，兼有显示朝廷镇守南粤海疆之意。楼高28米，共五层，俗称“五层楼”，是广州最高的古建筑，也是中国古代建筑中罕见的多层楼阁式建筑，成为广州名胜古迹之一。

民国期间，辟越秀山为公园，后来又在山上建了中山纪念碑、海员亭等。广州解放后，依山修筑颇具规模的体育场和游泳场，还有几个人工湖。湖光山色，亭台楼阁，百花争妍，风景优美。

老省长梁灵光南下后，被安排住在越秀山下一个环境幽静的小街巷里。这是一幢三层楼房，占地不大，后面有一个小花园。二楼有个客厅，老省长从工作岗位上退下来后常在这里接待四方来客，大多是名不见经传的海外华侨、华人和港澳同胞，一些归侨侨眷也前往造访。知情人风趣地给老省长的客厅起了一个名——“群众来访接待室”。

一位很有华文修养的马来西亚华人林先生到广州投资开餐馆，在办理审批过程中遇到了麻烦，慕名登门拜访老省长希望协助解决。事后，林先生深有感触地私下对朋友说：“想不到你们的老省长那么热情好客、平易近人，丝毫没有当官的架子。也没有想到一位身经百战，对国家作出重大贡献的高级干部，住得那么普通，客厅和陈设都那么朴素，甚至可以说简陋。令人敬佩，真是一个好省长啊!”

在神州大地，在岭南广东，改革开放以来，许多人的经济条件大大好转，住房面积和质量明显增加和改善。可是，广东改革开放的急先锋、大功臣梁灵光依然住在老地方，家具陈设依然老样子。凡是到过他家的人无不为之感叹。老省长心里也在想，共产党、人民政府办事情以民为本，搞改革开放和经济建设也一样以民为本，让人民大众共享成果。自己作为一个人民的老公仆，更必须关心人民群众，“先天下之忧而忧，后天下之乐而乐”。

在老省长家客厅的玻璃柜里摆放着两幅不大的彩色照片，或许是因为位置不显眼，往往被许多客人忽略，但对老省长来说，却是十分珍贵的。一幅是20世纪80年代，邓小平乘专列南下视察路经广州时，老省长登上列车和邓小平在车厢里亲切交谈的合影；另一幅也是20世纪80年代叶帅故地重游，从北京回到广州，梁老前往迎接时和叶帅热情握手的合影。

这两幅照片，常常让老省长浮想联翩。邓小平那次历史性的南下，不仅肯定了广东改革开放的路子和试办深圳、珠海经济特区的成绩，还有力地推动了整个中国改革开放的大潮，意义深长，而自己有幸全程陪同邓小平，思来感慨良深。叶帅在解放初期曾先后担任广州市长、广东省长，是开国元勋、自己的老前辈，德高望重，要以他为榜样以身许国，奋斗不息，只求造福于国家和施利于人民，身未死，志不泯。

1983年，梁灵光和前任省长刘田夫（左二）等在广州机场欢迎叶剑英（右）。

第十五章 最后时日

体检项目一切正常

老省长梁灵光年少时是翩翩少年，青壮年时更显得英俊威武，到了晚年虽稍为消瘦，但身板结实，腰杆挺直，步态稳健，而且精神矍铄，口齿清楚，看上去比实际年龄小很多。

“体检项目一切正常。”这是2005年9月老省长例行住院体格检查后的结论。

常言道，老人身体健康就是福。老省长快90岁了，除眼睛有点老花外，血压、心脏、肺部等内、外科均未发现异常。体检结果，让他本人感到高兴，让他的家人感到高兴，许多关心他的人都为他老人家的健康祝福，祝他福如东海、寿比南山！

老省长对自己的身体向来都很自信、乐观。他因年事已高离开领导岗位后，却忙于许多社会活动。素有“儒将”美誉的梁老，很欣赏王安石“杏花杨柳年年好，南去北来人自老”的诗句，却不赞同冯梦龙“剑老无芒，人老无刚”的说法。随着岁月的推移，他成了人们称呼的“老同志”，但他的壮骨、志气不减当年。

老省长从小爱好体育，几十年来坚持锻炼。那次体检后，兴致勃勃地应邀参加了在江苏南京举行的第十届全运会开幕式，随后会见了一些在战争年代一起英勇杀敌的老战友。接着，南下故乡福建，参加泉州黎明大学（该大学是由梁灵光的兄长梁披云老先生早年创办的黎明中学发展起来的，梁灵光任校董会董事长）的一次重要会议，共商大计。开完会，马不停蹄地前往厦门（这是他解甲从政的始点，他曾任厦门解放后的第一任市长）。

50 多年了，他老人家对这里总是魂牵梦萦，原来打算多住两天，仔细看看这里改革开放以来的巨大变化，到他当年发起和参与筑成的闻名海内外的厦门海堤上多走几趟，但突然接到任仲夷老书记去世的噩耗，随即赶回广州。梁灵光主政广东时，和任老组成“最佳拍档”，领导全省人民创造了“任梁时代”的辉煌，载入了史册。老省长对老书记怀有极其深厚的情谊，对任老的去世悲痛欲绝。在送别任老后，亲自写了一篇 5 000 多字的悼念文章，抒发心中的思绪，评论世俗的事态。

几十年的坎坷，让梁老养成了闲不住的生活习惯。他很喜欢走出家门更多地亲身感受神州大地日新月异的变化，既能扩大视野，又能陶冶情操。

2005 年的最后一个月，虽已冬天，而岭南还是春天的样子，时和气清，花草滋荣。老省长应邀参观香港特区后，又到了澳门特区。他任省长时，高瞻远瞩，敢为人先，提出了建立以广州为中心，包括港澳在内的珠江三角洲经济开发区的设想。如今，他看到的可喜景象与他原来的设想几乎完全一致。而使他感受最深的是，由于祖国的日益强大，曾被殖民主义者掠夺的港澳两地才能顺利回归，那里的广大同胞才能实现回到祖国怀抱的夙愿。

这个月的下旬，梁老不顾疲劳，又前往久违的侨乡顺德。这里，曾是他 1984 年初陪同邓小平老人第一次南下视察的一个落脚点，也是广东实行改革开放的一块试验田。当他又一次目睹顺德这个经济腾飞，继续名列全国前茅的城市的时候，心情舒展，乐不可言。

回国七十年后与世长辞

古人云：“人生百岁千古稀，松树千年未为老。”老省长的大女儿梁抗，在父母参加抗日战争时出生，退休后也定居广州，经常在双亲身边。她很了解父亲，知道他坚持体育锻炼，身体底子好，又有家族的长寿基因，纵然不能够像松树那样千年不老，但是一定能够超过族人长命百岁的纪录。性格豁达的老省长，则认为自己虽到了垂暮之年，而身体尚好，还可大有作为，就像日落前天空中出现的绚丽彩霞。

可是，生老病死时至而行，往往不以人们的意志为转移。在2005年到了尽头的时候，老省长的身体状况还没有显露出任何异常，刚踏入2006年却急转直下。

2006年元旦刚过的第二个晚上，老省长感到身体不适。次日清早到医院诊治，医生说可能是急性肠胃炎引起的，并建议他住院观察。梁老说："家里有一份关于黎明大学的报告未写完，病情也不很严重，不留医了。"

1月6日的深夜，月色深沉，万籁俱寂。老省长突然发病，呕吐不止，把大片床单都弄脏了。他不忍心惊动家人和小保姆，直至天亮了才前往医院。这次，他被院方"强行"留医。

谁也没有料到，这竟然是他老人家最后一次住进医院，也是他老人家最后一次走出家门。

医院的大夫们启动了一切必要的检查手段，11日上午告知：老省长患了晚期十二指肠腺癌。医院的诊断，犹如晴天霹雳，令人悲痛。可是，大家都"自觉"保密，守口如瓶，谁也不忍心把这个残酷的诊断透露给他本人。已到了病入膏肓地步的老省长一无所知，只是有点埋怨检查项目繁多，没完没了，闹了好几天还没有明确的说法。那时候，他心里最牵挂的是泉州黎明大学的前途。他躺在病床上，叫女儿梁抗把那份给福建省委关于黎明大学的报告拿过来给他作最后一次修改。女儿强忍眼泪轻声哀求说："歇歇吧，今天您太累了，等到病好一点再改吧！"

20世纪90年代在泉州黎明大学前，三任黎大董事长（右起）梁披云、李尚大、梁灵光合影。

老省长在任时，曾兼暨南大学校长8年之久，该校办得有声有色，成为名符其实的华侨最高学府。他近几年又为黎明大学的发展费尽心思。可能是一时心情烦躁的缘故，一向疼爱女儿的老省长忽然声色俱厉地说："等，等，等！多少学生等得了吗？这份报告今天一定要寄出！"梁抗无可奈何，只得把报告稿送给正在生气的父亲。然后，回过头去快步走出病房，百感交集，痛苦难言，泪水直流：亲爱的爸爸啊，您命在旦夕，还牵挂着黎明大学，关心着祖国的教育事业，我能说您什么呢？

癌症，晚期癌症，癌细胞不断扩散。老省长的免疫系统功能到了崩溃的边缘，生命垂危。经专家会诊，决定进行手术。医院领导亲自出马，言不由衷，瞒着梁老说：“你的肠子里长了个肿瘤，我们想开刀把它摘除。”老省长很尊重医生，爽快地回答：“好，我同意手术。”

1 月 17 日，中共广东省委秘书长肖志恒代表省委书记张德江前来看望老省长，并亲自送他进手术室。

在术后的 10 多天，老省长思维清晰，说话正常，就是卧床不起。身经百战的老人家也曾怀疑过自己到底患了什么病，为什么手术后那么多天还不能起来走动？病房的医护人员都异口同声说是患了严重肠胃炎，会慢慢好起来的。

这段时间，很多人前往探望，络绎不绝。大家都盼望老人家能战胜病魔，像战争年代和建设时期那样再一次创造奇迹，早日康复。

人有深情，病魔无情。癌细胞又疯狂肆虐起来，不断侵袭老省长已经越来越虚弱的身躯。术后约半个月开始，老省长思维日渐模糊，四肢不听使唤，后来又动了气管手术，话也不会说了。

2 月 24 日晚，病情恶化，抢救无效。老省长于次日早上 7 时 50 分走完了 90 个春秋的人生旅程。

从他突然发病到住进医院医治无效，只不过短短的 50 天。这是老省长生命最后的 50 天！

从海外回国奔赴沙场参加抗日战争开始，老省长在他热爱的祖国土地上整整战斗、工作了 70 年。这是老省长人生旅途上最光辉灿烂的 70 年！

有生必有死，天地之常理。老省长把自己的一切奉献给了人类最伟大的事业。他的生有益于祖国，有益于人民，有益于海外华侨和港澳同胞。他的死重于泰山，虽死犹生，无所遗憾！

洒泪送别

“生则天下歌，死则四海哭。”德高望重的梁灵光在生的时候，得到了人们的拥戴和歌颂。他去世的噩耗很快传遍闽粤大地和江海平原，以及他曾到过的天涯海角，人们无不落泪。

中国内地和港澳地区的许多媒体，海外一些华文报刊，都先后刊发文章表示深切悼念。

2006 年 3 月 2 日，广东省各界人士沉痛悼念梁灵光同志。

2006 年 3 月 2 日下午，中共广东省委在广州举行梁灵光同志追悼会。追悼会大厅正面，悬挂着梁灵光老省长面带微笑的大幅彩色照片。他的遗体安放在鲜花丛中，身上覆盖着鲜红的中共党旗。他的面容还是那样和蔼、慈祥，只是比以前消瘦多了。遗体前面，放着老省长的夫人朱含章大姐和其他家人的花圈。大厅四周，摆满了胡锦涛、江泽民等中央领导人以及全国各省市、海外各界人士和社会团体敬献的花圈。哀乐低旋，催人心碎，许多人在低声哭泣。各界人士汇集成的长长的人流在缓慢地移动，向老省长致敬、告别。数不清的普通群众也闻讯赶来为老省长送别，祝他老人家一路走好。

老省长梁灵光远去了。可是，悬挂在他照片两旁的一副挽联将永远铭刻在人们的心中：

赤子情怀奔赴国难　挥戈鏖战饮马长江　驱日讨蒋威震华东　丹心建国功昭日月

改革开放功业彪炳　高风亮节英名永存　雄杰胸怀临危受命　北国南天奋发兴邦

这挽联，言辞铿锵，气势雄浑，情感浓重，含义深长。这，就是老省长伟大生平生动逼真的写照。

附 录

梁灵光同志在广州逝世

中国共产党优秀党员，久经考验的忠诚的共产主义战士，第七届全国人大常委会委员、华侨委员会副主任，原轻工业部部长，原中共广东省顾问委员会主任、广东省委书记，广东省原省长梁灵光同志因病医治无效，于2006年2月25日7时50分在广州逝世，享年90岁。

梁灵光同志病重住院治疗期间，中共中央政治局委员、广东省委书记张德江，广东省委副书记、省长黄华华等省领导同志多次专门到医院看望慰问，了解病情，并指示有关部门全力做好救治工作。

（原载《广州日报》2006年2月26日）

深切缅怀梁灵光同志

——给梁灵光夫人朱含章的一封信

含章同志：

近来我因病住院，当听到灵光同志不幸辞世的噩耗，我无限悲痛。我和他都是九秩之年，苍天无情，他先我而去，使我倍感孤寂。

灵光同志的逝世，使我们党失去了一位久经考验的共产主义战士；我国失去一位在改革开放第一线——广东披荆斩棘的拓荒者；你失去了为祖国人民共同奋斗数十春秋的好丈夫；你的孩子失去了功勋卓著的好父亲、好爷爷；我们失去了共生死、同甘苦的好战友。

灵光同志的一生，为后人树立了榜样，抗战前他在上海搞学生运动，被敌特发现后，回到厦门办报，因宣传救国救民之理，报纸被查封，后赴马来西亚，办学办报唤醒民众。在“七七”卢沟桥事变后，他立即回国参加武装斗争，在陈毅同志领导下，坚持苏中的抗日斗争和华东解放战争。在建国前夕，部队解放福建后，他转业到厦门主持经济、文化等建设事业。“十年浩劫”期间，他遭受残酷迫害。打倒“四人帮”后，他被调到国务院轻工部和广东工作，成就斐然，得到中央、国务院和人民群众的赞许。

他在晚年仍十分勤勉，力所能及地积极参与社会、经济、文化活动。我们在陈毅文化研究会、新四军研究会里共同研究军史、党史，以弘我党、我军的光荣传统和优良作风。他撰写的《梁灵光回忆录》、《军旅足痕》、《足痕影集》都受到好评。

他的一生没有虚度，他一生的成就将永远留在人间。

含章同志，你要节哀保重，你革命60余载，经受了种种考验，吃了很多苦，且已九秩，年事已高，保持好身体，既是对灵光同志的慰藉，也是你们孩子的共同心愿。

赠悼诗一首，以寄托我们的哀思：

少年学运笔刀扛，赤子归来救故邦。

历尽沧桑从未悔，更留黄卷慰炎黄。

宋维轼　晁锋

2006 年 3 月 2 日

1998 年，宋维轼（右二）和老战友梁灵光（左二）、陈世基（左一）、任球（右一）参观肇庆叶挺独立团旧址。

寄给亲爱的爸爸

1998年，老省长到马来西亚探亲，回国时，路经香港，与大女儿梁抗在浅水湾合影。

爸爸，我爱你！过去我不愿意亲口对你说，觉得我们父女心是相通的，说了就俗了。你离开我们一年了，我有千言万语想对你说，可你听不见了，我只能写封信寄往天国。

爸爸，在你生命的最后五十天里，你的一言一行，深深震撼着我的心。去年1月6日半夜你突然发病，呕吐不止，把床单吐脏了。你下楼想叫小阿姨来换张床单，当你看见她俩睡了，你不忍心叫醒他们，自己返回楼上在浴池里把床单洗干净，然后用被子半垫半盖地睡下了，早晨你到医院诊治，就被留医了，永远地离开了家。

13日下午，我陪你做完CT检查回到病房，护士叫你洗澡。那时你已禁食多日，全靠输液维持，我说："爸爸，让我替你擦身吧！"护士说："不用，你父亲什么事都不用别人帮忙，都要自己做。"我说："爸爸，我知道你最怕麻烦别人，可我是你的女儿啊！让我替你擦身吧！"我硬把你拉到床边，让你躺下，替你擦身。那是我第一次替你擦身，也是最后一次。

17日你已被确诊为十二指肠腺癌，而且是“很晚、很晚”的晚期。医生们紧急会诊，研究手术方案。当天上午10时，你做完最后一项检查（胸部造影）回来，对我说：“这次怎么搞的，检查做个没完没了，到现在也没个确诊？”爸爸，我怎么忍心把这么残酷的结论告诉你啊，只能哄着你：“爸爸，今天你太累了，快躺下休息一会儿。”而你却固执地坐在床上，叫我把你给福建省领导写的一份关于泉州黎明大学的报告拿来给你作最后的修改。我的心啊，爱、敬、怜、怨……五味瓶打翻了，我还得忍住，忍住，只能轻声哀求：“歇歇吧！今天你太累了，等到病好一点再改吧！”没想到你居然厉声喝道：“等，等，等！多少学生等得了吗？这份报告今天一定要寄出！”我只好把稿子递给你，快步走出病房，我不能在你面前流泪。

癌症晚期，并已扩散，不开刀，日子屈指可数。开刀？你已90岁高龄，能不能平安下手术台？要下决心太难，太难。我想起妈妈6年前被确诊时，医生建议保守疗法，你说：“总不能消极等死吧！”接着，我当机立断送妈妈去南方医院做了光子刀治疗，妈妈得救了。你的一生是拼搏的一生，我想这次你一定会搏的。医生们说开刀后可能延长半年寿命，爸爸，我期望你能战胜病魔，创造奇迹。我请区院长将病情简要地向你说明，听听你自己的意见。区院长对你说：“肠子里长了个肿瘤，我们想开刀把它摘除。”你听了以后眼也不眨一下就说：“好，我同意手术。”我们父女的心是相通的，我知道90岁的你仍然是勇敢的战士。

术后，当你在ICU病房清醒过来时，我告诉你，我已打报告给省委和德江书记，请求组织上帮助联系上海的专家来会诊，和省人民医院的医生们共同制订一个治疗方案。你听后，一脸不高兴，严肃地说：“不要再给组织上添麻烦了，省委和德江书记已经够关心的了。我相信省人民医院的医生会治好的。”我还能再说什么呢？

省肿瘤医院的万院长来会诊时说，大约20天左右病情将明朗。他说得委婉，但我明白，离别时刻即将到来，无法逆转。家里人商量要不要问问你还有什么未了的心愿。商量来，商量去，谁也开不了这口。恰逢胡平叔叔得知你病重，从北京专程来看你，还是胡平叔叔最懂你的心，他对我说，你父亲最放不下的就是黎明大学，他若托付于我，我会答应，让他放心。果然见面时，你握住他的手，先嘱咐他要注意身体，然后就将一直牵肠挂肚的黎明大学的事情托付给他，希望他能担任董事长。爸爸啊，你真关心黎明大学啊！

爸爸，全家人都反对你当黎明大学的董事长，你劳累了一辈子了，难得离休之后能清闲点。可你真是个劳碌命，八十几岁了，三天两头往泉州跑，去解决五花八门的难题，还几下香港去为黎大筹集办校经费。我们心疼你啊！为什么要让你承担那么重的责任，尽没完没了的义务？为了让你早日卸下这副重担，我几次三番劝你，你不听，我气极了说你是自找苦吃，捧着好好的“铁饭碗”去当乞丐。你也生气极了说：“你们为什么都不支持我？”爸爸，现在你能原谅我的不孝顺、我的反对吗？

2 月 25 日——永别的日子。我悔，我恨，我愧疚！我怎么就那么蠢！会相信各项指标都是正常的体检报告呢？德江书记开会时发现你消瘦了，立即要求保健办为你做全面检查，一定要查出原因，做女儿的我却太相信亲族的长寿基因，太相信你体育锻炼的好身体，我坚信你一定能够超越伯母百岁的记录。爸爸，你能原谅我这个蠢女儿吗？

爸爸，你匆匆地走了，对自己的身后事没留下任何交代。你退居二线，去全国人大任职时，组织上在北京给你分配了房子，可你却选择留在广州，舍不得离开亲自参加实践的这块改革开放的试验田。我们谢绝了乡亲们希望你回故乡安息的好意，把你留下来，永远地留在南粤大地。爸爸啊！我们为你立的墓碑上只镌刻了你的名字和生卒年份，碑前用汉白玉刻了一个花环，简单、朴素。我想穿越崇山峻岭的鹰厦铁路、移山填海的厦门海堤……那都是你的丰碑；经历了每天早上手里紧捏着鱼票、肉票排队买菜的人们，每个单位都备个小柴油发电机以应付随时停电的人们，今天他们在肉菜市场、超市里面对如此丰富的商品，而发出都不知买什么才好的感叹时，或是夜晚漫步在灯光璀璨、霓虹闪烁的珠江两岸时，都不会忘记你。

在省委为你举行的 90 岁寿宴上，你深情地说：“我有幸参加了党，参加了伟大的革命，一切成绩都应归功于伟大的党、伟大的人民，我只是革命洪流中一朵小小的浪花。”“桃李不言，下自成蹊。”安息吧！爸爸。

女儿梁抗

丁亥清明

给老省长画像

[美]　詹忠效

与梁灵光老省长的交往，应该追溯到20世纪80年代初。一天，一家电视台播放了我一家六口居住在面积16平方米的小屋的新闻，引起了时任广东省委第一书记任仲夷和省委书记兼广州市委第一书记、市长梁灵光的极大关注，他们都认为改革开放了，一定要排除干扰，克服困难，认真贯彻执行知识分子政策，尽力解决好他们的生活待遇问题。梁灵光指示主管副市长林西、建委主任赖竹岩，要求尽快解决我的住房问题。不久，我和家人摆脱了多年来的困境。从此，我和梁老结下不解情缘。

梁老总是不遗余力地支持新生事物。1984年，我创办并主编《中国现代画报》(《新现代画报》前身)，邀请有关领导题词。时任省长的梁老二话没说，很快挥毫给我题写："祝贺《中国现代画报》创刊，为现代化建设服务！"表达了他对这份改革开放中的新生刊物的支持和期望。1988年初，当我举办"詹忠效文学插图艺术展览"时，梁老已改任省顾委主任了，他依然应我的邀请和副省长杨立、广州市委副书记张汉青等亲临画展并为开幕式剪彩。然后，又和夫人朱含章大姐一道听取我的创作情况介绍，接着一幅一幅地仔细观看完毕才慢步离去。

梁老是一位极重情义和关爱他人的长者。一次，他得知我从国外回来，便在百忙中抽空来看望我们夫妇，我们却事前不得而知。他只知道我的旧地址（当年他批示分配的地方），在司机的陪同下，一步一步地爬上六楼气喘吁吁地敲门："忠效同志在吗？"其实，此前我们夫妇已搬走了，改由我的母亲居住。当我的母亲把门打开发现外面竟是白发苍苍的梁老时，感动极了，连忙请他进屋并告诉他我们已迁新居了。梁老说，请转告他我来看望他们了，我有空会去新地址探望他们。多年来，母亲回忆起此事依然感慨不已。

古人云："相知无远近，万里尚为邻。"梁老知道我的新地址后，曾多次来我家做客，有时也携同夫人前来。我们夫妇也不时登门拜访，或相约茶楼小叙。

梁老和我们夫妇之间的结交不讲权势、不重物质，但求真挚相知，情谊深厚。我们夫妇每次拜访梁老从来不送什么礼物，相反梁老夫妇来做客时往往带来礼物，表达他对我们的关怀，这与当前时兴的“送礼规则”正好“背道而驰”。有一次，我的夫人路遥因病住院，梁老要前来探望，但不知道探望女病人要带上什么才合适，司机老陈建议送花篮较好，于是他们特地到花店挑选了一个艳丽的花篮。当我们表示深切谢意并称赞花的颜色非常漂亮时，梁老打趣地说：“我从来没有去过花店，以往虽然到医院探望病人不少，但自选鲜花当礼物还是头一回呢！”

2003 年，梁老在家里会见詹忠效（右）后两人在小花园留影。

这些年来与梁老接触多了，越感觉到他平易近人、慈祥可亲，越感受到老一辈革命家身上那种虚怀若谷、海纳百川的高贵品质。当我想起他老人家对我们一家三口的关心爱护时，总想找一种不寻常的礼物来表达我们的衷心谢意。还是夫人路遥聪明，她提示我“就地取材”，运用自己的画笔留给老人家一份永恒的纪念才是最好的方式。于是我用白描的手法画了一幅梁老的肖像《书生·儒将·公仆》，又专程请著名美术家杨之光教授题上“德高望重”四字后赠送给梁老，以此抒发内心对老省长的敬重和感激之情。

白描《书生·儒将·公仆》

旅美画家詹忠效作

感激梁灵光　怀念梁灵光

［巴西］　黄　雄

虽然我远在南美洲东部的巴西联邦共和国，可是广东老省长梁灵光的大名，如雷贯耳。他 20 世纪 80 年代主持广东省政府工作的时候，我正好还在故乡揭阳。

那时，梁灵光和广东的高层领导一起，以过人的勇气和魄力，坚决批判“左”毒，果断落实侨务政策，切实解决历史遗留问题，扭转了广东这个侨务工作重灾区的局面。人心大快，侨心大快。我和我的家族就是其中的直接受益者之一。

我的祖父是归侨，父亲和他的几个兄弟都是知识分子，可谓书香之家。世事难料，在那个众所周知的岁月，我的祖父被划为“地主”，长辈们无不陷入困境，甚至牵连第三代、第四代。

中国改革开放后，神州万物复苏。广东走在时代前头，更是春色满园，我的祖辈才有幸得到公平对待，30 多年前失去的祖屋也物归原主，《羊城晚报》（海外版）还为此进行了相关报道。从此，我们走出了尴尬处境，摆脱了思想压力，结束了有国无家的惨况，再一次感受到祖国的可爱和温暖。我们作为归侨的后代，更要振作精神，发愤图强。第三代中人才辈出，有国家一级建筑师，有“全国百佳新闻文化工作者”，有中校衔军官，有新生代侨领，还有知名画家。第四代也已出现了高级环境艺术设计师、医师、工程师。

我们家族的巨大变化，来自祖国日益良好的大环境，来自梁灵光主持广东省政府工作时对侨务政策的落实。

记得 1990 年梁灵光老人家率领全国人大侨委代表团到巴西访问时，受到广大华侨、华人的热烈欢迎，给大家留下了深刻的印象。梁老在访问期间，还和居民圣保罗一家合影，一时传为佳话。

我身居异国他乡，但不忘饮水思源。我衷心感激梁灵光，深切怀念梁灵光。

海外华侨永远怀念的好省长

［马来西亚］ 张文谓

早就听说，梁灵光老先生在主政广州期间和荣任广东省长后，一如既往心系华侨、善待华侨，在大刀阔斧搞改革、脚踏实地搞建设的同时，坚决落实华侨政策，热情鼓励、引导、协助华侨回祖国投资创业，并常常身体力行。起初，我半信半疑。后来，通过面对面接触，不仅信服了，还有幸和他结下不解之缘。

2006 年初，老省长病重期间，张文谓先生（右）前往医院探望。

1985 年秋，在参加一次社会活动时，我意外地认识了老省长梁灵光。他曾侨居马来西亚，当得知我也是侨居那里的时候，显得格外亲切，仔细询问了我的情况。我告诉他：“我准备在从化山区创办一个占地 1 000 多亩的综合性农场，可以满足附近地区发展旅游业对蔬菜和副食品的需要，并将多余产品出口，为国家争取外汇，同时为当地农民提供就业机会。这个想法不知对否？请省长指示。还有，像这样的农场，不知起个什么名字才好，也请省长赐教。”

省长听了很高兴，露出了会心的微笑。他说：“你别生匠心，到穷山区投资搞农业，这很好，是对他们的大力支持，一定会受到欢迎的。至于起个什么名字，让我考虑一下，欢迎先生过几天有空光临寒舍，大家一起斟酌。”

一天晚上，我登门拜访梁省长，受到了他的热情款待。他说：“海外华侨一向有爱国、爱乡的光荣传统，‘振兴中华’这个响亮的口号就是华侨提出来的，在历史上对祖国作出了重大贡献。现在改革开放了，时代不同了，华侨回来投资创业，可以大展宏图，前程无量。建议你的农场就叫‘侨宏庄园’，不知意下如何？”

我喜出望外，想不到位高权重、日理万机的省长对华侨有那么深厚的感情，还为我这个名不见经传的小侨商考虑那么周全，真令人敬佩。我说：“谢谢省长，这个名字既有意义又吉祥，很好，很好！”

不久，侨宏庄园揭幕，梁省长和时任中共广州市委副书记的张汉青先生，以及省市侨联领导等都光临指导。老省长还走遍了整个庄园，仔细地观察、询问，并对庄园今后的发展方向提出了具体意见。北京《华声报》首先发表了题为“深山建庄园”的通讯，说侨宏庄园是全国第一个由外资在山区创建的开发性农场。接着，《人民日报》又发表了题为“改革开放的中国首家庄园诞生了”的文章。

在往后的一二十年里，我们的交往不断。直至2005年11月，老省长还来到我在花都的侨宏山庄，询问我的身体状况和业务进展。接触的时间长了，我对老省长的了解更深了，对他的感情也更深了。老省长久经考验，坚贞不屈，勤政为民，功业彪炳，居官守法，廉洁奉公，光明磊落，德高望重，受到广东人民和海外侨胞、港澳同胞的衷心爱戴。

老省长病重期间，我前往医院探望他老人家。想不到这是我们的最后一次见面。没过多久，他便与世长辞了。海外华侨永远怀念他，他老人家永远是活在我们心中的好省长！

听说归侨作家黄方生正在撰写传记《归侨省长梁灵光》，要把梁老对祖国的无比热爱和卓越贡献记录下来，把他对海外华侨、港澳同胞的深厚感情、亲切关怀记录下来，好让我们这一代和子孙后代永远怀念他，这使我感到由衷的高兴。老作家黄方生先生在晚年又做了一件大好事，很值得赞赏。

老省长梁灵光的“两大法宝”

（香港） 陈建中

不仅在大江南北，而且在港澳和海外都享有盛名的广东老省长梁灵光已经远去了。但是，他的高大形象依然屹立在人们的心中。

广东是祖国改革开放的前沿阵地，要寻找一条新的发展路子，必须要有一个敢为人先的领军人物。中央选择了梁灵光主政广州，然后主持广东省政府工作。伯乐相马，好谋善断。梁灵光没有辜负中央的重托，没有辜负人民的期望。

久经考验、文武双全的梁灵光受命南下，和中共广东省第一书记任仲夷组成“最佳拍档”，遵照中央给的特殊政策、灵活措施，调动千军万马，政绩显赫，开创了广东经济社会发展史上的“任梁时代”，并且从根本上扭转了广东多年来处于侨务工作重灾区的局面，迎来了侨务历史上罕见的黄金时代。

对我们几千万港澳同胞和海外侨胞来说，最令人感动和难忘的，就是时任省长的梁老怀着对海外华侨的深厚感情，怀着对祖国事业的忠贞不渝，清除“左”毒，排除阻力，牢牢掌握大方向，抓了两件大事：坚决落实侨务政策和竭力引进侨资、港资。人们称这是梁灵光在任广州市长使出震撼全国的“三大高招”之后轰动海外的“两大法宝”。我身居香港，常回故土，更是深深感受到这“两大法宝”的巨大威力。

最显而易见的是，“两大法宝”激发了广大海外亲人和港澳同胞爱国、思乡、念祖的思想感情。从天涯海角远渡重洋回大陆探亲观光、认祖寻根的接踵而来，盛极一时；捐资赠物兴办各种公益事业或支援家乡建设的空前活跃，其数额之大，范围之广，堪称历史之最、全国之冠。与此同时，华侨的历史、地位和作用得到了普遍认同，“海外关系是个好东西”的观点深入人心。

我们还可以看到，由于全面落实侨务政策，再加上国家改革开放和经济建设的发展，海外亲人和港澳同胞回内地投资办厂或进行贸易的如雨后春笋，不论是投资总额，还是企业数量和就业人数，都远远超过历史最高纪录。

梁省长在任期间，运用“两大法宝”把广东毗邻港澳、华侨众多的潜在优势，变为推动广东改革开放和经济建设的现实力量，功不可没。

我们永远忘不了他

洪志铭

广东闽南经济促进会新、老会长亲切握手。

改革开放的号角在神州大地刚刚吹响的时候，梁老受命南下。广东改革开放和经济发展能有今天的大好局面，与梁老打下的坚实基础是分不开的。广东人民爱戴他，在广东的闽南老乡敬仰他。

老省长花了很大精力创立了广东省闽南经济促进会，为在粤的闽南人增进乡情、乡谊搭了一个平台，为促进闽粤两地文化交流和经济发展编织了一条纽带。他德高望重，是我们闽南经济促进会会员心中永远的会长。

记得早在2001年，梁老有意让我接手广东省闽南经济促进会会长的工作。年底，我在北京参加中石化集团公司厂长、经理会议期间，他亲自打电话给我，足足讲了半小时，希望我接任促进会会长一职。我在电话中答道："我还没退休，工作比较忙，的确心有余而力不足。让我好好考虑以后再回话给您。"回到广州后，我一直不敢给梁老电话，以为可以了事。没想到2002年初我到广州参加广东省人大会议期间，梁老打电话到我下榻的广州大厦，说要来找我谈接任会长的事。我接完电话非常着急，也非常感动，连忙答道："梁老您千万别来，我明天向大会请个假到您家里去。"

第二天，我约秘书长蔡荣成同志一起去梁老家里。梁老很热情、很客气地接待我们。他说，泉州黎明大学有好多问题要处理，身为董事长的他要经常跑来跑去，加上社会兼职、活动很多，希望我能接任促进会会长职务。又是半小时，我又一次被感动。我应允了，只是向梁老提出两个请求：一是请梁老担任唯一的创会会长，促进会还要借用他这面旗帜开展工作；二是在我退休之前请常务副会长和秘书长多做些工作。他应允了。

通过这件平凡事，可见到他的不平凡。他虽然是一个党和国家的高级干部、革命老前辈，但是他又是一个乡情极浓、平易近人的高级干部、革命前辈。

他离我们而去了，但我们永远忘不了他。

我最感念的是梁老

施能响

梁灵光老省长从一介书生到抗日青年，从沙场儒将到人民公仆，南征北伐，文武双全，战功卓著，政绩辉煌。梁老的一生就是一部惊天动地的传奇。梁老为广东的年青一代所熟悉，是他南下主政广东时期，他和省委第一书记任仲夷一起领导全省人民进行改革开放和经济建设，他还主持深圳、珠海、汕头特区的创办工作，并提出“珠三角”区域经济概念，影响直至今日。1984年邓小平同志南巡，梁老全程陪同，那些经典性的新闻镜头仿佛仍在我的眼前。邓小平对广东的经济发展和特区建设表示满意，似乎从一个侧面也证明了南下任职前中央几位主要领导逐一与他面谈是“没有找错人”。

梁老（左）由施能响先生（右）陪同参观广州兴华公司厂区建设。

与梁老比较，我们这些所谓成功人士有谁能在青年时代就锋芒毕露，能力过人？到了我们年迈的时候，也可以比一比，梁老来广东工作已是60开外了，而他依然思维敏捷，意气风发。在当时的条件下，广东无疑是全国改革开放的领跑者，每一个小小的动作，都可能引起广泛的关注，尤其是拓荒途中的阻力，非一般人可以承受。

这就是梁灵光，他是历经风雨、淡泊名利、锐意开拓、永不言败的时代伟人。

庆幸自己生也逢时。我，一个得益于改革开放的泉州人，孤身一人闯岭南，更新观念，勤奋打拼，寻找机会，终于获得了一片属于自己的新天地。回想过去的日子，我最感念的便是梁老。

1994年，广东省闽南经济促进会宣告成立，德高望重的中共省顾委主任梁灵光任会长，这个消息让十万客居广东的闽南创业者无比振奋。从此，闽南乡亲在广东有了一个自己的“家”。梁老对于促进会的工作，事必躬亲，可以说，没有他，促进会绝对不可能有今日的影响力。梁老倡导联谊沟通，求同存异，做好本职，服务社会，直接影响到我后来发起建立广东省工商联闽南商会的构想。梁老鼎力支持闽南商会的成立，在筹备成立期间，多次关心、过问筹备情况，并指示要将商会办好，使之为闽南的企业家们在广东办企业提供方便、提供服务、提供信息，同时成为企业联系政府、政府管理企业的纽带。梁老还多次出席了商会的筹备大会、成立大会及周年庆典活动。对闽南商会而言，梁老的意义不仅是一个荣誉会长，他还是一面旗帜、一支标杆。

我与梁老交往十多年，有幸能经常聆听他老人家的教诲。他平易近人，和蔼可亲。在广东创业之初到现在，梁老给了我很大的帮助，向我提出许多发展企业的建议和意见，使我受益匪浅。最难以忘怀的是1993年，我在承包面临倒闭的前进玻璃厂后，提出转制计划。因为我们厂是荔湾区首家采用收购方式分流改造的集体企业，在转制过程中碰到许多新问题。大多数老职工要下岗分流，一些老员工对政府的政策也不清楚，一夜之间把经营了几十年的企业交给一个私营企业老板，他们想不通，于是向市、区有关部门上访，事情眼看就要闹大。在这紧要关头梁老来了，原市人大副主任、我的老乡蔡文炯也来了，荔湾区五套班子领导也来了。梁老向大家作了很详尽的解释，他指出，对年年亏损的国营企业实行转制承包的试点，是对的，是执行国家的政策。但是对企业转制后的职工，应给予适当的安置和补助，不要将这包袱转给新的企业。他的这番话得到了有关部门和老职工的理解。此后，前进玻璃厂的转制工作才得以顺利进行。2003年，梁老第二次来到兴华公司，参加兴华工业区改造工程竣工典礼，并为工业区题词“兴国护民，华实并茂”，勉励兴华公司再接再厉，再创辉煌。2005 年 7 月 16 日，在广州市兴华实业股份有限公司成立暨广州兴华玻璃工业有限公司 12 周年庆典大会上，梁老应邀致辞。他说，十二年来，亲眼看到了兴华公司的规模从小到大，产品从低级到高级，质量不断提高，经营不断改善，业务得到发展，心里非常高兴。祝贺之余，他还勉励兴华公司继续努力，开拓创新，为广东省经济、为荔湾区经济的发展作出更大的贡献。

十多年来，兴华从一个产品单一的小厂发展到多元格局的知名企业，与梁老的谆谆教导和深切关怀是分不开的，对此我常怀感激之情。

追寻往事泪盈眶

沈庆松

虽然梁老走了一年多了，但我依然觉得他活在我们身边。回首往事，历历在目，一切都是那么的亲切感人。

还记得1993年春天，当时我在广东《商汇报》任职，应邀参加广州的一个企业活动，正巧梁老作为贵宾也来了。那时我们彼此并不认识。也许是初生牛犊，我壮着胆子上前问候，向他介绍我来自福建，在报社工作，并顺便讲讲家乡的一些事。梁老满面笑容地听着，还问起我的生活、工作状况。就这样，我跟他往来近十三年的序幕拉开了。

1994年，广东省闽南经济促进会经过很长时间的筹备终于成立了。梁老众望所归担任会长。从促进会创立到现在的十多年里，我一直在理事会秘书处工作，与梁老接触很多，因而对梁老的高尚品德、平易作风感受更深。

梁老对故乡有一份深厚的情谊。他着手创办促进会，不遗余力地支持会务活动。促进会能够健康成长，一路走来，是他用心换来的结果。

凡是跟梁老接触过的人，无不敬佩他热情待人的素养，盛赞他是“有省长的身份，没有省长的架子”。只要大家有需要有求于他，在不违反原则的前提下，他都予以亲切的关心和帮助。

在工作交往中，梁老经常关心我的生活和工作。1995年夏，我大专毕业正面临就业的关键时刻，要拥有一份稳定的工作谈何容易？梁老知道后，伸出援手，通过正常渠道帮忙我解决了工作的大难题。可以说，没有他，我不知道自己现在是否留在广州。他的关怀，使我毕生难忘。

特别是每年春节，梁老和朱大姐都会给我寄自己亲笔签名的贺年卡，送来一份珍贵的期望和祝福。2005年底，梁老苍劲有力地手书“厚德载物”勉励我，希望我自强不息，以较高的修养和道德标准做人、做事，做一个有益于社会的人。

这些日子，每当夜深人静时，我不停地追忆跟梁老一起的往事，不禁热泪盈眶。他那高尚的品德、平易近人的作风、诲人不倦的精神使我受益匪浅。悠悠珠江水，流不尽我的思念、感激、景仰之情。

陪同老省长拍婚纱照

林青云

老省长夫妇拍婚纱照。

党的十一届三中全会后，改革开放的号角在神州大地吹响。1980 年，中央决定广东省、广州市作为全国改革开放的试验区，并决定选调任仲夷任广东省委第一书记，梁灵光任广东省委书记兼广州市委第一书记。1981 年，梁灵光任市长；1983 年，他开始任广东省省长。

任、梁两老是全国改革开放的先锋，是广东省、广州市改革开放的开拓者、奠基人。两老思想开放，敢为人先，是第一个“吃螃蟹”的人，为广东省、广州市的改革开放创下了丰功伟绩。他们虽然已先后于 2005 年和 2006 年辞世，但广东省、广州市的人民，将会永远怀念他们。

我退休前，长期在广州市政府经济部门工作，是梁灵光的老部下，我与他又同是归侨和福建永春老乡。梁老平易近人，是我 25 年的忘年之交。我手头上珍藏着一组梁老在改革开放的热潮中敢为人先的历史照片，其中有他老人家带头拍的婚纱照。20 世纪 80 年代中期，广州市有一家中外合资的婚纱影楼，在广州第一工人文化宫开业。当时拍婚纱照还是个新潮的事物，但梁老思想开放，他欣然应影楼老板之邀，带着家人，由我陪同，出席了影楼的开业典礼，并且和夫人朱含章（时为广州市外事办领导）大大方方地带头化妆，拍婚纱照。梁老还同意把婚纱照作为样板，在影楼的窗口展出，一时传为佳话。

多想您能再亲切地叫我一声啊！

路　遥

2006年2月20日上午，省人民医院的重症监护室，我和夫君见到了昏迷之中的老省长梁灵光。梁老面容消瘦，我俯下身，贴在他耳边一遍遍轻轻地呼唤着："梁老啊，我是小路，我来看您了！"老人双目紧闭，却像有感应，慢慢眼角湿润了，似有泪渗出，顷刻间，我泪如雨下，再也忍不住……

同梁老结缘要追溯到1996年秋，那时，我在电视台主持节目，在一个晚会上，梁老作为颁奖嘉宾出席了活动，德高望重的老省长成了晚会上的焦点，演员及艺术家们纷纷涌过来合影，我打趣道："梁老，您今晚可是最闪亮的明星啊！"一句话，把梁老逗得哈哈大笑。

平易近人的梁老和我这个"小朋友"很聊得来，除了在工作上给予我肯定之外，还提了很多好的建议，一老一小，每每见面，谈笑风生。一次活动结束后，梁老欣然为我写下"永葆青春"四个大字，以示鼓励。

每次相见或在电话里，我总能听到梁老亲切的一声："路遥同志！"当得知我的先生是旅美画家詹忠效时，梁老高兴地连声说："怎么那么巧？忠效同志第一次开画展还是我剪的彩啊！"梁老盛情邀请我们去家中作客。在生下小女妮儿6个月时，我们又抱着孩子去看望梁老和其夫人朱含章大姐，至今我们还留有襁褓中的妮儿因怕生，在梁爷爷怀抱里哭泣的照片，也有5岁的小女主动搂着梁爷爷的脖颈，二人开怀大笑的合影。我们一家三口同梁老结下了深厚的情谊！

生活中的梁老有一颗慈爱的心。两年前，在一家医院，一个单亲家庭6岁的孩子患了脑瘫，情况危殆。为了治病，家中已是一贫如洗，债台高筑。下岗的母亲抱着因无钱医治即将出院的孩子在病房里痛哭。旁边的一个人顺口说："听说楼上住了个大官，你去找找看……"那母亲就真的到梁老的病房里去哭诉。梁老听完事情的原委后说："我给你写个条，你去找找这个人，看看怎么样?”那母亲拿着这张条找到了高明市脑瘫医院的院长，院长立即安排好一切，孩子得到了有效的治疗，医院还免去了全部费用。梁老说：“她不认识我，不知道怎么称呼，进来后就是哭，求领导帮帮她，救救孩子。我能体会到这个母亲的艰辛，就给我的一个院长朋友写了封信，希望能帮帮孩子，后来在电话中得知孩子治疗得很好，已能下地走路，我就放心了……”一件小事，折射出老省长的大爱情怀!

2005 年 10 月 22 日，我和先生邀请梁老和含章大姐出席晚宴，一对革命伴侣相濡以沫，携手走过岁月的风雨，相敬如宾，令人羡慕。席间，我和几位朋友还唱起了歌给老人家听，梁老听得高兴，拍着手和我们合唱了一首老歌《我的祖国》。可我绝不会想到，那竟是我们和梁老最后的相聚……

慈祥的老省长就这样走了，留给我们无尽的思念!在过去的岁月里，梁老给了我亲人般的关怀和爱护，这份爱，深深印在我的心上!梁老啊，我多想再能看见您高大伟岸的身影，多想还能拉着您的手说说话，我多想再给您唱上几首歌，多想您能再亲切地叫我一声：“路遥同志!”

泪眼蒙胧中，我仿佛看见了梁老，正微笑着向我们走来……

老省长和路遥合影。

人民衷心赞扬的好省长

黄方生

在神州大地刚吹响改革开放号角的时候，梁灵光欣然受命南下主政广州，接着主持广东省政府工作。他在广东工作的时间虽不长，但他思想解放，敢为人先，开拓创新，政绩显赫，深得广大人民爱戴，在海外和港澳也享有盛名。许多人都亲切地称呼他“老省长”，海内外侨界更是深情地尊称他“归侨老省长”。

抓广东先抓广州　“三招”开全国先河

改革开放春风吹遍赤县神州。地处南方的广东条件得天独厚，实行特殊政策、灵活措施。梁灵光于1980年底欣然受命南下，任中共广东省委书记兼广州市委第一书记，次年被选为广州市长。

这一年的10月至11月初，邓小平、叶剑英等中央领导先后接见了新任广东省委第一书记任仲夷和即将赴任的梁灵光，要求他们进一步解放思想，发挥广东优势，发展国民经济，改善人民生活，闯出一条新路。总的精神是希望广东在全国的改革开放中先行一步，成为第一个“吃螃蟹”的人。中央在有关文件中，还特别提到“抓好了广州也就抓好了广东的一半”。

梁灵光主政广州期间一切从人民的根本利益出发，想人民之所想，急人民之所急，在花大力气抓紧改革开放和经济建设的同时，竭力改善人民群众生活，除了加快住宅建设、扩建供水设施、改善交通状况等外，广州市政府还使出“三大高招”：

第一招：减少商品流通环节。打破长期由国营企业和供销社“一统天下”的旧传统，恢复和兴办各种农副产品、日用百货贸易货栈，使购销方便，信息灵通，联系广泛。这一招，很快显示出生命力，对活跃城乡市场，促进物资交流发挥了良好的作用。

第二招：放开物价。以往的农副产品实行统销，价格由政府制定，生产者既没有生产自主权，又没有销售自主权，价格受限制，出现了“鱼米之乡无鱼吃”等怪事。经过周密的调查研究，决定率先放开鱼价。顿时，鱼价暴涨，议论纷纷。市政府顶住诸方压力，坚持按价值规律办事，大大刺激了渔民和养鱼专业户积极性，产量很快上升，鱼价逐步回落。三年后，出现了在全国大中城市中广州市居民吃鱼最多、鱼价最便宜和史无前例的“南鱼北运”的新景象。接着大幅度缩小计划产品范围，并逐步放开商品价格。

第三招：开放农贸市场。政府拨款扩建、新建农贸市场，打开城门允许农民进城摆摊经营，弥补国营商业不足，有效地调动了农民的积极性，同时促使国营商业进行自我改革。

以上开创全国先河的“高招”，不仅繁荣了市场，较好地满足了人民日益增长的对生活必需品的需要，而且促进了经济发展，受到普遍的欢迎和赞扬。

归侨省长广东第一人

1983年春，南粤大地阳光灿烂，百卉含英。广东省的几套领导班子顺利地完成了换届工作。原任广州市市长的梁灵光众望所归，被省人代会选举为省长。海外归侨当省长，他是新中国成立以来广东的第一人。

梁灵光没有辜负人民的期望，他坚定不移地贯彻执行中央制定的特殊政策和灵活措施，努力发挥广东毗邻港澳、华侨众多和对外开放比较早的优势，着重抓好体制改革、对外开放及加强基础设施三件大事。

如何把潜在的独特优势转化为现实？梁灵光清醒地认识到，必须彻底肃清“左”的流毒，全面落实侨务政策，通过落实政策激发归侨、侨眷和海外乡亲对祖国、对故乡的深厚感情，激励他们为振兴中华伟大事业作积极贡献。

祖国社会主义建设的欣欣向荣，侨务政策的全面落实，大大激发了海外华侨和港澳同胞的爱国、爱乡热情。全省侨务工作出现了从来没有过的新局面。侨务界普遍认为，这是新中国成立以来广东侨务工作的黄金时代。

在梁灵光任省委书记和省长期间，广东的改革开放和社会主义建设，取得了令人瞩目的成就。国民经济持续稳定地发展，成为建国以来经济发展最快的时期。打开了对外经济新局面，引进了大批外资和先进技术设备。基本建设规模扩大，技术改造步伐加快。城乡市场繁荣，流通渠道畅顺。财政收入逐年增长，对国家的贡献越来越大。人民生活水平明显提高，城市职工和农民收入每年平均递增近百分之十（扣除物价上涨因素）。精神文明建设进一步加强，社会治安有所好转。广东人民从心里赞扬他是好省长。

（原载《羊城晚报》2006 年 2 月 26 日）

老省长给我题词、改稿和作序

黄方生

一天下午，我打电话给老省长梁灵光的夫人朱含章大姐，询问老省长的病情，并表示想慰问他老人家。朱大姐回答道："不行呀，医院禁止外人见面了。他昏迷过去了。"可以感受到，大姐的心情极度的沉重。几十年患难与共的老伴，怎不让她揪心啊！我不敢往坏处想，只衷心祝愿90高龄的老省长能像往年挥戈沙场抗日讨蒋那样战胜病魔。没过几天，传来了梁老不幸去世的噩耗，我发愣了，脑子一片空白，突然间好似有一把无形的利器刺进心窝，悲痛难言，泪水流淌。

2006年2月26日，广东新闻媒体报道梁省长不幸逝世的消息。《羊城晚报》要闻版及时刊发了我写的通讯《人民衷心赞扬的好省长》，向世人表达了我对老省长的深切怀念。我想，这也同样表达了广东人民对他的沉痛哀悼。

老省长给黄方生写的《未了情》一书题词：
繁荣华侨文学
弘扬爱国主义

老省长啊，我无时无刻不怀念您！当我最后一次见到您的时候，您安详地躺在鲜花丛中，身上覆盖着鲜红的党旗。哀乐低旋，长长的向您告别的人流在缓慢地移动，我心曲千万端，悲来却难说，忍不住双泪流。梁老啊，您面容消瘦了，但还是那么慈祥可亲。我俯下身，暗暗地说：“老省长啊，我黄方生来向您告别了！”我再三向您鞠躬，向您凝望。老省长啊，从此不相见。泪千行，难离别。

敬爱的省长，您上一次住院的时候，我曾多次前往看望，那时您感到眼睛不适，但精神矍铄，步态稳健，还春风满面地和我亲切交谈。临别，您还叮嘱说：“你是归侨作家，对华侨、归侨和侨眷都比较了解，要多写些以他们为题材的作品。”我怎么也想不到，这是我最后一次聆听您老人家的谆谆教诲！

人民衷心赞扬的好省长啊，您走得太快了！您在那次留医出院后，曾应我的恳求，在繁忙的社会活动中为我即将出版的《北望神州》作序（该序提前在省作协《新世纪文坛》、省归侨作联《粤海桥》等报刊发表）。如今，这本以描述南洋华侨、归侨浓重的爱国思乡之情为主题的诗文集出版了，却无法送到您的眼前，怎不叫我抱憾终生啊！

梁省长从小爱好文学，14 岁在家乡开始写怀念母亲的诗作《天边的白云》。19 岁任厦门《平话》杂志编辑，并撰写了几十篇宣传抗日救国的散文、评论。在马来亚（今马来西亚）任左翼作家联盟主席时，便和华侨文学结下了不解之缘。从主政广东之日起，一直担任全国唯一的归侨作家组织广东省归侨作家联谊会名誉会长。不论在位期间，还是退居在家，都十分关心、支持我们归侨作家的创作活动。对此，我的体会深刻、难忘。

秦牧、杜埃、陈残云等老前辈都是著名归侨作家，我是半路出家的晚辈，名不见经传。老省长对我没有另眼相待，而是关怀备至，给予热情鼓励和大力支持。1998 年，我出版处女作《赤子情》，他高兴地题词：“眷念故里，心怀祖国。”2001 年出版第二本文集《未了情》，梁省长又欣然命笔题词：“繁荣华侨文学，弘扬爱国主义。”特别值得一提的是，梁老对我写的近 2 万字的《老省长梁灵光的故事》文稿，作了认真校订和多处修改，还亲自回信说：“文稿粗看一遍，基本可以……”（后内地的《海内与海外》、《华夏》、《当代企业家》、《现代广东》、《军旅足痕》和香港的《地平线》等书刊争相转载此文）。2005 年底，我出版《北望神州》，梁老除对其中的《老省长梁灵光抗战八年逸事》文稿进行校订和修改外，还应我的请求作序，并指出了我的作品的不足之处，鼓励我继续努力，以达到更高境界。

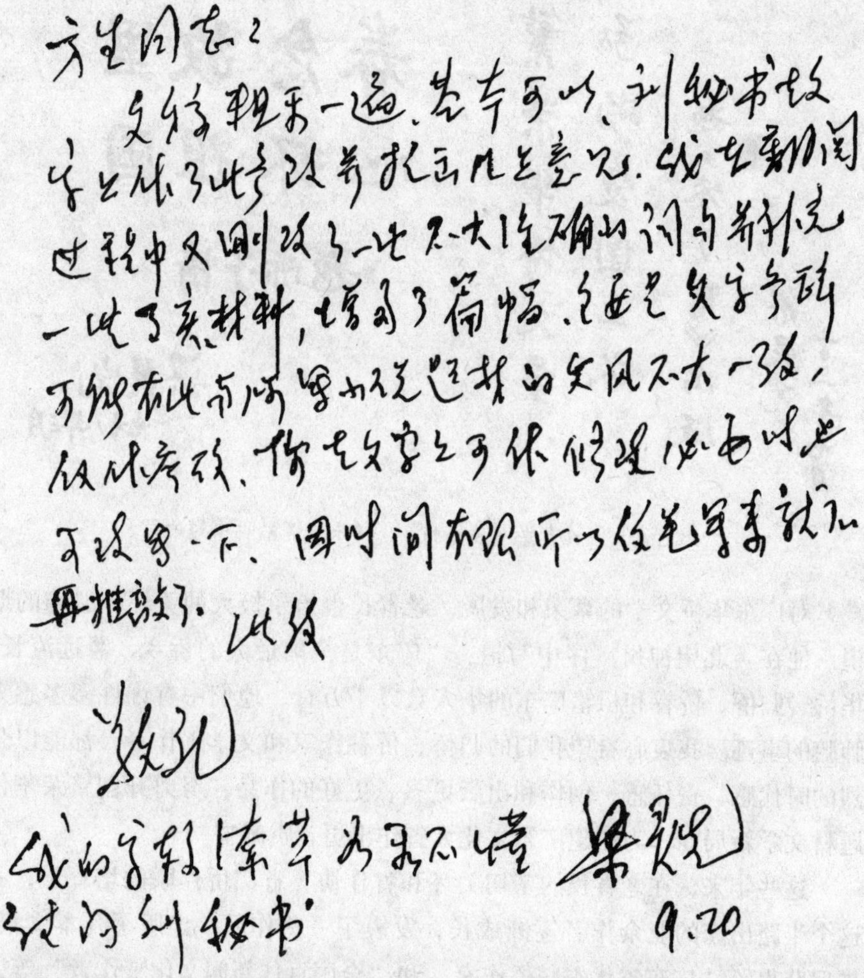

方生同志：

文稿粗看一遍，基本可以。刘秘书在文字上作了些修改并提出点意见。我在翻阅过程中又删改了一些不太准确的词句并补充一些有关材料，增加了篇幅。但要是文字多了，可能有些前后写的不连贯，文风不太一致，仅供参考。你在文字上可作修改，必要时也可改写一下。因时间有限，所以仅先写来就不再推敲了。此致

敬礼

灵光

我的字较潦草，如看不懂 梁灵光

请问刘秘书 9.20

老省长审阅《老省长梁灵光的故事》后，于2004年9月20日写给黄方生的亲笔信。

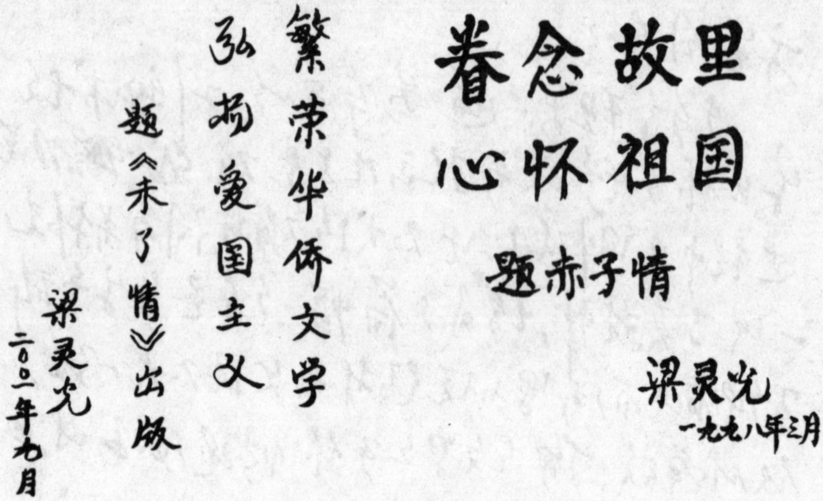

老省长为黄方生《赤子情》、《未了情》两书题的词。

对广东华侨文学的繁荣和发展，老省长也给予极大的关怀和殷切的期望。他在《北望神州》序中写道：“广东是全国最大的侨乡，源远流长，华侨、归侨、侨眷和祖籍广东的华人数以千万计，他们中有许许多多感人肺腑的事迹。我衷心希望我们的归侨、侨眷作家和文学工作者，都能以强烈的时代感、责任感，创作和出版更多、更好的作品，努力开创繁荣华侨题材文学新局面，为创建广东文化大省作出更新贡献！”

这些年来，在老省长的亲切关怀和省作协、省归侨作联的培育下，我这个半路出家的业余作者逐渐成长，发表了一些作品，出版了几本文集，先后获得了“广东省优秀归侨作家”和“全国百佳新闻文化工作者”等荣誉称号，尽管我年逾古稀，但我牢记老省长的教导，笔耕不息，死而后已。

为老省长作传

2005年秋，老省长梁灵光（左）和黄方生合影。

机缘凑巧，在高踞群芳的红棉树殷红似火的一个夜晚，我和归侨朋友林君登门拜访了定居羊城的老省长梁灵光。

年过八旬的梁老在宽敞、朴素的客厅里，亲切地和我们一一握手。这是我第一次和他老人家零距离接触。他那慈祥的面容、和蔼的话语、热情的款待，很快驱散了我原先的拘谨。

老省长德高望重，不再担任党政领导职务后，却身兼几十个社会团体的名誉职务，而且往往事必躬亲，忙得不亦乐乎。虽然他是我们省归侨作家联谊会名誉会长，毕竟是初次见面，我不敢冒失，只能拐弯抹角地流露希望他能为我即将出版的文集《赤子情》题词的请求。我还告诉他，这本书以华侨题材为主，也是我退休后的处女作。梁老听了，频频点头微笑。

没过几天，即1998年3月间，我喜出望外地收到了由梁老的秘书送来的亲笔题词："眷恋故里，心怀祖国。"引笔奋力，婉若银钩。八个字，言简意赅，勾勒了海外赤子情怀，也体现了他老人家对我们归侨作家发展华侨文学的关注。这题词，加深了我对仰慕已久的梁老的敬佩。

从此以后，我开始注意翻阅有关梁老的资料，想方设法了解他的人生旅程，眼前慢慢地出现了一个高大的形象。梁老风风雨雨几十年，有许许多多可歌可泣的故事，充满着传奇色彩，我深为感动。

东汉唯物主义哲学家王充有这样的名言：“发胸中之思，论世俗之事。”进入新世纪的第一个秋天，我写了《老省长梁灵光的故事》一文，简略描绘了梁老生平的片段，送他老人家审阅后，在北京、广州和香港的一些刊物发表。同年秋天，梁老又欣然命笔，为我的第二本文集《未了情》题词：“繁荣华侨文学，弘扬爱国主义。”为我以后的创作指明了方向。

光阴荏苒。2005年，是中国人民抗日战争胜利60周年。当年，热血沸腾的梁灵光从海外归来奔赴沙场，经历了这场空前壮烈的反侵略战争的全过程，他一片丹心，视死如归，英勇杀敌，功业彪炳。从一介书生，成为沙场儒将，令我敬佩。经他老人家同意，在纪念抗日战争胜利60周年的前夕，我撰写了《梁灵光抗战八年纪事》一文，中国内地和香港的多家报刊争相登载。同年秋，梁老还为我的《北望神州》作序，对我的作品进行评点，并提出恳切的希望。

战国的庄子说：“君子之交淡若水。”梁老是长者，我是晚辈，我们之间交往多年，虽然像水一样淡泊，但真诚、融洽。他给我关怀和教诲，给我鼓励和力量，给我人间最珍贵的精神财富。我刻骨铭心，永志不忘。

人有旦夕祸福。我怎么也没有想到，我的《北望神州》刚问世，还来不及送到他的眼前，他便因病住进医院，不久便与世长辞。我痛心入骨泪双流。

梁老去世的第二天，《羊城晚报》很快登载了我写的通讯《人民衷心赞扬的好省长》，表达了我对老省长的深切怀念。接着，我又写了散文《老省长给我题词、改稿和作序》在《北山文艺》等刊物发表，寄托哀思。

梁老走远了，可是他的远大追求，他的高尚情操，他的浩然正气，他的创新精神，他的卓著业绩，都深深地感染着我，同样感染着广东人民和海外华侨、港澳同胞。作为一个文学工作者，作为一个老归侨，我要把梁老富于传奇色彩的人生轨迹真实地记载下来。我要为他高歌，为他作传。这是我的责任，也是我的荣幸。

我的文章并不华丽，但我认为内容和作用才是最根本的。正如北宋文学家王安石说的那样：“所谓文者，务必有补于世而已矣。”这部人物传记

《归侨省长梁灵光》，若能留传于后人，有补于世道，有益于未来，将是我最大的欣慰、最大的满足。

黄方生

2007年春于羊城

纪念归侨省长梁灵光逝世一周年

黄方生

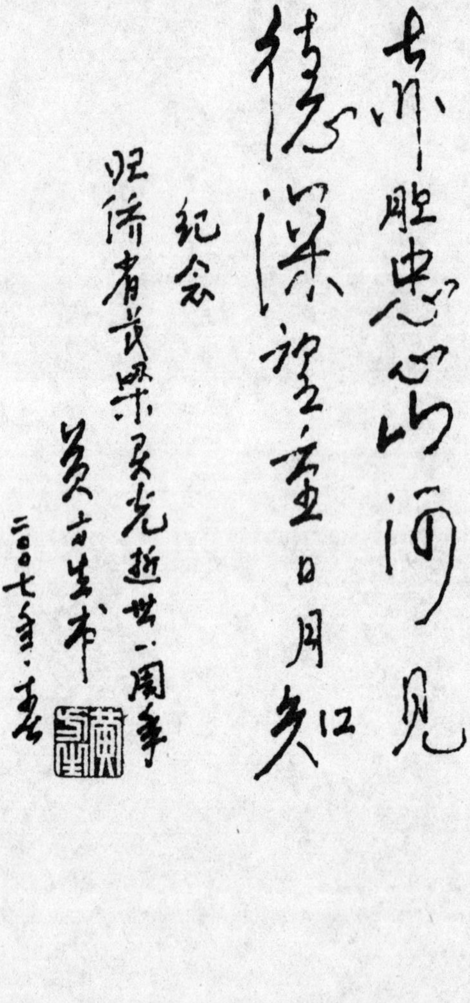

后 记

好事多磨，这部人物传记《归侨省长梁灵光》终于即将面世了，并被列入广东省纪念改革开放30周年的重点出版物。我深感欣慰和荣幸。

在老省长生前，经过他的审阅，我先后在北京、广州和香港的报刊上发表了两篇报告文学：《老省长梁灵光的故事》和《梁灵光抗战八年纪事》。

梁老驾鹤西去的第二天，《羊城晚报》要闻版登载了我的悼念文章《人民衷心赞扬的好省长》。不久，《北山文艺》和《侨星》杂志又先后登载了我写的《老省长给我题词、改稿和作序》和《老省长梁灵光的最后50天》两篇文章。后来，得到老省长夫人朱含章大姐同意（后又提供有关照片），我开始写这本尚未最后定名的传记。

传记脱稿后，原广东省人大副主任、作家张汉青老先生欣然命笔作序，并来信说："我有个想法，作为书名，还是用《归侨省长梁灵光》比较好，也显得有特色，请考虑。"遵照老同学的高见，我把书名最后定了下来。

应我的邀请，原广东省省长卢瑞华先生，中国侨联副主席、广东省侨联主席王荣宝女士先后为之题词或撰文，归侨作家曾绅先生还从美国寄来书评。

我在写作和筹备出版这本传记的整个过程中，先后得到省侨联文化部部长司芳女士、《侨星》杂志总编辑任海鹰女士、《当代企业家》杂志总监涂立明先生、归侨作家林青云先生的热情关注和具体协助。《新世纪文坛》、《粤海桥》、《广州侨商报》和揭西的《揭岭》、《北山文艺》等报刊还分别登载相关消息。

《归侨省长梁灵光》即将出版的消息引起海内外一些侨界人士和福建乡亲的强烈反响。巴西黄雄先生、马来西亚张文谓先生、香港陈建中先生和福建闽南经济促进会负责人洪志铭先生、施能响先生、沈庆松先生等，以撰写纪念文章或其他方式，给予大力支持。

广东归侨作家联谊会、致公党广州市委诸多领导和同仁，也十分关注本书的出版。

本书即将付梓的时候，艺术大家杨之光老先生挥毫题写了书名。旅美画家詹忠效先生和夫人路遥女士又分别惠赐老省长的画像和追思文章。

老省长梁灵光曾兼任暨南大学校长八年之久，成绩显著。省长夫人朱含章20世纪30年代在上海时便是暨大的学生。可以说，老省长夫妇和暨大的缘分深厚。这本传记最后能够顺利出版，得到了暨大校长胡军先生的亲自过问和暨大出版社的鼎力支持。

古人云：“好个一江春水，深来不似情深。”对以上有关人士和单位的深情厚谊，我感激不尽，铭刻在心。

黄方生

2008年春